KB202644

# 영의눈이
# 열리는
# 영성개발

강요셉 지음

**45가지 영의 눈이 열리는 영성을 개발하게 하는 책**
**하나님은 영성깊은 성도를 사용하시며 축복한다.**

영성을 깊게 해야 하나님과 친밀하게 지낼 수 있다.
전인적인 복을 받으려면 영성을 깊게 해야 한다.

**영성은 하나님의 성품으로 성도의 생명과 같다.**

**성령출판사**

# 영의 눈이
# 열리는 영성개발

성령

# 들어가는 말

하나님은 영성이 깊은 성도를 사용하십니다. 우리 성도들이 영성에 대하여 바르게 알고 개발해야 합니다. 하나님은 "육신의 생각은 사망이요, 영의 생각은 생명과 평안이라" 말씀하십니다. 생명의 말씀 안에서 성령의 인도로 바른 영성을 개발하여 영의 생각을 따라가야 합니다. 하나님께서 영이시기 때문에 성도가 영적이 되어야 하나님과 교통할수가 있습니다. 성도가 영적이 되는 것은 생명의 말씀과 성령으로만 가능합니다. 영성은 생명의 말씀으로 숙성된 지성을 통하여 분별이 되어야 합니다. 분별된 영성을 통하여 감성이 나타나야 합니다. 믿음 생활을 할수록 영성은 자라야 합니다. 영성은 성령님과의 교통이 이루어질 때 자라는 것입니다. 영성은 반드시 생명의 말씀과 성령의 역사가 일어나는 가운데 개발이 되어야 합니다.

많은 분들이 영성에 대한 잘못된 생각을 가지고 있습니다. 기도만 많이 하면 영성이 강하다고 생각을 합니다. 방언기도만 잘하면 영성이 깊은 줄로 착각을 합니다. 기도하다가 신령한 것을 보아야 영성이 강한 줄로 생각을 합니다. 영성을 신비함으로 생각하는 분들도 있습니다. 영성에 대하여 자기 나름대로 정한 원칙을 가지고 거기에 도달하면 다된 줄로 착각을 합니다. 그 상태에 만족을 느끼며 남을 지적하고 가르치려고만 합니다. 자기 나름의 지식수준입니다. 나름의 신앙은 참으로 무서운 것입니다. 자신을 망하게 할 수 있는 것이 나름의 신앙입니다. 특별하게 영성에 대한 나름의 신앙은 자신을 죽이는 것입니다.

　반드시 영성은 생명의 말씀 안에서 성령으로 개발이 되어야 합니다. 성령의 역사가 없이 경건의 연습으로 개발되는 영성은 귀신의 영성입니다. 생명의 말씀과 성령으로 개발된 영성을 가진 분은 성령의 은사는 자연히 나타나게 되어있습니다. 이것이 다는 아닙니다. 영이신 성령님은 누구나 기름 부음 받기를 원하시며, 말씀으로 가르침 받기를 원하십니다. 즉, 영성과 지성과 감성이 균형을 이루기를 원하십니다. 자기만 인정하는 영성은 귀신의 미혹에 속기 쉽습니다. 지성이 발전되지 않으면 영성과 감성의 발원지를 찾아내지 못합니다. 자연스럽게 예수를 믿으면서 귀신의 미혹에 속을 수가 있습니다. 지성은 아주 중요합니다. 생명의 말씀과 성령으로 숙성된 지성은 자신의 영성과 감성을 깊게 할 수 있기 때문입니다. 이 책을 통하여 바른 영성을 개발하여 하나님의 뜻인 지금 이 땅에서 심령에 천국을 이루고, 아브라함의 복을 받아 누리면서 하나님의 군사로서 쓰임 받다가 천국에 가시기를 바랍니다.

주후 2015년  12월 10일

충만한 교회 성전에서

저자 강요셉목사.

# 세부적인목차

**4부 영적성숙으로 눈이 열리는 영성**

# 1부 영의 눈이 열리는 영성 개발

## 1장 영의 눈이 열리는 영성을 개발하는 비밀

하나님은 예수를 믿고 성령으로 거듭난 성도들이 하나님과 대면하는 영성을 소유하기를 원하십니다. 하나님을 볼 수 있는 영의 눈이 열리기를 소원하십니다. 하나님은 모세를 이렇게 표현하십니다. "이 사람 모세는 온유함이 지면의 모든 사람보다 더하더라"(민12:3). 온유는 하나님의 성품을 말하는 것입니다. 모세는 세상의 어떤 사람과 비교할 수 없을 정도로 하나님을 닮았다는 것입니다. 다시 이렇게 말씀을 하십니다. "여호와께서 구름 기둥 가운데로부터 강림하사 장막 문에 서시고 아론과 미리암을 부르시는지라. 그 두 사람이 나아가매, 이르시되 내 말을 들으라. 너희 중에 선지자가 있으면 나 여호와가 환상으로 나를 그에게 알리기도 하고 꿈으로 그와 말하기도 하거니와 그(모세)와는 내가 대면하여 명백히 말하고 은밀한 말로 하지 아니하며, 그는 또 여호와의 형상을 보거늘 너희가 어찌하여 내 종 모세 비방하기를 두려워하지 아니하느냐"(민12:5-8).

모세는 하나님을 대면하며 대화할 수 있는 영성을 가지고 있다는 것입니다. 모세는 하나님의 얼굴을 구하여 하나님을 대면하는 삶을 사는 사람입니다. 모세는 출애굽기 4장 10절에서

"입이 뻣뻣하고 혀가 둔한 자"라고 말씀하고 있습니다. 하나님도 이 부분을 인정하셔서 형인 아론을 붙여 주셨습니다. 하나님은 말 잘하는 아론과 직접 대화시며 일하시지 않으시고 모세에게 붙여주신 이유가 있습니다. 모세는 하나님의 얼굴을 보면서 대화하는 사람입니다. 반면에 아론은 말은 잘하지만 하나님의 얼굴을 볼 수가 없는 육신에 속한 사람이기 때문입니다. 모세는 한마디로 하나님과 대면하며 친밀하게 지내는 사람입니다.

성경에 보면 영성이 깊은 하나님을 보는 사람이 나옵니다. 욥은 여러 가지 환란과 고통을 통과한 후에 이렇게 고백합니다. "내가 주께 대하여 귀로 듣기만 하였사오나 이제는 눈으로 주를 뵈옵나이다"(욥42:5). 우리는 이런 영성을 추구해야 합니다.

영성이란 무엇입니까? 영성이라는 그 뜻을 해석하면 신령한 풍성이나 성질이라고 합니다. 많은 사람들이 이를 영적 은사와 혼동하기도 하지만, 진정한 영성은 바로 "하나님을 체험적으로 아는 것"입니다. 더 나아가 "하나님을 닮는 것"입니다. "하나님의 역사를 눈으로 보는 것"입니다. 그리스도인의 영성이란 "예수그리스도가 지금 이 순간 살아서 내 곁에 계신다는 사실을 느끼고, 지금의 역사의 현장 속에서 살아계신 예수그리스도를 배우고, 듣고 따르는 것이다"라고 어느 유명한 성직자가 말씀하셨습니다. 정확한 정의라고 말할 수 있습니다.

필자가 깨달아 말하는 영성(靈聲:spirituality)은 '하나님의 성품'이라고 말하면 틀림이 없는 것입니다. 모든 인간들은 영

(靈:spirit)을 깨닫고, 영(靈:spirit)을 배우고 익혀야 하며, 영(靈:spirit)을 믿고 따르지 못한다면 죽음을 받게 되는 그러한 것을 말하는 것입니다. 영(靈:spirit)이란 하나님의 영을 뜻하는 것이고, 인간의 근본 체를 말하는 것입니다. 인간의 근본 체인 하나님을 따라야 살 수 있는 길을 있다는 것을 가르쳐 주는 것이 바로 영성(靈聲:spirituality)이고, 지금이 영성(靈聲:spirituality) 시대입니다. 영성으로 살아가야 하는 시대입니다. 하나님께서 성령으로 예수를 믿는 사람 속에 임재 하여 계시면서 섭리하시는 시대라는 것입니다. 그래서 성령이 역사하시는 교회시대라고 하는 것입니다. 이 교회는 사람의 마음 안에 있는 무형 교회를 말하는 것입니다. 즉 하나님의 가르침을 인간이 따라야 하는 시대, 또는 하나님이 인간을 구원하는 시대, 인간이 따라야 할 대상이 (성령:Holy Spirit)이라는 것을 깨달아야 되는 시대를 말합니다.

우리는 영성을 대할 때마다 영성의 대가를 연상합니다. 그러나 영성은 어떤 개인을 지칭하거나, 어느 고행과 훈련을 예로 말하는 것이 아닙니다. 영성은 우리의 삶 자체입니다. 영성은 "궁극적인 가치를 향한 인간의 탐구 혹은 가장 고상한 가치와 목적을 달성하기 위한 인간의 노력"이라고 말할 수 있습니다.

우리에게 익숙한 로렌스형제(Brother Lawrence)는 영성을 "하나님의 임재에 들어가는 것이다"라고 말했습니다. 성령으로 충만하여 마음 안에서 역사하시는 하나님의 권능으로 살아가는 것이 진정한 행복한 삶입니다. 하나님께 더 가까이 다가가며, 그의 가르침을 실천하며 하나님을 즐거워하는 삶입니다. 마조리 톰슨(Marjorie Thomson)은 "우리 안에 하나님의 성령의 생명력과 영향력을 증가시키는 것이다"고 정의했습니다. 성령님을 주인으로 모시고 성령의 인도를 받으면서 살아가는 것입니다. 달라스 윌라드는 "우리의 스승 되신 예수님과 동행하면서 신의 성품들이 점차 우리를 지배하고, 우리 안에 배어드는 과정이다"라고 말했습니다. 그래서 성경은 이렇게 말합니다. "너희는 주께 받은바 기름 부음이 너희 안에 거하나니 아무도 너희를 가르칠 필요가 없고 오직 그의 기름 부음이 모든 것을 너희에게 가르치며 또 참되고 거짓이 없으니 너희를 가르치신 그대로 주 안에 거하라"(요일 2:27).

이런 정의를 정리해 볼 때 영성은 크리스천의 삶이라고 말할 수 있습니다. 달리 말해서 영성은 변화되어 하나님께 소망을 두고 살아가는 참 삶입니다. 그것은 잃어버린 것, 멀어진 것, 익숙하지 못한 것들이 이제는 찾아지고, 가까워지고 친숙해지는 삶입니다. 그 영성의 삶은 그리스도 안에서, 그와 함께 그를 위하여 살 때 찾게 됩니다. 그러므로 근본적인 문제는 우리와 그리스도와의 관계입니다. 한마디로 눈이 열리는 영성을 가진 성도는 세상에서 인간 닮게 삶을 살아갈 수가 있습니다.

그리스도 없는 삶은 오래가지 않아 중단되거나 모양만 낼 따름입니다. 진정한 삶은 그리스도께서 우리 안에 거하실 때 이루어집니다. 삶의 초점을 그리스도께 맞추면 우리의 삶은 비로소 제자리를 찾게 됩니다. 이런 그리스도와의 관계는 자아와의 관계, 그리고 다른 사람들과의 관계를 회복시켜줍니다. 그렇게 변화될 때, 그리스도의 장성한 분량에 이르게 되며, 우리는 그리스도께서 보여주신 삶을 살게 됩니다. 그런 점에서 헨리 나우웬은 "영적인 삶을 산다는 것은 하나님의 현존 가운데 사는 것이다… 나는 중심에서 예수님과 더불어 사는 것이라고 답하겠다"라고 말했습니다. 우리가 그리스도 안에서 살 때, 우리 안에 계신 그리스도께서 우리를 그의 충만하신 형상으로 이루어 나가실 것입니다.

그러면 참된 영성이란 무엇일까요? 우리의 삶은 육적인 삶, 혼적인 삶, 영적인 삶으로 나눠집니다. 육적인 삶이란 먹고, 마시고, 자고, 운동하는 등의 활동을 말합니다. 혼적인 삶은 지-정-의의 활동 등을 일컫는 것입니다. 사람은 누구나 다 육적인 삶과 혼적인 삶을 삽니다. 그러나 영적인 삶에 있어서는, 영적으로 살고 있는 사람이 있고, 그렇지 못한 사람이 있습니다. 우리가 바르게 알아야 할 것은 불교나 유교 등에서는 영적인 삶을 사는 것처럼 보이지만, 사실은 육과 혼을 통해 활동하는 것이지 하나님의 영을 통해서 참된 영적 세계를 계발하는 것이 아닙니다. 일반종교는 영적인 세계를 육적, 혼적 차원에서 파악하여 정서적 내지 심리적 상태로 이해하기 때문입니다.

예수를 믿는 성도들의 삶은 일반 종교인들의 삶과 확연하게 다른 삶입니다. 그것은 예수님을 믿는 목적을 바르게 이해하면 알 수가 있습니다. 예수님을 믿는 목적은 은혜 언약대로 칭의, 성화, 영생을 얻기 위한 것입니다. 쉽게 설명한다면 예수를 믿고 성령의 인도를 받으며 마음 안에 있는 영으로 말씀을 들어서 그리스도의 장성한 분량에 이르는 것입니다. "영접하는 자 곧 그 이름을 믿는 자들에게는 하나님의 자녀가 되는 권세를 주셨으니"(요 1:12). "이러므로 우리가 하나님께 끊임없이 감사함은 너희가 우리에게 들은 바, 하나님의 말씀을 받을 때에 사람의 말로 받지 아니하고 하나님의 말씀으로 받음이니 진실로 그러하도다 이 말씀이 또한 너희 믿는 자 가운데에서 역사하느니라"(살전 2:13). 예수를 믿는 것은 어떤 종교를 믿는 것이 아니라, 생명, 영생을 믿는 것입니다. 기독교는 종교가 아니고 살아계신 하나님의 믿는 생명의 종교입니다. 육체를 입고 하나님을 믿으면서 하나님을 닮아가는 것이 영성입니다.

그리스도인의 삶의 중심은 영적인 삶에 있습니다. 하나님이 영이시기 때문입니다. 하나님의 자녀로서 하나님을 기쁘시게 하며 하나님께 영광을 돌리는 질적인 삶을 말합니다. 즉 참된 영성이란 예수 그리스도를 철저히 닮아가는 것입니다. 성령께서는 우리가 예수님을 영접한 순간부터 그리스도의 형상을 닮아가도록 일하고 계십니다. 따라서 우리 안에서는 이 순간에도 성령의 역사로 말미암아 예수님의 성품이 형성되고 있습니다.

이것을 보고 신학에서는 성화라고 부릅니다. 그리스도께서는 우리를 통해 자신의 삶을 살고 계십니다. 나를 숨기고 예수님을 드러내는 것이 바로 영성 운동입니다. 내가 나를 철저히 죽이고 내 안에 계신 예수 그리스도가 내 마음의 집을 통째로 맡아서 운영해 주시는 것입니다. 내 마음의 손님으로 와 계시는 것이 아니라, 주인으로 오시게 하는 바로 그것입니다. 기독교는 그리스도 중심의 종교입니다.

참된 영성을 어떻게 구별할까요? 하나님은 우리가 얼마나 지식적으로 하나님을 아는가, 우리가 얼마나 봉사하고 있는가를 놓고 우리의 영성을 가늠하지 않습니다. 행동주의를 영성으로 잘못 생각하면 안 됩니다. 하나님은 우리가 얼마나 하나님의 음성에 순종하였는가로 참된 영성의 척도를 삼으십니다. 제일 사랑하는 분이기 때문에 하나님께 숨길 것 하나 없이 다 드리는 것, 그것이 바로 헌신입니다. 개인적으로 하나님과 얼마나 친숙한가 하는 친숙도로 하나님은 참된 영성을 판단하십니다. 참된 영성을 가진 사람은 하나님과 친숙하며, 하나님의 말씀과 친숙하며, 하나님께 기도하기에 친숙합니다.

하나님을 찬양하기에 친숙합니다. 하나님과 더 깊이 친숙할수록 아들이 아버지를 닮아가듯 하나님을 더 많이 닮아가기 때문입니다. 우리의 삶이 얼마나 예수님을 닮았는가 하는 것으로 하나님은 참된 영성을 분별하십니다.

그래서 참된 영성은 주님의 일방적인 선물입니다. 스스로 자신을 개혁하는 것도 아닙니다. 내 노력으로, 공부하고, 훈련을 쌓아 자신을 발전시키며 변화시켜 나가는 것을 참된 영성이라고 할 수가 없는 것입니다. 율법의 규율이나 법칙을 따라 나 자신을 계발하는 것이 아니라, 말씀과 성령으로 나를 비워 내 안의 성령께서 나를 변화시켜 주시도록 비켜 드리는 것이 참된 영성입니다. 내가 어떻게 하는 것이 아니라, 내가 어떻게 안하는가가 더 중요한 것입니다. 율법의 행위로 말미암지 않고 성령으로 하는 것이 참된 영성임을 기억해야 합니다.

다른 종교에서는 훈련을 통해 인간의 변화를 꾀하지만, 그것은 겉은 변하게 할 수 있어도 인간의 죄성, 본성은 절대로 스스로의 훈련을 통해 바꿀 수 없습니다. 인간을 변화시킬 수 있는 유일한 길은 하나님의 성령이 우리를 변화시켜 주실 때만 가능하며 예수님이 재림하실 때 우리의 썩을 육신이 영광의 몸으로 변화될 것을 믿고 기다리게 해 주시는 분이 성령입니다.

즉 성령에 속한 사람은 다시 오실 예수님을 바라고 기다립니다. 인생이 힘들고 고달파서 견디기 힘들고 믿음의 시험을 당할 때도 우리에게 인내를 주시는 분은 성령입니다. 이 세상에서의 삶이 아무리 힘들어도 우리 몸이 주 안에서 구속함을 받고 주의 영광을 볼 것이라는 것을 가르쳐 주시며 우리를 견디게 하는 것도 성령이 하시는 일인 것입니다.

우리 생각을 우리보다 더 잘 아시어 우리를 위해 간구해 주십니다. 성령은 우리가 잘못된 것을 기도할 때에도 그것을 바로 잡아 하나님의 뜻대로 이루어지도록 기도하시는 분이 성령입니다. 성령 하나님이 우리를 위하여 간구하시는 것은 모두가 다 응답이 됩니다. 그것은 성령 하나님이 성부 하나님의 뜻대로 간구하시기 때문입니다. 예수님만이 완전한 분이요, 하나님을 기쁘시게 하는 분이기 때문에 예수님을 닮는 길만이 하나님을 기쁘게 할 수 있으며, 내가 아닌 그리스도를 존귀케 할 수 있는 길입니다. 예수를 닮는 것이 참된 영성입니다.

참되다는 것은 오직 하나님만 참된 것입니다. 영성이란 하나님자신을 가리키는 것입니다. 우리 사람은 영성이 없습니다. 우리 사람의 생각은 항상 하나님과 원수된 것 입니다. 우리의 영적 갈급함도 동일합니다. 영적 갈급함이란 하나님을 아는 지식에의 갈급함이며, 하나님의 말씀에 대한 갈급함입니다. 보기는 보아도 알 수 없는 갈증이라고 표현해도 옳을 것입니다.

사람에게 있어 영성이란, 영이신 하나님이 생명 되신 하나님이 우리 가운데 거하시는 그 자체를 영성이라고 표현해도 옳을 것입니다. 질그릇에 보배를 담고 있는 것이 바로 영성을 소유한 것이라 할 것입니다. 사람은 자신을 구원할 만한 아무런 능력이나 힘도 없습니다. 즉 영성도 없다 할 것입니다. 오직 주님만이 우리 영성이며, 우리의 모든 것이시며, 길이시며 진리이시며 생명이 되신다 할 것입니다. 참된 영성은 생명 되신 참된 힘이 되신 주님을 내 마음에 모신 상태가 영성을 가진 상태라 할 것입니다. 성령으로 충만하여 성령의 지배를 받는 상태입니다.

영성생활이란 무엇인가에 대해 여러 가지 말이 많습니다. 간

단하게 말하자면, 예수님을 내 인생의 주인으로 모시고, 그분
가르침을 따라, 그분의 인도를 따라, 그분을 닮아가며 사는 것
을 영성생활이라고 생각하시면 됩니다. 우리 일부들은 영성생
활을 사람들을 피해 오로지 기도만 하는 삶이라고 생각하는 경
향이 있습니다만, 이는 잘못된 생각입니다. 기도하지 않는 사
람들을 피해 오로지 기도하는 삶을 산다는 것은 취지는 좋지만,
현실적으로는 도피적 삶이 될 가능성이 높습니다.

주님께서는 '하나님 사랑'과 '이웃 사랑'을 거의 같은 자리에
놓고 강조하셨습니다. 왜 그럴까요? 다른 사람들과 어울리지
못하는 사람들, 사람을 피해 하느님과만 대화하겠다고 하는 사
람들이 가진 문제점을 잘 아셨기 때문입니다. 사람을 피해 홀로
기도하는 사람들이 가진 문제점은 '자기도취에 빠질 가능성이
높다는 것'입니다. 사실 성도들 중에는 자기도취에 빠진 분이있
습니다.

인간의 무의식은 여러 가지 장난질을 많이 칩니다. 홀로 깊
은 기도를 할 때 마치 도인이나 성인이 된 것과 같은 기분을 느
끼게 해줘서, 자신이 정신적 경지에 올라선 사람인 양 착각하게
합니다. 가짜 성도와 목회자가 양산되는 이유는 바로 인간의 무
의식적 장난질 때문입니다. 이런 자기도취를 깨주는 것이 바로
성령님이십니다. 성령께서 마음 안에서 역사하시면 자신을 정
확하게 보게 하십니다.

그리고 평화롭고 안정된 자기 마음을 뒤흔들어주는 것, 내 영

성 수준의 적나라함을 일깨워주는 것은 나와 친한 사람들, 따르는 사람이 아닙니다. 나와 불편한 관계인 사람들, 쉽게 말해 내가 미워하는 사람들, 나의 마음에 직언하여 상처를 주는 사람들입니다. 그런 사람들은 나의 영적 수준을 알려주는 심판관들입니다. 그래서 자신의 영적 수준을 알려면 자신과 불편한 사람들을 만나보면 안다고 말하는 것입니다. 반대로 자신의 영적인 상태를 알려면 자신과 친한 사람들을 보면 알 수가 있습니다. 친한 사람들은 자신과 말(영)이 통하는 사람들이기 때문입니다.

영성 수준이란 무엇일까요? 사람을 끌어안는 자기 마음 그릇이 바로 영성 수준을 가늠케 합니다. 예수를 믿고 직분을 받은 지 오래됐어도, 교회 안의 여러 가지 교육을 받고 봉사활동을 아무리 많이 했어도, 늘 자기 마음에 맞는 사람들과만 떼 지어 다니고, 같은 공동체 안에서 적대적 혹은 불편한 감정을 갖는 사람들이 많다면 그 사람의 영적 수준은 보잘것없습니다.

그렇다면 어떤 사람이 영성이 깊을까요? 자기 스스로 영성을 운운하지 않는 사람, 영성이 깊다는 평가에 손사래 치는 사람, 기도생활을 할수록 자신의 문제가 보인다는 사람, 이런 사람들이 영성이 깊은 사람입니다. 즉, 겸허한 마음을 가진 사람이 영성이 깊은 사람입니다. 반면 자기 입으로 영성이 깊다고 하는 사람들은 대개 자기 자만에 빠진 사람일 가능성이 큽니다.

사람은 사람에게 보약이자 독약이라고 합니다. 이 말은 내 문제점이 보이게 해주는 사람들은 영적 성장에 도움이 되지만, 내가 자기도취에 빠지게 하는 사람들은 독약 같은 존재라는 뜻입니다. 이 말을 잘 새겨서 사람을 피하지 않는 성도로서"네 이웃을 네 자신과 같이 사랑하라"는 주님의 말씀에 순종하는 영성 깊은 신앙인이 되시기를 바랍니다.

영의 눈이 열리는 영성을 개발하려면 "하나님을 체험적으로 알아야 합니다." 체험적으로 알려면 말씀을 삶에 적용하면서 체험해야 알 수가 있습니다. 더 나아가 "하나님을 닮아야 합니다." 하나님을 닮으려면 지성과 감성이 풍부해야 합니다.

거기서 만족하지 말고 "하나님의 역사를 눈으로 보아야 합니다." 하나님은 영이십니다. 영이신 하나님을 눈으로 보려면 성령으로 거듭나야 합니다. 성령으로 거듭나 모세와 같이 "이 사람 모세는 온유함이 지면의 모든 사람보다 더하더라"(민12:3). 하나님의 인정을 받아야 합니다.

**충만한 교회는** 말씀과 성령으로 성도들을 깨워서 영적인 자립을 하는 것을 목표로 훈련합니다. 하나님께서 부여하신 권능을 사용하여 세상을 장악하게 합니다. 그래서 주일날도 강한 성령의 역사가 일어나는 예배를 드립니다. 예배 시간은 1부 11:00-/ 2부 13:30-입니다. 영적인 눈이 열리고 사고가 영적으로 변하는 말씀을 준비하여 교재로 제공하고 설교를 합니다. 기도를 40분 이상 하면서 담임 목사가 일일이 안수하여 성령으로 충만 받도록 합니다. 자신의 영을 자신이 지킬 수 있는 강한 성도가 되게 훈련하고 있습니다.

# 2장 영의 눈이 열린 크리스천이 되는 비밀

하나님은 하나님의 눈으로 가나안을 바라보기를 원하십니다. 가데스네아에서 이스라엘 백성 중에 선발된 열 지파 사람들은 사람의 눈으로 가나안을 바라보고 보이는 대로 보고하여 가나안을 들어가지 못하고 멸망을 받았습니다. 반대로 하나님의 눈으로 가나안을 바라보고 하나님의 생각으로 보고를 한 여호수아와 갈렙은 가나안에 입성하는 복을 받았습니다. 하나님은 하나님의 눈으로 세상을 바라보는 사람을 통하여 하나님의 나라가 이 땅에 이루어지기를 소원하십니다.

필자는 영성이란 하나님의 뜻이 하늘에서 이루어진 것처럼, 이 땅에 자신이 현재 생존하는 가운데 하늘나라를 가져오는 것이라고 생각합니다. 즉, 예수를 믿고 성령으로 거듭난 성도가 지금 이 땅에서 심령에 천국을 이루고, 삶에서 아브라함의 축복을 받으면서, 하나님의 군사로서 사명을 감당하다가 천국에 가는 것이 하나님께서 원하시는 영성이라고 생각합니다. 성도들이 지금 생명의 말씀과 성령을 통하여 심령이 하나님으로 채워지는 것이 기독교적 영성이라는 것입니다.

'영성'이란 말이 정확히 언제부터, 어디서부터 생겨난 말인지는 알 수 없지만, 영성은 5세기에 주로 성직자나 수도사들의 전유물로 간주되었습니다. 이 영성의 흐름은 카톨릭 교회를 통해 여러 모양으로 지속되어 왔습니다. 개신교회는 1960년대부터 본격적으로 영성과 영성신학에 관심을 가졌습니다.

사실 '영성'이라는 말은 기독교 내에서 뿐만 아니라, 다른 여러 종교에서도 통용되는 용어입니다. 그렇기 때문에 개신교 목회자들 사이에'영성'이라는 말 자체에 대해 반감을 가진 사람들도 있고, 아무런 비판 없이 긍정적으로 수용하는 사람들이 있습니다. 개신교 내에서 조차 '영성'의 의미는 통일된 정의를 내리지 못하고 있는 실정에서 우리는 반드시 '기독교 영성' 혹은 '성경적 영성'의 의미를 밝혀야 합니다.

영성의 사전적 의미는 "신령한 품성이나 성질"입니다. 이를 기독교적으로 해석한다면, 하나님과의 영적관계에서 얻어지는 그리스도인의 품성과 성질로 이해할 수 있습니다(벧후 1:3-11). 그렇다면 '영성'이라는 용어에 대한 성경적 정의는 다음과 같습니다.

**첫째, 기독교 영성은 '복음'을 드러냅니다.** 복음은 성령으로 충만해야 이해할 수가 있기 때문입니다. 이와 같은 정의는 기독교와 다른 종교를 구분하는 가장 적절한 표현일 것입니다. 기독교 영성은 단순히 종교적인 행위나 마음 자세를 의미하는 말이 아닙니다. 종종 영성을 강조하는 자들이나, 스스로 영성이 있다고 자부하는 자들은 자신의 종교적 행위를 자랑합니다.

그러나 기독교적 영성은 반드시 그리스도적이어야 합니다. 기독교 영성은 그 중심에 복음(즉 그리스도)이 있어야 합니다.

복음의, 복음에 의해, 복음을 위한 영성이야 말로 우리가 추구하는 영성입니다. 기독교 영성의 중심에는 '겸손'이 있어야 하며, 자신이 드러나는 것이 아니라 복음이 드러나야 합니다(요 12:49; 16:13). 복음을 통해서 자신이 하나님의 인격과 성품으로 변해야 한다는 말입니다.

**둘째, 영성은 개인의 인격이 하나님의 형상으로 바뀌는 것입니다.** 영성은 '하나님과의 직접적인 영적 관계를 통해서 얻게 되는 신앙적 삶의 특정한 태도나 행동이 나타나는 것'이라고 정의할 수 있습니다. 영적관계는 성령의 세례와 성령의 역사를 말하는 것입니다. 개인이 영성을 얻기 위해서는 무엇보다 성령 충만의 사건이 선행되어야 한다는 말입니다(행 3:1-10). 다시 말해 성령의 역사를 통해서 특정한 형식의 하나님 체험이 특정한 형태의 삶의 모습으로 나타나야 합니다. 성령의 역사 없이는 진정한 영성을 추구할 수가 없습니다.

성령을 체험하여 사람의 마음 안에 계신 성령께서 이성과 육체를 장악해야 하나님의 영성으로 변화될 수가 있기 때문입니다. 반드시 성령의 역사가 일어나야 합니다. 성령의 역사가 없이는 성도가 하나님의 영성으로 바뀌거나 나타날 수가 없습니다. 이런 면에서 불교나 유교, 기타종교에서 추구하는 영성은 진정한 영성이 아니라는 것입니다. 반드시 영성은 생명의 말씀을 통하여 성령의 역사가 일어나야 하나님의 인격과 성품으로 변할 수가 있는 것입니다.

인간적인 경건의 훈련만을 통해서는 하나님과 교통하는 영성을 개발할 수가 없습니다. 하나님은 디모데후서 3장 5절에서 이렇게 말씀하십니다. "경건의 모양은 있으나 경건의 능력은 부인하니 이 같은 자들에게서 네가 돌아서라" 경건의 모양만 있다는 것은 살아있는 성령의 역사가 없는 인간적인 경건훈련을 말하는 것입니다. 반드시 생명의 말씀과 성령의 역사가 있는 경건 훈련 해야 하나님과 통하는 영성을 개발할 수가 있는 것입니다. 땅의 사람이 하나님과 통할 수가 없습니다. 반드시 성령으로 거듭난 영성만이 하나님과 통할 수가 있는 것입니다.

**셋째, 영성은 공동체의 본이 되는'신앙'입니다.** 공동체는 우선적으로 개인의 영적 체험을 성경말씀에 비추어 변화된 신앙을 검증하려는 노력을 해야 합니다. 공동체의 본이 되는 모범적인 신앙은 생명의 말씀과 성령으로 변화된 신앙입니다. 생명의 말씀과 성령으로 변화되어야 모범적인 신앙인이 될 수가 있기 때문입니다. 생명의 말씀과 성령으로 변화되지 않는 신앙은 신앙이 아니고 미신입니다.

종종 영성을 개발해야 한다는 미명 하에 인위적인 조작으로 황홀경에 이르게 하는 행위들은 비난받아 마땅합니다. 인위적인 조작으로 황홀경에 이르게 하는 행위로는 하나님과 교통하는 영성으로 변화될 수가 없기 때문입니다. 인위적인 조작으로 황홀경에 이르게 하는 행위의 영성을 정확하게 말한다면 귀신의 역사가 일어나기 때문입니다. 참다운 영성은 생명의 말씀과 성령의 역사로 하나님으로부터 오지 않은 것을 몰아내고, 죄악된 삶을 회개하게 합니다. 또한 개인과 개인, 공동체와 공동체를 화해시키고, 협력하게 합니다. 마음 안에서 성령의 역사가 일어나면 세상 것은 밀려나기기 마련입니다.

그러므로 기독교 영성은 복음을 통해 개인적 성결과 사회적 성결을 이루는'그리스도인의 삶'자체를 의미합니다. 그렇기 때문에 기독교 영성은 생명의 말씀과 성령의 역사가 반드시 일어나야 합니다.

**넷째, 영성과 감성과 지성이 균형이 이루어야 합니다.** 밖으로 나타는 영적인 역사는 성령이나 악령의 역사나 비슷합니다. 그래서 분별력을 가져야 합니다. 하나님께서도 고린도후서 11장 4절에서"만일 누가 가서 우리가 전파하지 아니한 다른 예수를 전파하거나 혹은 너희가 받지 아니한 다른 영을 받게 하거나 혹은 너희가 받지 아니한 다른 복음을 받게 할 때에는 너희가 잘 용납하는구나"라고 말씀하십니다.

우리나라 영성훈련에 고쳐야 할 것이 있습니다. 무조건 기도를 많이 해야 영성이 개발되는 것으로 아는 것입니다. 무조건 기도만을 강조합니다. 기도를 많이 해서 무엇인가 신령한 것을 보면 영성이 있는 것으로 이해를 합니다. 환상을 본다든지, 음성을 듣는다든지, 기도하면서 진동을 한다든지 하면 영성이 깊은 것으로 믿어버립니다. 그런데 영성은 기도만 만이 한다고 영성이 깊어지는 것이 아니라는 것입니다. 반드시 영성은 지성과 감성이 균형이 잡아야 한다는 것입니다. 즉, 생명의 말씀을 바르게 알고, 성령의 역사를 바르게 느끼면서 영성을 추구해야 한다는 것입니다.

1) **지성입니다.** 우리는 늘 지성과 감성의 조화와 균형에 대해서 얘기하지만, 막상 그것이 무엇이냐고 물어보면 막막해 합니다. 지성과 감성에 대해서 건강하게 정의내리지 못한다면 실천은 불가능할 것입니다. 그래서 지성과 감성이 무엇이냐에 대해서 이야기를 하려고 합니다. 지성은 "편견 없이 보고 분별할 수 있는 능력"입니다. 지성은 어떤 영적인 현상에 대하여, 어떤 말씀을 기초로 하여 일어난 현상이고, 어떤 영적인 존재가 일으키는 역사인지, 어떤 영적인 원리를 적용했는지 자세하게 분별하여 영적인 현상 전체를 통합적으로 볼 줄 아는 것입니다. 말씀에는 영적인 원리가 있습니다. 모든 영성은 말씀 안에서 나와야 합니다.

지성이 편견 없이 보고 분별하기 위해서는 말씀의 지식을 습득해야 합니다. 하지만 단순히 성경적인 지식을 많이 습득한다고 지성적이 되지는 않습니다. 지금까지 많은 사람들이 지성을 지식의 양으로 여겼습니다. 그러니 지성을 쌓기 위해 책을 많이 넣어줘야 한다고 생각했고, 양이 채워지면 질적인 변화가 일어난다고 말했던 것입니다.

이것이 교회에도 들어와서 성경을 많이 읽어야 한다고 하여 100독을 했느니, 150독을 했느니 하면서 양적인 성경지식을 쌓기 위해 노력을 했습니다. 성경공부가 교회의 프로그램의 중요한 부분을 차지했습니다. 물론 성경 공부도 많이 해야 합니다. 그런데 성경공부가 되면 지성이 될 수가 없다는 것입니다. 말씀을 삶에 적용하여 체험함으로 터득된 지성이 되어야 한다는 것입니다. 예수님은 공생애 기간 동안 현장중심의 훈련을 하셨습니다. 체험함으로 지성을 개발하기 위하여 그렇게 하신 것입니다.

그런데 더 문제는 진리의 말씀을 무시하고 경건의 훈련만을 강조하는 것입니다. 일부 목회자들은 아예 진리의 말씀을 뒤로하고 기도와 영성만을 중요하게 생각합니다. 그렇게 함으로 말씀의 검증 없이 영성이 나타나고, 인간적인 감성이 나타나는 것입니다. 그런데 영성과 감성이 성령에 의한 역사와 귀신의 역사에 의한 역사가 비슷합니다. 귀신의 역사에 의한 영성으로 훈련을 해도 역사가 일어나기 때문에 속는다는 것입니다.

필자가 그동안 성령치유 사역을 하면서 체험한 바로는 성령의 역사와 마귀의 역사를 비교해보면 유사한 점이 많이 있다는 것입니다. 성령님도 영이십니다. 귀신도 영입니다. 그렇기 때문에 바른 말씀의 지성으로 숙성된 분별력이 없으면 미혹당하기 십상입니다. 욥기에 보면 사단도 하늘에서 불이 내리게 했습니다. 사단도 불이 내리게 한다는 지성을 가지고 교회나 기도원이나 치유센터의 영적인 역사를 보면 문제가 있다는 것을 금방 알아차릴 수 있습니다.

필자는 항상 성도들에게 영적인 것은 진리를 바르게 알고 믿고 행하라고 권면을 합니다. 반드시 '왜와 어떻게'를 가지고 식별해야 합니다. 비슷하기 때문에 모르면 당하는 것입니다. 많은 성도들이 예배나 집회에 참석하여 영적인 역사가 일어나면 모두가 성령께서 역사하는 줄로 알고 받아들입니다. 필자도 몇 년 전에는 모두 성령의 역사인줄 알았습니다. 그러나 진리의 말씀으로 숙성된 지성을 적용하여 성령치유 집회를 인도하면서 하나하나 잘못된 역사가 보이기 시작을 했습니다.

우리가 바르게 알고 넘어가야 할 것은 "기독교의 성령 체험이 종교 혼합주의적 신비의 현상 가운데 하나인지, 아니면 정말 기독교의 성령 임재의 현상인지를 성경의 증언에 기초해 분석해 볼 필요가 있다는 것입니다" "영적인 면에 무지한 일부 교회는 성령 임재 현상과 귀신의 강신(무당 신내림) 현상을 명백히 분별하지 못하고 그대로 수용하고 있는 것이 사실입니다." 반드시 분별하여 치유해야 합니다.

그래야 성도들이 바른 신앙으로 바른 기도하여 하나님과 친밀하게 지낼 수가 있습니다. '성경적 영성'은 "그 본질은 예수 안에서 성령으로 이루어지며 근본은 영에 있으며, 영의 인격적 기관인 마음을 통해 작용하는 것으로 사람들의 삶에 원동력을 부여해 주며, 전인격적인 행동을 행하도록 도와주는 모든 활동"입니다. "하나님의 말씀에 순종하며 그 분의 형상을 회복하는 그리스도인의 삶 자체가 성경적인 영성"입니다. 그리고 예수님과 같이 변화되는 것을 목적으로 합니다.

반면 샤머니즘에서의 영혼은 "살아있는 사람의 영혼이 아니라 죽은 사람의 영혼"이며 샤머니즘은 그런 영혼에 대해 "신에 대한 두려움을 갖고 신을 숭배하는 사상을 갖고 있습니다" "신에게 잘 보이기 위하여 열심을 내고, 자신의 문제를 신에게 해결해 달라고 손과 발이 달도록 비는 것입니다" "더 나아가 자연을 숭배하는 정령사상을 가지고 있어 샤머니즘의 영성은 다신론적이며 범신론적입니다. 즉 초인적 존재에 의한 길흉화복의 욕구를 충족시키는 것이 샤머니즘적 영성"입니다. 결국 "샤머니즘적 영성은 전인격적 삶에 초점을 두는 성경적인 영상과는 완전히 다르다는 것을 알아야 합니다."

성경에 나타난 '성령 체험' 현상의 특징은 권능. 능력. 예언. 황홀경. 재능. 지혜. 방언. 환상. 세미한 음성. 장소의 진동. 급하고 강한 바람 같은 소리 등으로 나타납니다. 오늘날 '신비적 성령운동'의 현상들로 넘어짐. 웃음. 짐승의 소리. 괴성. 불. 환영. 등을 들 수가 있습니다. '신비적 성령운동'의 이런 현상은 성경이 보여주는 '성령 체험'의 현상들과 분명하게 다릅니다.

그리고 이런 체험을 했어도 전인격이 변화되지 않는 것이 특징입니다. 제가 그동안 성령치유 사역을 하면서 성령으로 기도를 하게 하고 안수사역을 한 결과 성령의 역사로 인하여 이런 현상을 일으키는 흉측한 것들이 모두 떠나가더라는 것입니다. 성도에게서 모두 떠나가니 이런 현상이 더 이상 일어나지 않았습니다. 그러므로 이런 현상을 일으키는 것은 귀신입니다. 그리고 짐승의 소리와 괴성 등으로 나타나는 '신비적 성령운동'의 현상들은 샤머니즘의 '강신 체험'에서 보이는 공포스러운 몸짓. 짐승의 소리. 목소리 변화. 광증적 발작. 등과도 유사합니다. 이는 많은 말씀을 바르게 적용하여 바른 체험을 한 사역자만이 구별해 낼 수가 있습니다. 이렇게 교묘하게 위장하는 역사를 일부 사역자가 영성만 추구함으로 지성이 발전되지 않아서 분별하지 못하고 있다는 것입니다.

2) 감성입니다. 감성은 "자기의 욕구와 감정을 있는 그대로 느낄 수 있는 능력"입니다. 성령의 역사를 몸으로 나타내는 것입니다. 이렇게 몸으로 나타나는 것이 감성인데 반드시 숙성된 지성의 말씀 안에서 일어나야 한다는 것입니다. 그렇지 않으면 속는다는 것입니다.

쓰러지는 현상의 예를 들어 설명합니다. 필자가 그동안 안수 사역을 할 때 쓰러지는 사람들을 보면 반드시 영적인 현상이 일어났다는 것입니다. 진동을 한다든지, 호흡을 몰아쉰다든지, 기침을 한다든지, 울부짖는다든지, 사지가 뒤틀린다든지, 몸이 활처럼 휜다든지, 어깨와 허리를 돌린다든지, 발작을 한다든지, 소리를 지른다든지, 가볍게 진동을 한다든지 등 영적인 현상이 일어났습니다. 이런 영적인 현상이 잠잠해졌을 때 예수 이름으로 명령하니 기침을 통하여, 트림을 통하여, 호흡을 통하여 귀신들이 떠나갔습니다. 이런 체험을 한 성도들이 영육이 치유되고 참 평안을 체험했습니다. 얼굴이 보름달과 같이 환하게 변했습니다. 은사가 나타나고, 방언통역이 임하고, 예언을 했습니다.

영적으로 변화되는 것이 눈으로 보이고 본인이 몸으로 느끼게 변화되었다는 것입니다. 이와 같은 현상을 체험했다는 바른 쓰러짐의 현상입니다. 그러나 쓰러지기는 쓰러지는데 변화가 없다면 귀신이 속이는 것입니다. 필자가 안수 사역을 할 때 깜박깜박 쓰러지는 성도들을 안수한 결과 귀신이 말로 표현할 수 없을 정도로 떠나갔습니다. 그러니까, 귀신이 순간 위기를 모면하려고 쓰러지게 한다는 것입니다. 귀신은 어찌하든지 나가지 않으려고 합리적인 영적인 현상을 일으킵니다.

그러므로 쓰러지는 현상에 대한 숙성된 지성으로 바르게 분별해야 합니다. 사역자는 생명의 말씀을 가까지 하고 영적인 서적을 많이 읽어서 숙성된 지성을 가지고 영성훈련을 해야 합니다. 그래야 바른 영성으로 전인격이 성령의 지배를 받을 수가 있습니다.

**충만한 교회**에서는 매주 목요일 밤 19:30- 성령 ,은사, 내적치유집회를 정기적으로 진행하고 있습니다. 성령체험을 원하시는 많은 분들이 찾아오셔서 성령세례를 받고, 성령은사를 받으며, 질병과 마음의 상처를 치유 받고, 귀신들을 떠나보내고 있습니다. 성령의 강력한 역사가 일어나서 오시는 분들이 많은 은혜를 받고 있습니다.

# 3장 영적으로 예민한 영성을 개발하는 비밀

하나님은 크리스천들이 영적으로 민감해지기를 소원하십니다. 하나님은 영이십니다. 영이신 하나님은 전인격이 생명의 말씀과 성령으로 장악이 되어 민감한 상태가 되어야 느낄 수가 있기 때문입니다. 영적으로 민감하다는 것은 영적인 일에 관심이 남다르게 많다는 것을 의미합니다. 관심과 흥미가 있으면 그 일에 깊이 관여하게 되고 그에 따라서 여러 형태의 발전을 가져오게 되는 것입니다. 우리나라 교회의 실정이 글로 적혀있는 성경말씀에 대해서는 많이 알고 발전이 되었습니다. 눈으로 보고 배워서 알 수가 있기 때문입니다.

정말 흔하게 발전한 것이 성경암송, 성경공부, 성경해석, 성경공과공부 등등인 것을 설명 안 해도 잘 알고 있을 것입니다. 반면 보이지 않는 영의 세계는 많이 뒤처져 있습니다. 아마 영적세계를 공부하고 훈련한다는 말은 들어보지 못했을 것입니다. 보이지 않고 체험해야 알 수가 있고, 체험한 것을 글로 적어내기가 난해하기 때문입니다. 자연스럽게 영성이 메마른 크리스천들이 되어가고 있는 것입니다.

더 문제는 자신이 말씀을 많이 알기 때문에 영적이고, 영적으로 민감한 크리스천이라고 자찬하는 것이 더 큰 문제입니다. 영성이 메말라 영적으로 만감하지 못한 크리스천은 예수를 믿었으나 영이 잠자는 사람입니다. 그래서 크리스천에게 중요한 것은 영의 세계입니다. 크리스천은 영의 사람이기 때문입니다. 그런데 영적세계에 대해서 알아내려면 영적으로 민감해야 가능합니다. 관심이 있어야 열리는 것입니다. 영적으로 민감하려면 성경말씀을 머리로 알아서는 안 됩니다. 성령으로 심령에 새겨야 합니다. 자신이 성령으로 심령에 말씀이 새겨져서 전인격이 말씀화가 되어야 영적으로 민감해집니다. 영적으로 민감해야 영적인 세계가 열립니다. 영적인 세계가 열려야 자신이 얼마나 나역한 존재인가 정확하게 보입니다. 능력중에서 가장 강한 능력이 자신을 정확하게 보는 것입니다. 자신을 보면 자신의 문제가 무엇인가 보이기 때문입니다. 자신의 문제를 해결하려고 하다가 영적인 세계를 알고 영적인 눈이 열리는 것입니다.

그런데 교회들이 이런 실제적이고 살아있는 영적인 면에 취약합니다. 당연하게 하나님과 친밀하게 지낼 수가 없는 것입니다. 우리가 알아야 할 것은 예수님을 십자가에 메달아 죽인 사람들이 유대인들입니다. 유대인들은 말씀(율법)에 정통한 사람들입니다. 말씀을 많이 알아도 직접 하나님과 대화를 할 수가 없습니다. 유대인들이 하나님의 음성을 들으려면 선지자를 통해서 듣습니다. 지금 무슨 설명을 하는가 하면 유대인처럼 말씀을 많이 알아도 하나님과 직접 교통할 수가 없다는 것입니다. 왜냐하면 영성이 둔한 육적인 크리스천이기 때문입니다. 지금 시대는 성령이 역사하는 교회 시대입니다. 성령이 역사하는 교회시대는 크리스천의 심령에 임재하신 하나님과 직접 교통해야 합니다. 직접 한 사람 한사람이 자신 안에 계신 하나님과 교통해야 된다는 것입니다.

그런데 하나님은 영이십니다. 영이신 하나님은 성령으로 충만한 영의 사람과 교통하십니다. 즉 크리스천 한 사람 한사람이 생명의 말씀과 성령으로 충만하여 영의 상태가 되어야 하나님과 교통할 수가 있다는 말입니다. 그런데 지금의 교회 실정이 머리로 알고 머리로 기도하여 영적으로 둔해 있으니 하나님과 교통할 수가 없는 것입니다. 예수를 믿고 하늘의 사람으로 새롭게 태어났으나 이론일 뿐이고 실제 사고가 영으로 변하지 않았다는 것입니다. "그런즉 누구든지 그리스도 안에 있으면 새로운 피조물이라 이전 것은 지나갔으니 보라 새 것이 되었도다"(고후 5:17). 새것이 되었다는 것은 땅의 사람(아담)은 죽고 하늘의 사람(예수)로 태어났다는 것입니다.

새롭게 하늘의 사람으로 태어난 사람답게 하나님과 교통하는 영성을 개발해야 합니다. 그래야 하늘나라의 주인이시고, 예수를 믿는 사람의 아버지이신 하나님과 친밀하게 지낼 수가 있는 것입니다. 예수님은 이렇게 말씀하십니다. "예수께서 대답하시되 진실로 진실로 네게 이르노니 사람이 물과 성령으로 나지 아니하면 하나님의 나라에 들어갈 수 없느니라"(요 3:5). 생명의 말씀과 성령으로 거듭나야 하나님의 나라에 들어갈 수가 있다는 것입니다. 그러므로 예수를 믿은 크리스천은 생명의 말씀과 성령으로 거듭나야 합니다. 그래서 크리스천은 반드시 성령으로 세례를 받아야 합니다. 성령으로 세례를 받음과 동시에 하늘의 사람으로 바뀌는 것입니다. 그런데 성령의 세례는 이론이 아닙니다. 살아계신 하나님이 자신을 장악하는 것입니다.

크리스천이 예수를 믿으면 성령께서 마음 안에 임재하십니다. 임재하신 성령이 자신을 완전하게 장악하는 것이 성령의 세례입니다. 성령으로 세례를 받을 때 자신도 느끼고 알게 됩니다. 다른 사람도 보고 알게 됩니다. 성령은 살아계신 하나님이시기 때문입니다. 살아계신 하나님이 자신을 장악했는데 느끼지 못할 수가 없기 때문입니다. 성령으로 세례 받은 이때부터 영적인 민감성이 개발되기 시작을 하는 것입니다.

사도행전에 4장 28-31절에 보면"하나님의 권능과 뜻대로 이루려고 예정하신 그것을 행하려고 이 성에 모였나이다. 주여! 이제도 그들의 위협함을 굽어보시옵고 또 종들로 하여금 담대히 하나님의 말씀을 전하게 하여 주시오며, 손을 내밀어 병을 낫게 하시옵고 표적과 기사가 거룩한 종 예수의 이름으로 이루어지게 하옵소서 하더라. 빌기를 다하매 모인 곳이 진동하더니 무리가 다 성령이 충만하여 담대히 하나님의 말씀을 전하니라" 이와 같이 살아있는 하나님의 실제 역사가 일어나며, 느끼고 보는 것이 영적민감성입니다. 이런 크리스천이 진정 살아계신 하나님과 교통하며 하나님의 역사를 일으키는 크리스천입니다.

그러므로 영성이 풍성하지 않는 크리스천은 진정한 크리스천이 아닙니다. 그렇기 때문에 영성을 개발해야 합니다. 영성이 풍성한 크리스천이 되어야 하나님께 쓰임을 받을 수가 있습니다. 많은 크리스천이 예수를 믿고 교회에 들어와서 자신들에 처한 문제를 먼저 해결 받으려고 합니다. 물질문제, 질병문제, 영적인 문제, 가정문제 등등…. 이러한 문제 해결하기에 앞서서 말씀을 묵상하고, 기도하고, 예배를 드리면서 성령으로 세례를 받아야 합니다. 성령으로 세례를 받고, 상처를 치유하고, 자아를 부수고, 혈통의 문제를 해결하면서 영성을 개발하여 영이신 하나님과 관계를 열어야 합니다.

영이신 하나님과 관계가 열려야 하나님의 권능으로 문제가 해결되기 시작을 하는 것입니다. 하나님과 관계가 열리지 않으면 아무리 열심히 해도 문제는 해결이 되지 않습니다. 문제의 근원이 영의 차원에 있기 때문입니다. 영의 차원의 근본원인은 사람의 잠재의식에 웅크리고 있습니다. 이 영의 차원의 문제는 사람의 힘으로는 어찌할 수 없는 존재입니다.

이 문제를 해결하려면 반드시 성령의 역사가 있어야 합니다. 성령의 역사가 아니고는 잠재의식에 숨어있는 문제의 근원을 치유할 수가 없습니다. 잠재의식에 숨어있는 문제의 근원은 성령으로 해결이 되는 것입니다. 그래서 크리스천은 성령으로 세례를 받아 하나님과 교통하는 영성을 길러야 한다는 것입니다. 생명의 말씀과 성령으로 영성개발은 참으로 중요합니다.

마가복음 6장 45절로 56절에 보면 제자들은 바다 위로 걸어

오시는 예수님을 보고 유령인가 하여 놀랐습니다. 이는 인간적인 사고로 굳어있기 때문입니다. 생명의 말씀과 성령으로 영성을 개발하지 못했기 때문에 예수님을 보고 유령으로 오해하여 놀란 것입니다. 문론 제자들이 유령의 실체를 본 적은 없었을 것입니다. 단지 유령에 대한 개념은 우리들처럼 상상이었을 것입니다. 어른들로부터 전해 내려오는 소문을 듣고 짐작했을 것입니다. 그런데 바다 위로 오시는 예수님을 예수님으로 알아보지 못하고 귀신으로 생각하고 착각한 것은 문제가 있습니다.

예수님과 함께 있으면서도 예수님에 대하여 알지 못했다는 것입니다. 예수님을 알지 못하니 인간 생각으로 귀신이라고 한 것입니다. 제자들이 예수님에 대하여 알고 있었다면 귀신으로 착각하고 놀라지 않았을 것입니다. 크리스천은 예수님을 알아야 합니다. 이론으로만 알지 말고 체험으로 실체로 알아야 합니다. 말씀을 삶에 적용하여 체험함으로 지성을 개발해야 합니다. 예수님은 살아서 역사하고 계시는 분이기 때문입니다.

그래서 기독교는 체험의 종교라는 것입니다. 살아계신 예수님의 실체를 눈으로 보고 몸으로 느껴야 하기 때문입니다. 말씀 속의 제자들은 성령으로 세례 받지 않았다는 것입니다. 성령으로 충만하지 못하니 영이신 예수님을 알아보지 못한 것입니다. 예수님과 함께 있으면서도 예수님을 주인으로 생각하지 않았다는 증거입니다.

예수님을 주인으로 모시지도 않았다는 증거입니다. 예수님과 함께 있으면서도 예수님과 함께하지 않았다는 증거입니다. 예수님과 함께 했다면 당장에 알았을 것입니다. 예수님과 함께 있으면서도 예수님의 영으로 충만하지 못했음을 말하는 것입니다. 그래서 영적으로 민감하지 못하니 예수님을 알아보지 못한 것입니다.

예수님과 함께 있으면서도 예수님을 참으로 사모하지 아니했다는 것입니다. 예수님과 함께 있으면서도 예수님의 말씀으로 충만하지 못했음을 말하는 것입니다. 예수님에 대하여 바르게 알지 못한 것입니다. 그래서 크리스천은 영적이고 체험 있는 목회자를 만나야 합니다. 체험 있는 목회자로부터 예수님에 대하여 이론뿐만 아니라, 살아 역사하시는 예수님에 대하여 알아야 합니다. 그래서 영성을 개발하여 살아 역사하시는 예수님을 이론으로도 알고, 실제 몸으로 느끼기도 하고, 예수님이 함께하시는 것을 전인격으로 알아야 합니다.

크리스천은 반드시 성령으로 세례를 받아야 합니다. 생명의 말씀과 성령으로 충만하여 영적으로 민감해야 합니다. 성령 충만은 정말로 중요한 것입니다. 우리의 신앙도 성령으로 충만하지 못하면 문제가 되기 때문입니다. 신앙의 삶도 성령으로 충만하지 못하면 문제가 되기 때문입니다.

신앙의 생활도 말씀으로 충만하지 못하면 문제가 되기 때문입니다. 영적으로 민감한 크리스천은 삶에서도 순간순간 역사하는 영적인 역사를 감지하고 말씀으로 물리쳐야 하기 때문입니다. 성령으로 세례를 받아야 합니다.

항상 성령으로 기도하지 않으면 믿음생활에도 문제가 되는 것입니다. 그래서 하나님은 데살로니가 전서 5장 16-18절에서 "항상 기뻐하라. 쉬지 말고 기도하라. 범사에 감사하라 이것이 그리스도 예수 안에서 너희를 향하신 하나님의 뜻이니라" 말씀하시는 것입니다. 크리스천은 "항상 기뻐하고, 쉬지 말고 기도하고, 범사에 감사하지" 않으면 영적으로 민감하지 못하여 순간순간 하나님의 계시를 받지 못합니다. 그리고 순간순간 역사하는 영적인 역사에 대처할 수가 없는 것입니다. 예수님을 믿으면서도 그 믿음이 바른 믿음이 아니라, 자신의 신념일 경우 문제가 됩니다. 바른 믿음이란 예수님을 주인으로 모시는 것입니다. 예수님을 살아계시는 예수님으로 믿는 것입니다.

크리스천은 바뀌어야 합니다. 바뀐다는 것은 땅의 사람(아담)은 죽고, 하늘의 사람(예수)로 다시 태어나는 것입니다. 영적인 크리스천으로 바뀌려면 성령으로 세례를 받고 생명의 말씀과 성령으로 충만해야 가능합니다. 예수님이 승천하신 후 마가의 다락방에서 기도하다가 성령으로 세례 받고 성령으로 충만한 후 제자들의 삶이 백팔십도 변화된 사실은 이를 증명할 수 있습니다.

예수 신앙, 기독교 신앙은 사상도, 가치관도, 삶의 철학도, 진리를 깨달아 도달한 이상적 경지와 어떠한 피안[彼岸] 된 정서도 아닌 하나님의 영의 임재의 결과입니다. 성령의 임재 된 결과가 외부로 나타나는 것이 영적인 민감성입니다. 영적 민감성을 개발하고 유지하려면 성령으로 기도하는 등, 항상 하나님의 임재의식을 가져야 가능합니다.

성령님이 내 안에 주인으로 있으면 그것이 바로 바른 신앙이요, 영적으로 민감하다 할 수 있습니다. 성령의 인도를 순간순간 받을 수 있기 때문입니다. 성령의 인도를 순간순간 받고 움직이는 크리스천은 영적으로 민감한 것입니다. 하나님의 자녀인 크리스천은 세상을 살아가면서도 순순간 성령님에게 '레마'를 받아 움직여야 합니다. 그러나 영적으로 민감하여 세상으로 향하는 신앙의 삶에 그릇되어서는 절대로 안 됩니다. 영적으로 민감하여 예수께 붙어있고, 예수 안에 거하고, 예수님의 다스림을 받는 삶 진정한 행복이라고 할 수가 있습니다.

다음 이야기를 읽어보면 영성이 얼마나 중요한 가를 이해하게 될 것입니다. 어떤 목사님이 지방에 가기 위해 고속버스를 탔습니다. 의자에 앉아 안전벨트를 매는데 저쪽에 어떤 여자 분이 눈을 꼭 감고 기도하는 모습이 보였습니다. 그러고 나서 안전벨트를 매는 것이었습니다. 마치 안전벨트보다도 하나님께서 지켜주심이 먼저라는 듯이 고속버스가 출발을 했습니다.

차가 한 참 달리는데 문득 보니 그 여자 분이 또 눈을 감고 손을 모으고 중얼중얼 기도를 하는 것이었습니다. "참 내! 누구는 기도 안 하나? 되게 티내네." 한참을 기도하더니 눈을 똑 뜨고 갑자기 자리에서 벌떡 일어나 운전기사에게 가서 지금 당장 자기를 차에서 내려달라고 하는 것이었습니다.

　당연히 고속도로에서는 내려줄 수 없다는 말에 다시 자리로 돌아와 앉았습니다. 그리고 또 한 참을 기도했습니다. 그러더니 잠시 후에 다시 벌떡 일어나 버스기사에게 가서 꼭 내려달라고 사정을 하는 것이었습니다. 차 안에 있는 사람들은 여기저기서 짜증을 냈습니다. 목사님은 속으로 "차라리 믿는 티나 내지 말지. 저러니 기독교가 욕을 먹는 거야." 하고 불쾌한 표정을 지었습니다.

　세 번째 버스 기사에게 내려달라고 조르자 버스기사도 '아이고 모르겠습니다.….'하면서 갓길에 차를 세우고 그 여자를 내려주고 말았습니다. 그리고 버스가 출발 한 지 5분도 안 되어서 차가 언덕을 굴러 하마터면 차 안에 타고 있던 사람들이 다 죽었을지도 모를 대형 사고가 났습니다. 차에 타고 있던 사람들은 그제야 사고를 미리 알고 5분 전에 내려버린 그 여자 생각이 났습니다.

　가장 놀란 사람은 목사님이었습니다. "하나님, 저는 목사입니다. 사고가 날 것을 어째 그 여자에게는 알려 주셨으면서 목사인 저에게는 알려주시지 않았습니까?"하고 따지듯이 기도하자 하나님의 음성이 들려왔습니다. "세 번씩이나 알려 주었다. 그 여자가 안전벨트보다도 먼저 기도하는 모습으로 그 여자가 세 번씩이나 내려달라고 하는 모습으로 그 여자가 차에서 내리는 모습으로 네 눈에 생생하게 보여줬는데도 너는 깨닫지 못했다." 목사라도 성령으로 기도하지 않고 영성이 다듬어지지 않아 영감이 둔하면 이런 일을 당하는 것입니다.

성도는 기도하여 바로 앞에 당할 사고를 하나님으로부터 받아 알았습니다. 하나님이 알려준 대로 순종했습니다. 그래서 사고를 당하지 않았습니다. 그런데 영적으로 둔한 목사님은 오히려 영적으로 민감한 성도를 비웃고 있는 것입니다. 영적으로 민감한 성도를 비웃으니 하나님의 경고의 음성이 들리지 않는 것입니다. 우리는 영적으로 민감하여 기도하는 사람을 비웃지 말아야 합니다. 영적인 것은 육적인 눈으로 이해할 수가 없는 것은 당연한 것입니다.

이해하지 못하기 때문에 영적으로 민감하여 기도하고 하나님의 음성에 따라 움직이는 성도를 비웃는 것입니다. 지금 교회에도 똑같은 현상이 나타나고 있습니다. 당신은 영적으로 둔하여 하나님의 경고를 듣거나 감지하지 못하는 크리스천이 되지 말아야 합니다. 생명의 말씀과 성령으로 영성을 개발해야 합니다. 크리스천이 영적으로 민감하지 못하면 하나님으로부터 오는 아무것도 받을 수가 없습니다.

영적으로 민감한 크리스천은 오로지 하나님에게만 집중합니다. 세상의 소리에 마음을 빼앗기지 않으려고 의지적인 노력을 합니다. 필자는 항상 이렇게 말합니다. 예수를 믿고 성령으로 거듭나 성령의 인도를 받는 크리스천은 사람의 말이나 소리를 듣고 좌지우지[左之右之] 하면 절대로 안 된다는 것입니다.

필자는 자랑은 아니고 다른 사람들이 나를 비난하거나 좋지 않은 이야기를 할 때, 크게 마음에 영향을 받지 않습니다, 영향을 받아도 오래가지 않습니다. 실제 필자에게 그런 부분이 있는 것을 알고, 때때로 그들을 불쌍히 여기는 마음을 가지기 때문에, 그런 사람의 소리를 듣고 반응하는 것이 둔한 편이기 때문입니다.

이렇게 필자는 영성을 지키려고 하고, 끊임없이 그 감각을 살리려고 하는 영성이 있습니다. 그것은 성령입니다. 정신 차리지 않으면 나도 모르는 사이에 이 영성이 둔해지는 것을 느낍니다. 세상일이나 사역에 바빠지면 이 영적 민감함이 떨어지는 것을 느낍니다. 필자는 절대로 무리하지 않으려고 합니다.

정해진 시간을 지키려고 노력합니다. 무리하면 영적인 민감성이 약해지기 때문입니다. 삶에 여유가 있어야 성령으로 기도하여 영성을 개발하고 지킬 수가 있기 때문입니다. 욕심이 생기면 영적인 민감함이 현저하게 약해지는 것으로 스스로 느낍니다.

예수님은 누가복음 10장 38-42절에서 "그들이 길 갈 때에 예수께서 한 마을에 들어가시매 마르다라 이름하는 한 여자가 자기 집으로 영접하더라. 그에게 마리아라 하는 동생이 있어 주의 발치에 앉아 그의 말씀을 듣더니, 마르다는 준비하는 일이 많아 마음이 분주한지라 예수께 나아가 이르되 주여 내 동생이 나 혼자 일하게 두는 것을 생각하지 아니하시나이까 그를 명하사 나를 도와주라 하소서, 주께서 대답하여 이르시되 마르다야! 마르다야! 네가 많은 일로 염려하고 근심하나 몇 가지만 하든지 혹은 한 가지만이라도 족하니라. 마리아는 이 좋은 편을 택하였으니 빼앗기지 아니하리라 하시니라" 예수님은 세상일에 분주하지 말라는 것입니다. 그래야 예수님의 말씀을 들을 수가 있기 때문입니다. 분주하면 영성은 떨어지게 되어 있습니다.

영성이 떨어지면 세상 사람들과 다를 바가 없이 세상과 타협하며 살아갈 수밖에 없다는 것을 알고 있기 때문입니다. 영성이 떨어지면 마귀의 공격을 알 수도 없고 대처할 수도 없다는 것을 알기 때문입니다. 필자가 성령으로 기도하며 영적으로 깨어서 영감이 풍부할 때 하나님의 음성도 들리고, 마귀의 공격도 알고 대처할 수가 있기 때문입니다.

성경에 나오는 하나님의 사람들의 공통점은 민감하고 강한 영성을 가지고 있다는 것입니다. 영성을 가지고 있었기에 사람들로부터 하나님의 모습과 소리를 듣고, 세상의 삶에서 하나님의 역사를 볼 수 있었으며, 혼탁해진 세상에서 옳고 그름을 판별할 수 있는 능력을 갖게 된 것입니다.

하나님의 소리가 있음에도 듣지 못했던 엘리 제사장, 그를 끊임없이 생각하며 필자 자신을 채찍질하게 됩니다. 필자는 영적인 민감함을 개발하고 유지하기 위하여 쉬지 않고 성령으로 기도하고 말씀을 묵상하고 있습니다.

# 4장 영적 민감함의 영성을 개발하는 비밀

하나님은 예수를 믿고 성령으로 거듭난 크리스천들이 영적 민감성을 개발하기 원하십니다. 영적으로 민감해야 영이신 하나님과 교통할 수가 있기 때문입니다. 그래서 영적 민감성 (spiritual sensibility)은 하나님과 친밀하게 지내며 영적 성장을 이루는데 매우 중요한 요소입니다. 영적으로 민감하다는 것은 자신의 전인격으로 영적인 활동을 감지 할 수가 있다는 것입니다. 성령이 아니고서는 영적으로 민감할 수가 없습니다.

영적으로 민감한 영성을 개발하려면 어떻게 해야 할까요? 먼저는 성령으로 깊은 영의기도를 해야 합니다. 기도가 깊어져서 성령께서 전인격을 사로잡으면 영적으로 민감해집니다. 그리고 성령으로 충만해야 합니다. 성령으로 충만하려면 먼저 성령으로 세례를 체험해야 합니다. 성령으로 세례를 체험한 다음에 성령의 불로 불세례를 받으면서 심령을 정화하는 것입니다.성령으로 심령에 있는 세상 것들과 상처들과 혈통으로 타고 들어와 역사하는 귀신들이 떠나감으로 영적으로 민감해지는 것입니다. 이제 생명력있는 민감성은 생명의 말씀을 성령의 인도를 받으면서 세상에서 적용할 때 체험을 통하여 민감함이 개발 되는 것입니다.

영적으로 민감하면 하나님의 음성도 잘 듣습니다. 영적인 세력들의 움직임을 감지 할 수가 있습니다. 영적으로 민감해지려면 영적인 일에 관심을 갖아야 합니다. 영적인 활동에 관심이 없다면 영적으로 민감해질 수가 없습니다. 무엇이든지 관심이 많아야 발전이 있는 법입니다. 세상의 일에도 관심과 흥미를 가지고 집중해야 성공할 수 있는 것입니다.

무슨 일이든지 관심과 흥미가 있으면 그 일에 깊이 관여하게 됩니다. 관심과 흥미가 있기 때문에 그 분야에 책도 읽습니다. 전문가를 찾아가 노하우를 듣기도 합니다. 그렇게 하다가 보면 전문가가 되는 것입니다. 세상 무슨 일이든 전문가가 되기 위해서는 먼저 관심과 흥미로부터 시작하는 것입니다. 영적인 민감성과 영적 성장 역시 관심과 흥미로부터 시작하는 것입니다. 성령께서 관심과 흥미를 갖게 합니다. 저도 영적인 일과 영적인 민감성에 대하여 관심과 흥미를 갖다가 보니까, 영적인 일에 전폭적으로 시간과 노력을 투자한 것입니다. 시간과 물질과 노력을 투자하다가 보니까, 영적인 일에 전문가가 되어 가고 있는 것입니다.

영적인 일이나 영적인 민감성역시 성령께서 관심과 흥미를 갖게 해야 합니다. 영적인 것은 사람의 욕심이나 노력으로 열리지 않습니다. 반드시 성령의 역사가 있어야 가능합니다. 영적 민감성은 생명의 말씀과 성령으로 개발되는 것입니다.

그러므로 성령께서 지지하여 주시고 인도하여 주셔야 열리는 것입니다. 성경 고린도전서 2장 12절로 14절에 보면 "우리가 세상의 영을 받지 아니하고 오직 하나님으로부터 온 영을 받았으니 이는 우리로 하여금 하나님께서 우리에게 은혜로 주신 것들을 알게 하려 하심이라. 우리가 이것을 말하거니와 사람의 지혜가 가르친 말로 아니하고 오직 성령께서 가르치신 것으로 하니 영적인 일은 영적인 것으로 분별하느니라. 육에 속한 사람은 하나님의 성령의 일들을 받지 아니하나니 이는 그것들이 그에게는 어리석게 보임이요, 또 그는 그것들을 알 수도 없나니 그러한 일은 영적으로 분별되기 때문이라"말씀하십니다.

성령께서 관심을 갖게 하시고 지지하여 주시고 인도하면서 깨닫게 해야 가능한 것입니다. 자신의 인간적인 욕심을 가지고 영적 민감성을 개발하려고 하면 절대로 개발되지 않습니다. 오로지 하나님의 영광을 위하여 하나님의 나라 확장을 위하여 영적 민감성을 개발하려고 해야 합니다. 성령의 인도를 따라야 영적인 민감성이 개발되는 것입니다. 성령으로 충만하려고 의지적인 노력을 해야 민감해집니다.

세상에서 성공하는 사람들도 관심과 흥미가 그 일에 깊이 빠지게 만들고 그렇게 해서 전문가가 되는 것입니다. 저는 달인에 대하여 관심이 참으로 많습니다. 달인은 그냥 된 것이 아닙니다. 관심과 흥미를 가지고 실패에 굴하지 않고 10년 이상 해당 분야에 도전했기 때문에 달인이 된 것입니다.

이처럼 영적인 일에도 마찬가지로 관심과 흥미가 있어야 영적 발전이 이루어지는 것입니다. 그런데 이렇게 영적인 일에 민감 하려고 집중하다가 보면 자신의 마음 안에서 스스로를 통제하려고 하는 생각이 일어날 수가 있습니다.

이때 자기를 통제하려는 생각에 동조하면 절대로 영적 민감성을 개발할 수가 없습니다. 누가 무어라고 해도 자신이 추구하는 분야에 몰입하고 집중하면 영적인 전문가가 되는 것입니다. 목적한바가 이루어지는 것입니다.

영적인 전문가가 되기 위해서는 평범한 수준을 넘어서야 합니다. 그 일에 완전히 빠져들지 않으면 절대로 전문가가 될 수 없습니다. 영적인 일에 전문가가 되려면 오로지 영적인 일에만 관심을 가지고 자나깨나 그 일에만 골몰해야 합니다. 훌륭한 선수가 되려면 밤낮을 가리지 않고 오직 한 가지에만 매달려 죽기 살기로 연습하지 않습니까?

축구 선수나 배구 선수나 야구선수나 체조선수나 할 것 없이 자기 전문분야에 집중 몰입을 한 것입니다. 다른 일에는 관심도 없고 오직 운동만 머릿속에 가득합니다. 그렇기 때문에 훌륭한 운동선수가 된 것입니다.

영적인 일에도 마찬가지입니다. 자나 깨나 오로지 영적인 일에만 정신을 집중하고 그 변화에 민감해야 합니다. 사람들이 무어라 해도 신경 쓸 필요가 없습니다. 사람들 눈치를 보고 그들의 말에 신경을 쓰는 것은 팔러 가는 당나귀처럼 됩니다. 일반인들은 아마추어입니다. 아마추어는 프로의 일을 모릅니다. 성공하는 사람은 특별하기 때문에 성공하는 것입니다. 남들과 같다면 어떻게 성공할 수 있겠습니까?

비난도 받고 오해도 받습니다. 이것은 성공으로 나아가는 과정에서 반드시 듣게 되는 말입니다. 이것이 신경 쓰여 적당히 타협하면 절대로 성공하지 못합니다. 영적인 일에 몰입하여 성공하고 나면 모든 것이 인정받게 됩니다. 성공하지 못하면 모든 것이 어리석은 일이 되고 맙니다. 성공은 극단적이 모험을 바탕에 깔고 있습니다. 모험 없는 성공은 없습니다.

성공하기까지 무수한 비난과 오해를 받게 됩니다. 그러므로 이런 것을 극복해야 합니다. 영적인 전문가가 되기 위해서는 영적인 일에 남다른 열정과 깊은 관심을 가져야 합니다. 영적으로 매우 민감하지 않고는 영적으로 성공할 수 없습니다. 자신의 주변에서 일어나는 일을 예사롭게 보면 안 됩니다. 모든 일이 영적인 것과 연관되어 있습니다. 세상 사람들은 영적으로 둔감해서 그런 변화에 대해서 그 의미를 알지 못합니다.

그러나 영적으로 민감해지면 그 의미를 정확하게 파악할 수 있게 됩니다. 정확하게 의미를 알아야 그에 맞게 대응할 수 있는 것입니다. 영적인 일에 어설픈 아마추어들이 많기 때문에 일이 복잡해지고 꼬입니다.

세상의 일 역시 마찬가지입니다. 전문가가 없기 때문에 많은 시행착오를 겪고 그에 따라서 손실과 고통을 당하게 됩니다. 이번에 진도에서 발생한 세월호 사건도 마찬가지입니다. 전문가가 없어서 많은 인명 피해가 생긴 것입니다.

크리스천은 영적인 일에 전문가가 되어야 합니다. 이제까지는 솔직히 말하면 영적인 전문가가 극히 드물었습니다. 특별하게 영적 민감성 부분에서 전문가가 귀했습니다. 영적 민감성은 보이지 않는 부분이기 때문에 더욱 발전하지 못했습니다. 지금 한국교회에 성경말씀 해석과 공부 교재는 너무나 많이 발전했습니다.

보이는 분야이기 때문입니다. 이제 보이지 않는 영적인 부분을 발전 시켜야 합니다. 그래야 말씀을 아는 것과 성령의 실제 역사가 같이 갈수가 있습니다. 크리스천을 살리는 것은 영적인 부분입니다. 영적인 부분이 발전되어야 크리스천들이 살아계신 하나님과 통하면서 살아갈 수가 있기 때문입니다. 영적인 민감성을 개발하고 기르는 일에 시간과 물질과 노력을 투자해야 합니다.

영적인 분야에서도 이제까지는 그저 참고 지내는 시절이었지만 이제는 상황이 달라지고 있고 달라져야 합니다. 어설픈 지식과 경험으로는 되지 않는 시대가 되고 있는 것입니다. 손해를 보고 가만히 참아야 하는 세대는 지나가고 있습니다. 이제는 잘못된 가르침으로 인해서 생긴 손해를 그냥 넘기지 않는 세대가 오고 있는 것입니다. 영적인 일에도 책임을 지는 분위기가 만들어지고 있습니다.

아마추어 식으로 무조건 믿으라는 말은 이제 설득력이 없습니다. 많은 크리스천들이 바르게 알고 믿으려고 합니다. 참으로 좋은 현상입니다. 저는 성도들에게 무조건 믿지 말고 바르게 알고 믿으라고 권면합니다. 영적인 일은 정확하게 알고 믿어야 합니다. 마귀가 하나님의 역사를 모방하기 때문입니다. 마귀가 타락하기 전에 하나님과 같이 있었습니다.

하나님과 같이 있으면서 하나님이 하시는 모든 일을 보았습니다. 마귀는 하나님이 하시던 대로 이 땅에서 하고 있습니다. 그렇기 때문에 영적인 것은 바르게 알아야 합니다. 요한복음 20장 29절에 보면 "예수께서 이르시되 너는 나를 본 고로 믿느냐 보지 못하고 믿는 자들은 복 되도다 하시니라"하셨습니다. 분명하게 보지 못하고 믿는 자가 복이 있다고 했습니다. 무엇인지 알지 못하고 무조건 믿는 자가 복이 있다고 절대로 말씀하시지 않았습니다. 정확하게 알고 믿어야 합니다.

영적인 사역도 철저한 검증과 전문가적인 식견으로 무장된 전문 사역자 시대가 열리고 있는 것입니다. 시대가 바뀌고 있습니다. 적당히 알아서는 살아남을 수가 없습니다. 영적인 전문가가 되어야 합니다. 과거에는 어떻게 해서 은사를 받아 주먹구구식으로 환자에게 안수하고 나으면 다행이고 낫지 않으면 믿음이 없어서 그랬다는 식으로 환자에게 책임을 미루는 것은 더 이상 설 자리가 없을 것입니다. 정확한 진단과 그에 따른 조치를 통해서 문제를 해결하는 능력이어야만 존재할 수 있게 됩니다. 이는 성령님이 함께하며 영적인 민감성이 있어야 가능한 것입니다.

영적인 일에도 철저한 전문가 의식을 가지고 전문적인 지식을 갖춘 능력 사역자가 등장해야 합니다. 이제까지는 지식을 갖추지 못했기 때문에 목회자들에게 따돌림을 당하고 무시를 당했습니다. 영적인 사역자들이 보이지 않은 영적세계에 대한 정립된 전문 지식이 없었기 때문에 말씀에 전문 지식으로 무장된 목회자들에 비해 열악한 처지에 있었습니다.

그러나 이제는 그렇지 않습니다. 보이지 않은 영적인 일에 전문지식을 갖추고 그 분야에서 말씀 목회하는 목회자를 월등히 능가함으로써 함부로 무시할 수 없습니다. 오히려 당당하게 주어진 의무와 책임을 다하게 됩니다.

영적 지식과 능력은 주님으로부터 온 귀한 것입니다. 주의 선택된 일꾼으로 세움을 받았기 때문에 이 일을 귀하게 생각하고 사람들에게서 귀한 대접을 받아야 합니다. 그렇기 위해서 영적으로 민감해야 하며 철저한 영성훈련과 지식으로 무장해서 주님이 주신 귀한 은사가 사람들로부터 무시되는 일이 없어야 합니다. 제가 체험한 바로는 영적을 만감해지는 것은 영적인 진리를 개달은 만큼씩 개발되는 것입니다. 진리를 깨닫는 다는 것은 그만큼 영적으로 깊어졌기 때문에 영적인 진리를 깨달을 수가 있는 것입니다.

현제 한국교회에 영적인 분야가 참으로 취약한 상태에 있습니다. 많은 성도들이나 목회자가 성령으로 세례만 받으면 다되는 것으로 알고 있습니다. 성령으로 세례는 자기 안에 오신 성령께서 순간 전인격을 사로잡은 것입니다. 성령으로 세례를 받은 다음부터 성령께서 성도를 장악해 가십니다. 그러므로 성령으로 세례를 받고 성령으로 기도하며 지속적으로 성령으로 충만하도록 해야 합니다. 성령께서 성도를 장악할 때 뜨거움도 느낄 수가 있고, 서늘함도 느낄 수가 있습니다. 이는"영적인 눈이 열리는 신비한 비밀"을 읽어보시면 알게 될 것입니다.

성도는 성령께서 완전하게 자신을 장악하도록 기도와 말씀의 묵상과 예배에 참석해야 합니다. 성령으로 세례 받았다고 성령 충만한 생활을 게을리 하면 다시 육성으로 돌아가게 됩니다. 그래서 성령으로 세례를 받는 것도 중요하지만, 성령 충만한 생활을 하여 영성을 유지하는 것이 더욱 중요합니다. 깊은 영성과 영적 민감성을 개발하기 위하여 부단한 노력이 필요합니다. 영적인 전문가가 되는 것은 거저 되지 않습니다. 시간과 마음과 물질을 투자한 만큼씩 깊어지는 것입니다.

세상에서 운동선수가 철저히 훈련하고 기술을 익히는 피나는 노력으로 성공할 때 그 운동이 사람들로부터 인정을 받고 사랑을 받습니다. 몇 사람의 투철한 선수로 인해서 그 운동이 사람들에게 인기를 끌고 귀하게 대접 받게 됩니다.

영적인 민감성의 개발도 마찬가지입니다. 성령의 인도를 받는 노력으로 전문화된 몇 사람의 능력 있는 전문가의 출현으로 영적인 분야가 성도들에게 인정받게 되는 것입니다. 지금까지 성령으로 치유하는 능력 사역자는 교회의 중심에서 벗어나 있었습니다. 그러나 성령치유 사역이 교회의 중심이 되어야 하는 것은 아주 분명한 일입니다.

왜냐하면 세상에서 살아가기가 힘이 들어 스트레스를 많이 받아 정신적이고 영적인 문제가 많이 발생하기 때문입니다. 지금 세상에 5명중에 1명이 정신적이고 영적인 문제가 있는 사람이라고 합니다. 예수를 믿고 교회에 다니는 성도라고 예외가 될 수가 없기 때문입니다. 정신적이고, 영적인 문제는 사람의 기교나 방법으로 해결할 수가 없습니다.

반드시 성령의 깊은 역사가 있어야 치유가 됩니다. 교회마다 성령의 역사가 일어나 정신적이고, 영적인 질병으로 고생하는 사람을 치유하여 자유하게 해야 하기 때문에 영적인 성령치유 사역이 교회 중심 사역이 되어야 하는 것입니다. 우울증이나 정신적인 문제 치유에 관심이 많으신 분은 "우울증 정신질병 치유 비밀"을 읽어보시기를 바랍니다. 이 책에는 우울증과 정신적인 질병을 치유하는 전문적인 비밀이 수록되어 있습니다.

예수님이 우리에게 오셔서 하신 일이 그 일이었으며 주의 제자들에게 이 능력을 주어 세상 끝까지 복음을 전하라고 했습니다. 교회는 능력을 떠나서는 존재할 수 없는 것입니다. 그럼에도 불구하고 능력이 교회에서 왜 푸대접을 받고 있습니까? 그 이유는 은사를 받은 사람들이 철저한 훈련과 교육을 받지 못해서 전문가의 수준에 이르지 못하였기 때문입니다.

어설픈 아마추어적인 지식과 능력으로도 사역을 해 왔던 구멍가게 시대는 사라지고 있습니다. 다양한 능력과 고도의 전문적인 지식으로 무장한 전문가 사역자의 시대가 열리고 있는 것입니다. 당신도 영적인 일에 쓰임을 받으려면 준비하시기 바랍니다. 싸구려만 있을 때는 그 물건이 형편없었다는 것을 모릅니다. 그러나 품질이 우수하고 디자인이 세련된 물건이 시장에 등장하면 싸구려는 더 이상 시장에 존재하지 못하게 되듯이 철저한 영적 지식과 능력으로 무장한 전문사역자가 등장하면 어설픈 사역자는 사라지게 됩니다. 세상은 고도의 전문지식과 무한한 경쟁의 시대에 들어섰습니다. 국경 없는 무한 경쟁의 시대에 교회 역시 그렇게 될 것이 너무나 확실합니다. 영성과 영적인 민감성을 준비해야 합니다.

이런 무한 경쟁의 새 시대를 맞이하는 젊은 세대에게 영적 민감성은 훌륭한 지도자로 세워질 수 있는 귀한 자질입니다. 영적으로 항상 민감해서 자신에게 일어나는 변화를 놓치지 않고 그 의미를 철저하게 분석하여 권능 있는 사역자로 세워지기를 바랍니다. 그리하여 고통을 당하는 크리스천들을 치유하고 영을 깨우시기를 바랍니다. 영적인 민감성을 가지고 하나님에게 쓰임을 받으려면 적어도 10년 이상 영적인 일에 몰입하며 깨달아야 할 것입니다. 거저 되는 것이 없습니다. 영적인 일에 몰입하여 집중하면 반드시 하나님에게 쓰임을 받을 것입니다.

앞으로는 깊은 영성이 없이는 세상을 이길 수가 없습니다. 사람의 능력가지고 세상을 이기겠다고 하는 것은 계란으로 바위를 치는 격이 됩니다. 크리스천으로 세상을 살아가면서 시시각각 새상에서 다가오는 한란과 풍파는 말씀과 성령으로 다듬어진 깊은 영성으로 이겨낼 수가 있습니다. 앞으로는 세상에서 당하는 스트레스가 더욱 강해지기 때문에 깊은 영성이 필요합니다.

**충만한 교회에서는** 매주 토요일 10:00-12:30까지 각각 2시간 30분씩 개별 특별집중 기적치유 시간을 갖고 있습니다. 한번에 4-6명밖에 할 수 없으므로 1주일 전에 지정된 선교헌금을 입금하시고 예약을 합니다.

*대상은 이렇습니다. 충만한 교회 화-수-목 정기 집회에 참석해도 상처가 깊어서 효과가 나지 않는 분들이 최우선입니다. 여기서도 저기서도 치유와 능력을 받지 못한 분/ 불치병, 귀신 역사를 빨리 치유 받을 분/ 목과 허리디스크, 허리어깨통증, 근육통, 온몸이 아프고 무거움에서 치유해방 받고 싶은 분/ 자녀나 본인의 우울증, 공황장애, 조울증, 불면증을 빨리 치유 받을 분/ 가슴이 답답하고 기도하기가 힘이 드는 분/ 축복과 영의 통로를 뚫고 싶은 분/ 성령의 불세례를 체험하고 싶은 분/ 최단기간에 성령치유 능력 받고 싶은 분입니다.

믿음을 가지고 오시기만 하면 무슨 문제라도 치유되고 해결이 됩니다. 염려하시지 말고 성령께서 감동하시면 오셔서 빠른 시간에 치유 받고 권능을 받아 쓰임을 받으시기를 바랍니다.

반드시 일주일 전에 선교헌금을 전화 확인하시고 입금 후 예약해야 합니다(전화 02-3474-0675).

# 5장 심령을 읽는 영성을 개발하는 비밀

하나님은 예수를 믿고 성령으로 거듭난 성도들이 영적인 눈이 열려서 사람을 볼 때 영적인 면을 볼 수 있기를 원하십니다. 이는 생명의 말씀을 삶에 적용하며 체험함으로 사람의 심령을 읽는 영성는 개발이 되어가는 것입니다. 사람의 심령을 읽는 것은 눈으로만 읽는 것이 아닙니다. 오감을 통하여 사람의 심령을 읽는 것입니다. 자신 안에 주인으로 오신 성령께서 사람을 볼 때 심령을 읽어주시는 것입니다. 그것을 자신의 영이 이성에게 알려주면 육으로 알아지는 것입니다. 그러므로 심령을 읽는 영성은 전인격이 성령의 지배를 받아야 가능합니다. 성령님과 인격적인 관계가 되어야 가능한 것입니다.

영성은 예수를 믿고 성령으로 거듭난 크리스천의 생명과 같은 귀중한 것입니다. 영이 살아있기 때문에 영적으로 민감한 것입니다. 영적으로 둔한 사람은 귀신이 자신에게 침투해도 알지 못합니다. 성령으로 충만하여 영적으로 민감한 크리스천은 하나님의 역사를 눈으로 보고 몸으로 감지하면서 하나님의 인도를 따라가게 됩니다. 세상에서 악한 영의 역사와 성령의 역사를 분별할 수가 있습니다. 사람은 영적인 존재입니다. 세상은 영적인 세력에 장악당해 있습니다.

하나님은 이렇게 말씀하십니다. "여호와의 말씀이니라. 사람이 내게 보이지 아니하려고 누가 자신을 은밀한 곳에 숨길 수 있겠느냐 여호와가 말하노라 나는 천지에 충만하지 아니하냐"(렘 23:24). 하나님은 천지에 충만합니다. 반면에 세상에는 마귀도 충만합니다. "또 아는 것은 우리는 하나님께 속하고 온 세상은 악한 자 안에 처한 것이며"(요일 5:19). 세상에는 하나님의 영도 충만하고, 마귀도 충만합니다. 크리스천은 영적인 민감성을 개발하여 하나님의 역사만 보고, 느끼고 따라가야 합니다. 또한 귀중한 자신의 영을 지켜야 합니다.

크리스천은 사람의 마음의 상태를 볼 줄 알아야 합니다. 민감성이 없으면 사람의 심령을 읽을 수가 없습니다. 우리가 알아야 할 것은 마귀도 사람을 통하여 역사하고, 성령님도 사람을 통하여 역사하기 때문에 영적인 민감성을 가지고 사람의 심령을 읽을 수가 있어야 합니다. 그래야 귀중을 자신의 영을 지킬 수가 있기 때문입니다. 민감함이 없이는 마음과 마음이 이어질 수 없습니다. 성숙한 인간관계를 맺기 위해서는 민감성을 개발해야 합니다. 친밀한 관계를 맺기 위해서는 마음과 마음이 이어져야 합니다. 마음과 마음이 열리고, 마음과 마음이 맺어져야 합니다.

성숙이란 자신보다 남을 돌아보는 것입니다. 남을 배려하는 것입니다. 다른 사람의 필요에 민감한 사람입니다. 민감성은 안을 들여다보는 기술입니다. 민감성과 예민함은 차이가 있습니다. 예민한 사람들은 대개 날카롭고, 짜증을 잘 내고, 무슨 일이든지 지나치게 반응을 보입니다.

그리고 상당히 자기중심적이고 자기 방어적입니다. 그러나 민감함은 타인 중심적입니다. 민감함은 자신을 변호하고 방어하기보다 다른 사람의 입장을 이해하고 변호해 주는 데 사용되는 사랑의 도구입니다. 민감함은 안을 들여다보는 기술입니다. 겉만 보는 것이 아니라 안을 보는 것입니다. 피상적으로 보는 것이 아니라 깊이 보는 것입니다.

세상에서 가장 강력한 능력은 자신을 바르고 정확하게 보는 눈입니다. 사람은 자신을 바르게 보고 판단할 줄 알아야 인생길에 장애와 시련을 만나는 경우가 적어집니다. '너 자신을 알라.' 생명의 말씀과 성령으로 영적인 눈을 열어야 자신을 볼 수 있게 됩니다. 영적인 눈은 성령으로 열리기 때문입니다. 악령에 의하여 열리는 눈은 다른 사람을 잘 보는 눈이 열립니다. 성령은 자신을 정확하게 보게 하십니다. 자신을 보는 눈이 열리면 사람을 의식하지 않습니다. 사람들이 스트레스를 받고 상처를 받으면서 살아가는 것은 다른 사람을 의식하기 때문입니다. 다른 사람보다 더 잘되려고 하기 때문에 스트레스를 받고 어려움을 당하는 것입니다. 자신은 다른 사람보다 부족하다고 느끼기 때문에 상처를 받는 것입니다. 자신은 자신일 따름입니다. 인생을 살아가는 길에 옆에 사람의식하지 말고 하나님만 의식하면 행복한 삶을 살아갈 수가 있습니다. 하나님만 의식하려면 영적으로 민감해야 합니다. 민감하다는 것은 관심이 남과 다르다는 뜻입니다. 하나님께 관심이 있으니 민감해지는 것입니다.

민감함이란 사람들의 삶의 이면에 숨어 있는 실체들을 보고 듣고 느끼며, 그에 따라 적절한 행동이나 반응을 결정할 수 있는 독특한 능력을 말합니다. 생리적 차원에서 민감함이란, 촉각과 미각과 시각과 청각과 후각을 통해 사물에 대한 판단을 내릴 수 있는 능력을 말합니다.

민감함이란 온 몸으로 사랑하는 사람을 감지하는 것을 의미합니다. 어떤 면에서 민감함은 오감을 사용하는 것입니다. 민감함의 대가는 예수님입니다. 예수님은 사람들 안에 있는 것을 아셨습니다. 보셨습니다. 느끼셨습니다. 그러므로 그들의 마음을 어루만지시고, 마음을 고치시고, 마음을 새롭게 하시고, 마음을 움직이셨습니다.

예수님은 사람들을 만나실 때마다 그들의 겉만 보신 것이 아니라 그들의 속마음을 보셨습니다. 예수님은 인간의 속을 아시는 분이십니다. 예수님을 만난 사람은 예수님이 자신들 속에 있는 것을 아심을 느꼈습니다.

그래서 그들 안에 있는 것들을 고백했습니다. 마음 깊은 곳에 있는 것을 드러내었습니다. 또한 예수님의 사랑을 참으로 경험한 사람들은 예수님처럼 민감해집니다. 민감성은 마음의 눈이 열리는 것을 의미합니다. 민감하면 사랑하는 사람의 내면의 필요를 보게 됩니다. 사랑하기 위해서는 보아야 합니다.

민감성은 귀가 열리는 것을 의미합니다. 민감해지면 남이 들을 수 없는 소리를 듣게 됩니다. 마음의 소리를 듣게 됩니다. 마음 깊은 곳에서 외치는 영혼의 외침을 듣게 됩니다. 또한 영적 민감성이 개발된 사람은 성령의 음성을 듣게 됩니다.

민감함을 통해 얻게 되는 경청의 기술은 곧 지혜에서 오는 것입니다. 민감성은 감각이 열리는 것을 의미합니다. 민감해지면 느낌이 열립니다. 감정이 열립니다. 우리의 오감이 열립니다. 상대방의 아픔과 고통과 사랑을 온 몸으로 느끼게 됩니다. 민감성을 발휘하는 것은 타이밍과도 밀접한 관련이 있습니다. 민감성이 개발된 사람들은 순발력 있는 사랑을 하게 됩니다. 적절한 때에 사람을 세우고, 사람을 키우는 사랑을 하게 됩니다. 민감성은 어느 정도 타고날 수 있습니다.

이것은 나에게 주어진 하나의 축복이자 의무가 아닐까요? 위로하는 자. 참으로 위로하시는 이는 하나님이지만, 그분께로 함께 손잡고 나아가 그분의 위로를 받게 하는 안내자의 역할이 나에게 주어진 것이 아닌가 생각해 봅니다. 그러므로 더욱 기도하고, 더욱 사랑하고, 더욱 이 민감함을 개발해야할 필요가 있습니다. 민감함이 예민함이 되지 않고, 하나님의 선한 뜻을 이루는 좋은 도구로 쓰임 받기 위하여 노력해야 합니다. 영적 민감성을 개발하는 여러 가지 방법입니다.

**첫째, 영감으로 민감성을 개발하는 방법입니다.** 개인적인 사역에서 좀 더 정밀한 분별을 위해서는 성령 안에서 보다 더 깊은 기도를 하면서 좀 더 깊은 영적인 기능이 동원되어 성령이 나타나는 민감한 심령상태에서 영감이나 환상이나 느낌이나 냄

새로 분별합니다. 손을 머리에 얹거나 사역자가 동성인 여자라면 상대방의 가슴에 손을 얹어 기도하면서 심령을 들여다보면서 기도합니다.

사단이나 귀신이 눈앞에 스쳐 지나가는 모습으로 보이기도 하며 냄새를 풍기기도 합니다. 예를 들어 음란 마귀는 강한 음욕을 자극하며, 인색한 마귀는 인색한 마음이 느껴지며, 교만한 마귀는 완악하고 교만한 마음이 느껴지며, 사랑의 마음은 사랑으로 전달되어 눈물이 흐를 정도로 강하게 전해 올 때도 있습니다. 그리고 이 사람은 사기꾼이다 하고 알려 줄 수도 있습니다. 제가 성령치유 사역을 하면서 매시간 안수 사역을 하니 이런 능력이 점점 애민하여 집니다. 그래서 은사는 사용할수록 개발되고 발전되는 것입니다

이러한 민감한 영적인 감각이 항상 느껴지는 것은 아니지만, 영적으로 예민해지는 분위기나 영이 예민해지는 상황에서 느껴지는 것을 볼 수 있습니다. 귀가 안 들리는 성도를 기도하니 귀에서 연기가 빠져나가는 것과 같은 모습으로 사라지는 것을 보았습니다. 그래서 지금 귀가 들리냐고 했더니 예 20년간 한 쪽 귀를 듣지 못했는데 이제 잘 들립니다.

얼굴이나 눈이나 머리 부위에 검은 어둠이 쌓여 있거나 사악한 느낌을 주기도 하며 때로는 머리가 쭈뼛하고 두려움을 주기도 합니다. 이러한 현상이 강하게 느껴지기 시작하면 더러운 영을 가진 환자를 대하면 구역질이 나오거나 토하기도 합니다. 상

대방의 아픈 부위와 같은 부위가 아프게 하여 고통을 받기도 하며, 일반적으로는 특별히 머리가 아파 올 때가 주로 많습니다.

이 때 즉시 감지하면 기도로 물러가지만, 이러한 영적인 감각이 둔한 사람은 느끼지 못한 체 방치하면 침입하여 자신에게 자리를 잡게 됩니다. 사역자는 이렇게 사악한 자들과 접촉이 많기 때문에 특별히 주의하지 않으면 자신도 모르게 고통을 당할 수가 있으므로 주의하지 않으면 안 됩니다. 그래서 영적인 사역을 하다가 여러 영들의 공격을 받고 탈진하여 고통을 당하다가 사역을 포기하는 분들도 많이 있습니다.

저는 책을 읽는 분에게 예수님의 권세는 있을지라도 자신의 실제적인 권능이나 능력이 없으면 당하게 된다는 사실을 주지시키고 싶습니다. 이로 말미암아 주위의 가까운 사랑하는 사람들이 이를 방심하여 한 동안 귀신들의 영향으로부터 고통을 당하고 있는 경우를 많이 보아 왔습니다. 그래서 저는 자주 이런 말을 합니다. 직분이나 경험이 목회나 치유사역을 하는 것이 아니라, 내 안에 계신 성령이 하는 것입니다. 성령의 충만의 정도가 곧 능력이고 투시가 되고 은사로 나타나는 것입니다.

하나님의 일은 성령이 하십니다. 자신의 육성이나 인간적인 열성으로 주님의 일을 하려고 마시기를 바랍니다. 내가 먼저 영적으로 충만하여 심령이 하나님의 나라가 되어야 합니다. 그리고 다른 사람을 도와야 합니다. 저는 우리 성도들에게 항상 이렇게 말합니다. 자신이 먼저 영적으로 하나 되고, 그 다음에 가정이 하나 되게 하라고 권면을 합니다.

자신이 잘못되고 다른 사람 살려보았자 아무것도 아닙니다. 내가 먼저 영적으로 살고 다른 사람을 살리는 것이 복음입니다. (고전 9:27)"내가 내 몸을 쳐 복종하게 함은 내가 남에게 전파한 후에 자신이 도리어 버림을 당할까 두려워함이로다."

둘째, 영들을 분별하는 민감성을 개발하는 방법입니다. 먼저는 말씀과 성령의 충만함을 받아야 합니다. 그리고 영분별에 대한 훈련이나 지식 또는 경험에 의한 직관력과 통찰력으로 진단하여 영의 질병, 혼의 질병, 육체의 질병을 진단합니다. 기도 전 준비사항에 대한 여러 가지 현상에 대한 경험이 축적되면 자연히 이러한 능력이 있게 됨을 알게 됩니다.

이러한 영분별 능력이 하늘에서 갑자기 뚝 떨어지는 것도 아니고 학자들이 말하는 소위 초자연적인 어떤 능력도 아닙니다. 점진적인 경험이나 훈련에 의하여 민감하게 되고, 그 다음에는 영감으로 분별하는 법을 할 수 있게 되는 것을 본인이 알게 됩니다. 주로 대중을 상대로 할 때에나 가볍게 진단할 때 사용합니다.

셋째, 영안으로 민감성을 개발하는 방법입니다. 영안이 완전히 열린 사람은 투시로 악한영이나 질병을 볼 수 있고, 또는 영에 깊이 몰입되어 있는 (일명입신상태) 제3자를 통하여 투시하여 볼 수도 있습니다. 제 3자란 성령에 깊이 몰입되어 영안이 열린 사람을 통하여 볼 수가 있다는 것입니다. 분명하게 직접 투시하여 몸 어느 부위에 무엇이 어떻다는 것을 분명하게 보는 것이지 환상을 통하여 보는 것과는 다릅니다. 가장 정확하게 진단 할 수 있지만, 사단이 주는 경우에는 위험하며, 틀릴 경우가 많아서 오히려 어려움을 겪을 경우가 있기 때문에 투시는 특별히 주의하지 않으면 안 됩니다.

불같은 성령의 능력 세례를 강하게 받게 되면 일시적 현상으로 투시가 나타나기도 합니다. 이런 것은 육신적으로 열린 투시이므로 정말 주의 하지 않으면 안 됩니다. 저는 우리 교회 성령 치유 집회에 참석하고 투시가 열려 보인다는 분들에게 말씀이 심비에 새겨져서 숙성되고 연단된 후에 사용하라고 권면합니다. 대부분의 이런 사람들이 투시되는 현상을 견딜 수 없는 상태임으로 하나님 앞에 이러한 현상을 거두어 달라고 기도하는 경우가 대부분입니다.

그런데 문제는 악한 영에 시달리거나 정신적으로 문제가 있는 사람이 더 잘 투시가 된다는 것입니다. 투시가 되다가 악한 영이 떠나고 치유되면 보이지 않는다고 합니다. 제가 여러 성도를 상담하고 치유하며 본인들에게 듣고 임상적으로 경험한 것입니다.

그러나 거의 대부분 이러한 현상은 일시적인 현상으로서 오래가지 않고 자연히 소멸됩니다. 특별히 주의할 것은 말씀이 없는 초신자나 영성이 훈련되어 있지 않은 자가 입신 상태가 아닌 보통 상태에서 투시되는 것은 백발백중 귀신이 주는 것입니다. 그 열매를 보아서 알 수가 있습니다. 사람은 그 속에 들어있는 것이 밖으로 나오는 것입니다. 그래서 주님은 "독사의 자식들아 너희는 악하니 어떻게 선한 말을 할 수 있느냐 이는 마음에 가득한 것을 입으로 말함이라."(마 12:34). 라고 말씀하시는 것입니다. 영성이 완전하여 그리스도의 향기가 풍기지 않으면서 투시되거나 성령으로 사로잡혀 깊은 임재가 되지 않은 상태에서 투시가 되면 이것은 귀신이 주는 것입니다. 투시는 위험합니다. 대부분 사단이 주는 경우가 많기 때문이며, 설사 성령으로 말미암아 투시가 되더라도 교만해지기 때문에 위험합니다.

더구나 투시하려고 하는 욕망은 정욕으로 구하는 경우가 대부분이기 때문에 이러한 악한 심령은 사단을 불러드리게 되어 더욱 위험합니다. 성령에 몰입되어 투시가 되면 교만한자의 모습은 공작의 모습으로도 보입니다. 성질이 급한 자는 호랑이 형상의 사단이 있기도 합니다.

음란한 사람은 구렁이나 뱀의 모습으로도 보입니다. 무당의 옷을 입을 여자의 모습으로도 보이기도 합니다. 아픈 부위에 달라붙어 있는 벌레의 모습으로 보이 기도합니다. 혈액의 흐름을 차단하는 검은 물체가 있는 모습으로 보이기도 하는데, 이럴 경우에는 백혈병이나 중풍 병을 가진 자 일수도 있습니다. 가슴이 검게 보이는 경우가 있는데 이는 심장에 문제가 있거나 마음에

응어리가 있어가 가슴에 문제가 있는 사람입니다.

여러 가지 형형색색의 모습이라서 일일이 열거하기가 어렵습니다. 사기꾼은 여우형상으로 보이기도 합니다. 정신 분열증 환자를 보면 뇌에 이상 물질이나 사단이 달라붙어 있는 경우가 있는데, 이럴 때는 대개 조상 때부터 내려오는 귀신들인 경우들이 많았습니다. 특별히 우상을 섬겨도 지독한 귀신들을 특별히 섬긴 경우가 많았습니다.

정신 분열증 환자는 대개 조상들이 굿으로 병을 고친 경험이나 불공을 드려 혹은 칠성 대에 지성을 드려 태어난 사람이나, 지관을 한 조상이 있거나, 특별히 유교적인 전통 속에 제사를 특별하게 모신 가정이나 집안에 단을 꾸미고 있는 "남묘호랭객교"라는 일본에서 건너온 사종교들, 심지어 기독교란 이름을 내세우고 사설 제단을 쌓는 경우에도 발생할 수 있습니다.

그런데 계속 보이는 것이 아니고 순간 보이고 사라지는 경우가 많습니다. 성령은 지혜로운 영이시기 때문에 특별히 치유와 축사에 필요할 때는 성령에 깊게 사로잡혀 얼굴이나 몸에 자신의 실체를 폭로하는 경우가 많습니다. 이점을 특별히 유의해야합니다. 그래서 지속적으로 영물들이 보인다는 성도는 심령상태에 문제가 있는 성도이니 목회자는 특별한 관리를 해야 합니다.

잘못하면 성도들을 모두 상처받게 할 수가 있기 때문입니다. 그리고 본인은 그것이 잘못된 현상이라는 것을 빨리 알아차리고 성령사역자의 도움을 받아 치유를 받아 정상적인 영적인 상태로 돌아가도록 해야 합니다. 이는 제가 임상적으로 경험한 바로는 성령의 깊은 임재 하에 내적치유와 축사를 하므로 정상으로 돌아와 해결이 됩니다. 이러한 영적인 민감성을 빨리 개발하려면 깊은 치유를 받아 성령으로 거듭난 사역자에게 안수를 받는 방법이 있습니다. 우리 교회는 매주 토요일 개별집중치유 시간이 있습니다. 사전 예약하여 몇 번만 받게 되면 비교적 빨리 영적민감성을 개발하고 깊은 상처와 질병, 영적인 문제를 해결받게 됩니다.

넷째, 눈물을 통해 민감성을 개발해야 합니다. 예수님의 민감성은 바로 눈물에서 나온 것이었습니다. 고통에서 온 것이었습니다. 고난에서 온 것이었습니다. 심한 통곡으로 드린 기도에서 온 것이었습니다. 눈물을 흘릴 때 우리의 마음은 부드러워집니다. 눈물이 흐를 때 마음의 창은 깨끗해집니다. 저는 울어라 영성을 많이 강조합니다. 울면 마음이 열리고 성령이 역사하기 좋은 상태가 되기 때문입니다. 마음이 열리니 성령으로 심령이 정화되어 영적 민감성이 개발되는 것입니다.

눈물은 우리의 모든 감각이 민감해지도록 도와줍니다. 특별히 하나님의 마음으로 바뀌는 중요한 수단입니다. 영적 민감성은 훈련을 통해 개발될 수 있습니다. 영적 민감성의 훈련은 감수성의 훈련입니다. 상처를 통해 훈련하고, 고통을 통해 훈련하고, 눈물과 함께 훈련해야 합니다. 성령이 역사하시면 창피하게 생각하지 말고 마음을 열고 우십시오.

　**다섯째, 사랑의 실천을 통해 민감성을 개발해야 합니다.** 사랑은 사랑을 낳게 됩니다. 사랑하는 마음만 가지고는 안 됩니다. 사랑을 표현해야 합니다. 가장 고귀한 것은 사랑입니다. 사랑받고 사랑함으로 우리 인생은 새롭게 태어납니다. 거듭 새롭게 태어납니다. 민감성을 개발하고, 훈련하는 일도 귀한 일이지만, 그보다 더 중요한 것은 사랑하는 것입니다. 사랑하면 약해집니다. 사랑하는 대상을 향해 약해집니다. 사랑하면 부드러워집니다. 사랑하면 미감해집니다.

　민감하면 더욱 사랑하게 됩니다. 사랑하면 보입니다. 사랑하면 느낍니다. 사랑하면 들립니다. 사랑하면 필요를 감지합니다. 사랑하면 사랑하는 사람의 미래까지 보게 됩니다. 사랑하면 때를 부별하게 됩니다. 사랑하면 열립니다. 눈이 열리고, 귀가 열리고, 마음이 열립니다. 감정의 샘이 열립니다. 감각이 열립니다. 사랑하면 오감이 열리고, 온몸이 열립니다. 가장 고귀한 사랑은 십자가의 사랑입니다. 예수님의 사랑은 풍성하십니다.

　예수님께 가까이 나아오세요. 예수님의 사랑을 받으세요. 예수님은 당신을 사랑하십니다. 예수님을 통해 민감한 사랑을 실천하는 축복을 누리길 바랍니다. 민감한 사랑을 실천함으로 더욱 큰 사랑을 받아 누리길 바랍니다.

모든 크리스천은 어느 정도 민감성을 타고 났습니다. 다른 사람과 이야기를 하고 있으며 그 사람의 내면의 생각과 고통을 어느 정도 알 수 있습니다. 그래서 그를 위해 기도하게 됩니다. 이것 또한 하나님의 큰 축복일 것입니다. 이 민감성을 잘 개발하여 하나님의 선한 일에, 사람의 위로하고 세우는 일에 쓰임 받기를 기도합니다.

저의 인생의 많은 굴곡들이 저를 더욱 민감하게 합니다. 많은 사람들의 이야기 속에서 공감하며, 그 이야기들이 나의 이야기가 되어 함께 고통하고, 고민하며, 기도하게 합니다. 많은 사람들이 저와 이야기 하는 것은 좋아합니다. 또한 나와 이야기를 하다 보면, 다른 사람들과 달리 속내를 잘 말하게 된다고들 합니다.

**여섯째, 영의기도를 통해 민감성을 개발해야 합니다.** 성령으로 기도를 한다는 것은 그것을 갈망하기 때문입니다. 모든 것은 관심에서 시작됩니다. 민감성을 개발하기 위해서 먼저 민감성에 관심을 가져야 합니다. 민감성이 주는 축복을 거듭 마음에 새겨야 합니다. 그때 민감성을 위해 더욱 기도하게 됩니다. 기도를 하되 성령으로 기도해야 합니다. 성령으로 기도해야 영적인 상태가 되어 심령이 깨끗하게 정화됩니다. 심령이 깨끗하게 정화되어야 영적인 민감성이 배가되기 때문입니다. 깊은 영의 기도를 통하여 민감성과 눈이 열리는 영성을 개발하고 싶은 분은 "깊은 영의기도 숙달하는 비결"을 읽어보시기를 바랍니다.

**일곱째, 성령세례와 충만을 통해 민감성을 개발해야 합니다.** 성령이 아니고는 하나님의 일과 마귀의 일을 분별할 수가 없습니다. 오로지 성령으로 되는 것입니다. 성령님이 심령을 정화하면서 영적으로 민감하게 하십니다. 성령의 세례와 충만에 대해서는 "성령의 불로 불세례 받는 법"과 "성령의 불로 충만 받는 법"을 읽어보시기를 바랍니다.

**충만한 교회에서는** 지방에 계시는 분들을 위하여 성령치유집회 CD와 교재를 33종류를 비치하고 있습니다. 과목별 CD는 12시간을 녹음하여 12개입니다. 가격은 3만원입니다. 교재는 과목당 만원입니다. 필요하시면 주문하여 영성을 깊게 하실 수가 있습니다. 교재를 보며 CD를 들으면 현장에서 집회를 참석한 것과 같은 효과가 있습니다.

상세한 제목과 과목별 상세한 내용은 홈페이지 www.ka0675.com 에 들어 오셔서 확인 바랍니다. 홈피에 보시면 계좌번호와 과목별 상세목록을 확인하실 수 있습니다.

전화는 02-3474-0675. 신청은 번호를 알려주시면 됩니다. 메일주소는 kangms113@hanmail.net 를 이용하여 신청이 가능합니다(필요CD/교재번호. 주소. 전화전호. 우편번호).

# 2부 심안이 열리는 영성의 개발

## 6장 두려워하지 않는 영성을 개발하는 법

영에 눈을 뜨기 시작하면 즉 거듭나면 우리가 경험하는 것은 알 수 없는 영적 현상이라는 것입니다. 누구도 자세하게 설명해주지 않을 뿐만 아니라, 그런 경험을 자주 하면 처음에는 신기하게 여기던 사람들도 차츰 이상한 눈으로 보기 시작합니다. 처음에는 이해해주던 분들이 차츰 이상하게 여기기 시작하면서 거리를 두는 것을 느낍니다. 목회자는 절제하라고 하고, 그런 것에 너무 연연하지 말고 말씀에 뿌리를 두는 신앙생활을 하라고 권면합니다. 그래서 대부분의 사람들은 여기서 주춤하고 물러서게 됩니다.

많은 성도님들이 저에게 이렇게 말합니다. 영적인 현상에 대하여 누구하나 알려주는 사람이 없었다고 합니다. 그래서 그동안 영적인 세력들에게 고통을 당했다는 것입니다. 알려주는 사람이 없는 것이 아니고, 영적인 현상에 대하여 논리 정연하게 알려줄 수 있는 체험이 없었기 때문입니다. 그만큼 우리 한국의 교회가 영적인 현상에 대하여 무지했다는 것입니다. 그런데 알고 보면 성도들이 반드시 알아야 할 것이 영적인 현상입니다. 그래야 두려워하지 않고 하나님께서 원하시는 영적인 크리스천이 될 수가 있습니다. 하나님께서 원하신다는 것은 하나님과 교통할 수 있는 성도라는 것입니다. 하나님은 영이시고 살아계시기 때문에 오감을 통하여 우리에게 다가오십니다. 이해할 수 없는 현상으로 다가오시는 것입니다. 그래서 하나님은 체험해야 바르게 이해할 수가 있는 것입니다.

성령의 하시는 일이 왜 이렇게 우리가 이해할 수 없는 이상한 현상으로 나타나는 것입니까? 우리가 어렸을 적에는 세상의 일들이 모두 신기하고, 그 이치를 알지 못하기 때문에 어른들이 하는 일이 모두 이상하기만 했습니다. 왜 싫어하는 공부를 그렇게 하라고만 하는지 이해가 되지 않았습니다. 그러나 세월이 흐르면서 성장하자 이런 세상의 이치가 이해되고 궁금증이 사라집니다. 이상하게 느껴지는 것은 우리가 그 세계의 질서를 모르기 때문입니다. 성령께서 우리에게 환상과 꿈과 이상으로 정보를 제공하는 것은 영의 세계의 통상적인 의사소통의 방식입니다. 우리는 그런 영의 법칙을 이해하려고 하지 않고, 우리의 이성으로만 생각하려고 하는 것입니다.

우리가 육신으로는 성인일지라도 영으로는 어린아이이며, 세상의 지식으로는 고학력이라도 영의 세계의 지식은 유치하다는 것을 인정해야 하는 것입니다. 그럼에도 불구하고 우리는 많은 것을 알고 있는 것으로 여기기 때문에 영의 지식을 갖추려고 하지 않는 것입니다. 상징과 현상과 느낌 등의 신호는 하나님의 언어 방식입니다. 그 언어를 이해하고 배우는 노력은 하지 않고 피하려고만 합니다. 다양한 영적 현상들이 의미하는 바를 이해하지 못하면 우리는 여전히 성령의 인도에 낯설게 되고 혼란과 갈등만 깊어지는 것입니다. 하나님은 하나님의 방식으로 우리를 인도하십니다. 그 인도하심에 우리는 신실하게 따르고 배워야 할 의무가 있는 것입니다. 구약의 이스라엘을 인도하시는 하나님을 통해서 우리는 하나님의 손길을 이해합니다. 이제 신약의 영으로 우리 가운데 오신 분의 손길을 우리가 배우고 체험해야 합니다.

처음은 모든 것이 낯설고 이상하게 느껴지는 것입니다. 생소한 일을 경험하는 것은 경이롭고 호기심을 만들어내지만 익숙해지면 새로울 것도 경이로울 것도 없이 평범해지는 것입니다. 처음 방언을 말하면 모든 것이 신기롭고 놀랍습니다. 그러나 얼마 지나면 평범하고 일상으로 돌아갑니다. 처음 기도해서 병자가 고침을 받으면 정말로 신기하고 세상이 새롭게 보입니다. 그러나 그 일도 얼마 지나면 시큰둥해지는 것입니다. 이처럼 신기한 일도 이해하고나면 더 이상 신기한 것이 되지 않습니다. 모르면 두렵고 신기하지만 알면 과학이 되고 상식이 되는 것입니다. 그렇기 때문에 영의 일은 배워야하고 경험해야 합니다. 그럴수록 우리는 막연한 두려움에서 벗어나 담대해지고 주님께 더욱 가까이 갈 수 있게 되는 것입니다.

성령의 가르침은 말로 하는 것이 아니라 보여주고 그것을 이해하고 받아들이기까지 거듭 같은 현상을 보여주시는 것입니다. 우리는 지혜를 사용해서 그 사실을 바르게 이해하도록 노력해야 하는 것입니다. 거듭되는 훈련을 통해서 우리는 그 의미가 무엇인지를 깨닫게 되지만 민감하지 못하면 그 의미하는 바를 제대로 이해하지 못할 수 있는 것입니다. 자신이 이해한 것이 다른 사람들과 어떤 공통성을 지니고 있는지를 파악하는 일을 빼놓을 수 없습니다. 개인적인 경험이 그리스도 공동체에서 무리 없이 받아들이기 위해서는 다른 사람들이 경험한 것과 유사성을 지녀야 합니다. 서로 인정할 수 있는 내용이어야 하며, 그렇기 위해서 우리의 경험은 검증을 거쳐야 하고 교회에서 공인되는 절차를 갖추어야 하는 것입니다. 이것이 없이는 개인적인 경험에 머물 뿐입니다.

그러므로 지도자가 되는 사람은 더욱 이 점을 분명히 해야 하며, 많은 사람들에게 적용되어야 하는 책임을 지고 있는 사역자에게는 거듭되는 경험을 통해서 확정해야만 합니다. 오랜 시간이 걸리는 검증과 확정의 절차를 거치게 되며 많은 사람들에게 적용되어 원하는 결과를 얻어내는 증거가 따라야 합니다. 그래야 다른 사람들에게 가르칠 수 있고 그 방법을 원리로 적용할 수 있게 되는 것입니다. 성령의 방법은 우리가 알지 못할 때는 이상한 것이지만 그 의미를 제대로 알면 절대로 이상할 것이 없는 것입니다. 이상한 일이 적을수록 그 사람은 지도자의 자격이 있는 것이지요. 평범한 사람은 의미를 몰라 고민하는 일을 사역자는 그 의미를 알기 때문에 당황하지 않으며 그 문제를 다룰 수 있게 되는 것입니다.

누구든지 처음에는 자신에게 나타나는 현상들을 나름대로 해석하고 이해하려고 합니다. 그러나 비슷한 경험들을 많이 함으로써 그 의미가 더욱 선명해지지요. 그리고 경험이 풍부한 지도자의 도움을 받아서 좀더 분명하게 그 의미를 깨닫게 되는 것입니다. 의미를 알지 못하면 적용이 되지 않고 문제를 다룰 수 없게 되는 것입니다. 우리는 지금까지 기록된 말씀을 깨닫고 이해하는 것으로 만족했습니다. 기록된 말씀의 그 너머로는 마치 금단의 구역에 들어가는 것처럼 두려워하고 못 들어가게 제한했습니다. 그러나 성숙한 그리스도인은 이 영역에 도전해야 합니다. 실상 그것을 배우기 위한 기초로 말씀을 배우고 신앙생활을 하는 것입니다.

우리의 신앙의 목적은 다른 사람들을 섬기는 것에 있습니다. 그러기 위해서 자신을 세우고 그 터 위에 다른 사람들을 섬기는 집을 짓는 것입니다. 우리는 육체로 영으로 타인을 섬깁니다. 육체로 섬겨야 할 경우가 있고 영으로 섬겨야 할 경우가 있습니다. 이 모든 것에 제대로 부응할 수 있는 상태가 바람직하고 건강한 영성인 것입니다. 어느 한 쪽만으로 섬기는 것은 완전하지 못한 것이며, 기형입니다. 그럼에도 불구하고 그것을 느끼지 못합니다. 영으로 섬기는 일을 위해서 우리가 영적 의미를 제대로 알아야 하는데 그렇기 위해서 경험하는 것이 처음에는 이상하고 기이하게 느껴지는 것들입니다. 하나님은 알아들을 수 있는 우리의 방법으로 하지 않고 알 수 없는 하나님의 방법으로 하시는 것을 먼저 이해해야 합니다. 그리고 그 언어와 행위를 이해하는 법을 배워나가야 합니다. 하나님에게는 하나님의 방법이 있는 것입니다. 그분은 영이시기 때문입니다.

제대로 알지 못하는 어설픈 지도자들은 이런 사실을 부인하고 받아들이려 하지 않기 때문에 그 속에 들어가지 못합니다. 모험이 없이는 하나님에게 나아갈 수 없지요. 우리는 무궁하신 하나님의 능력의 세계로 나아가기 위해서 모험이 필요합니다. 이런 용기 있는 선구자들로 인해서 하나님의 비밀은 하나씩 우리 가운데 그 모습을 드러내어 상식이 됩니다. 이런 용기 있는 많은 도전자가 나와야 우리는 주님의 풍성한 세계로 들어가는 일이 쉬워질 것입니다. 기도하면서 경험하는 일들을 이상한 일 만난 것처럼 기이하게 여기지 마십시오. 그 의미를 곰곰이 묵상하십시오. 그리고 기억해 두십시오. 하나님은 다시 그런 현상을 경험하게 하심으로써 그 의미를 확정하십니다. 그러나 그 일이 마치 물체를 자르듯이 선명하게 이루어지는 것이 아닙니다. 예민하지 않으면 흘려보낼 수도 있는 그런 모호함이 항상 동반됩니다. 그래서 정신을 차려야 하는 것입니다.

# 7장 과감히 도전하는 영성을 개발하는 법

하나님은 강하고 담대한 사람을 통하여 일을 하십니다. 영적인 일은 생소하므로 과감하게 도전해야 내 것이 될 수가 있습니다. 과감하게 도전하는 성도가 되려면 자신은 죽고 하나님께서 자신을 통하여 일하신다는 믿음이 중요합니다. 믿음이 없으면 항상 자신이 하는 것으로 알고 믿기 때문에 과감하게 도전할 수가 없는 것입니다. 그렇기 때문에 생명의 말씀과 성령의 충만함으로 과감해지는 것입니다. 성령충만해야 과감해진다는 것입니다. 영적인 일을 과감함이 없으면 할 수 없습니다.

하나님이 하시는 일이기 때문에 생소한 것입니다. 앞에서도 설명했지만 하나님은 영이시기 때문입니다. 하나님은 영이시면서 살아계신 분입니다. 그래서 지금까지 체험하지 못한 생소한 현상으로 자신에게 다가오시고 임재하시고 역사하십니다. 하나님께서 살아 계시다는 것은 전인격으로 알아차리도록 생소한 현상으로 역사하시는 것입니다. 하지만 교회는 하나님의 생소한 현상에 대하여 무지하기만 했습니다. 살아계신 하나님을 체험하려는 생각보다 이론으로 하나님을 알아가려고 했기 때문입니다.

2000년 동안 교회는 육신에 얽힌 일들을 다루는데도 힘들어 했습니다. 육신의 눈을 먼저 떠야만 영의 눈이 떠지는 법이니까 육신으로 하나님을 인식하는 법부터 배워야 합니다. 그런 의미에서 교회는 여전히 육신적인 안목으로 하나님에게 접근하도록 하는 일에 많은 시간과 노력을 들여야 합니다. 영의 사람이 되기 전에 우리 모두는 육신의 사람이며, 영의 일을 알기에 앞서서 육신의 일을 알아야 하기 때문에 우선 학교에서 학문을 익히고 사는 법을 배웁니다. 그러나 어느 정도 수준에 이르면 다음 단계가 영의 일입니다. 세상의 모든 일이 영과 연관되어 있기 때문에 이것을 반드시 배워야 하지요. 그러나 우리 주위의 70%가 육신으로만 사는 사람들이고, 그리스도를 믿는 사람들 가운데에서도 역시 그만큼의 사람이 육신적 안목으로 살아가는 방법 이외에는 알지 못하는 사람들이기 때문에 하나님의 능력에 의지해서 살아가는 방법을 아는 사람은 극히 소수이며, 이런 까닭에 영의 원리들이 연구되고 적용되는 구조는 거의 찾아볼 수 없게 되어있는 것이 현실이지요. 그 필요를 제대로 알지 못하기 때문에 젊은 날부터 이런 일에 헌신해서 배우고 연구하려고 하는 사람이 극히 적은 것입니다.

신학교를 졸업해도 영에 관한 실질적인 배움을 얻지 못하고 다만 목회를 하는 일 정도만 깨닫고 바로 목회에 뛰어들기 때문에 영의 일에 많은 시간을 드리고자 하는 사람이 거의 없는 것입니다. 그렇기 때문에 영의 지식은 진보가 느리고 심하게 따돌림을 당해서 그 의미를 제대로 이해하지 못하는 것입니다. 우리 삶에 절대적으로 영향을 주는 대상인 영적 존재와 그의 역할을 제대로 알지 못하고 다만 원론적이고 교리적인 지식으로 만족하려고 합니다. 그냥 모르는 것은 모르는 채로 넘어갑니다. 그런 까닭에 고통스럽고 이해할 수 없는 일들이 우리 곁에 여전히 제거 되지 않은 채로 계속 발생하고 있는 것입니다. 영의 일을 외면하는 동안에 우리는 문제의 본질을 다루지 못하고 사회과학에서 만들어놓은 그릇되거나 부족한 지식과 정보로 만족해야 하는 것이 현실이지요.

치유가 일어나는 일만 해도 우리는 깊이 있게 아는 바가 없습니다. 어떻게 했을 때 고침을 받을 수 있고, 어떻게 했을 때 고침을 받지 못하는지를 알지 못합니다. 어떤 사역자에게 가서는 고침을 받지 못하던 것이 어떤 사역자에게서는 아주 간단하게 고침을 받는 일을 제대로 설명하지 못합니다. 그런 까닭은 사역자 스스로도 깊은 관찰과 연구를 하지 않고 그냥 대충 믿음으로 넘기고 마는 피상적인 것으로 만족했기 때문입니다. 의학이 발달하기까지는 많은 연구가 있었습니다. 연구란 다른 것이 아니지요. 약물을 투여하고 그 경과를 살피는 임상연구를 지속적으로 해서 논문으로 발표하고 그것을 바탕으로 젊은 의사들이 시술하거나 투약해서 경과를 살피는 일을 게을리 하지 않는 것입니다. 그렇게 하는 까닭은 그 일이 자신들의 명예와 소득과 직접 연결되어 있기 때문이지요. 사회에서 성공한 의사가 되기 위해서 끊임없이 연구하는 노력을 한 결과인데 영의 일에는 그런 노력이 별로 보이지 않습니다. 영의 일은 믿음의 일이라고 생각하고 치유가 일어나면 하나님의 은혜로 감사하면 그만이고, 치유가 되지 않으면 믿음이 부족하다고 판단하고 그 책임을 당사자에게만 넘기고 마는 정도입니다. 왜 그런 결과가 나온 것인지를 살피는 노력을 별로 하지 않습니다.

임상을 통해서 지속적인 관찰과 연구를 해야 할 능력을 가진 사람은 다름 아닌 목회자들입니다. 신학을 배웠고 그 일을 직업으로 가진 사람들이므로 이런 일들을 체계적으로 연구하고 끊임없이 새로운 논문을 만들어내야 할 의무가 있지요. 그러나 우리 대부분은 이런 일을 게을리 하고 있으면서도 그 책임을 회피하는 이유를 그럴듯하게 댑니다. 능력 사역은 별로 의미가 없는 것이며, 오로지 말씀만이 전부라는 것입니다. 도대체 말씀은 왜 배우며, 그저 학문적 만족을 위해서 배우는 것입니까? 학문을 위한 학문이듯이 배움을 위한 배움입니까? 수많은 사람들이 이유를 알 수 없는 고통 속에서 괴로워하는 현실을 외면하면서 그냥 숙명처럼 받아들이면 다 잘 될 것이라고 체념하는 정도로 무시합니다. 고통을 당하는 당사자의 몫이지 결코 교회의 몫으로 절실하게 받아들이지 않으려 합니다. 겉으로는 웃으면서 속으로는 우는 수도 헤아릴 수 없이 많은 사람들의 위장된 웃음 이면에 있는 아픔을 교회는 외면하려고 합니다. 화려한 프로그램으로 잠시 고통을 잊도록 하는 어쩌면 마취제 같은 역할을 하거나 진통제 역할을 하는 정도입니다.

고통의 근원에 깃들어 있는 문제의 핵심이 무엇인지를 알지 못하고 그것을 제대로 관찰하여 치유하는 방법을 알아내려는 연구가 부족한 것이 현실이기 때문에 그 일에 누구도 뛰어들려고 하지 않습니다. 앞이 보장 되어있지 않고 모호하기 때문이지요. 아무도 가지 않은 생소한 길을 위험을 무릅 쓰고 갈 사람이 별로 많지 않거든요. 복음을 전하는 일에 헌신하는 선교사들의 길은 영광이지만 영의 이치를 발견하고 그 절차와 원리들을 정리하는 일에는 눈길을 두지 않습니다. 그럴 뿐만 아니라 오히려 색안경을 쓰고 보기 때문에 그 시선이 무척 따갑습니다. 과학의 영역도 아무도 알아주지 않는 길에서 남모를 희생을 치른 사람들의 헌신이 있었기에 오늘날 같은 발전이 있었습니다. 우라늄을 연구한 퀴리 부인은 결국 방사선과 피폭으로 인해서 암에 걸려 죽었지요. 위험을 무릅 쓰고 그 일에 헌신한 사람들로 인해서 과학은 진보를 했습니다. 세상일에 이렇듯 목숨을 거는 사람들로 인해서 지식은 발전하게 되었듯이 영의 일에도 목숨을 거는 사람들이 많이 나와야 합니다. 이제까지 솔직히 능력을 받으면 그것을 행하는 일에는 열과 성을 보였지만 연구하려는 사람은 극히 적었습니다. 그래서 영적 지식이 교리에 밀리는 까닭이기도 하지요.

2000년대에 들어오면서부터 사역자 학교가 세워지기 시작하고 있습니다. 영적 능력을 받은 것에 만족하지 않고 그것을 체계화해서 후학들에게 가르치고 능력을 나누려는 움직임이 일고 있습니다. 이 운동이 주로 미국에서 시작했기 때문에 많이 앞서 가고 있는 것이 사실입니다. 그래서 목회자들이나 젊은 신학생들이 미국에서 배우려고 하지요. 그런데 우리의 영성과 미국인의 영성이 다르다는 사실을 알아야 합니다. 귀신만 해도 다릅니다. 세상 사람들은 방언이 다르고 민족이 다르기 때문에 영성도 다릅니다. 따라서 영의 역사도 다르게 나타나는 것은 당연하지요. 감성이 다르기 때문에 느낌이 다르고 특성과 장점이 다르기 때문에 모든 것이 다릅니다. 서양적 영성은 합리와 이성을 중요하게 여깁니다. 이것이 백인들의 영성의 특성이지요. 그래서 저들은 뇌를 사용하여 하나님을 인식하는 일이 보다 더 쉽습니다. 그렇기 때문에 저들은 주로 인식적인 방법으로 접근하려고 하며 그 기능을 중요하게 여깁니다. 쉽게 말하면 공부방식이지요. 그러나 우리는 감성적인 사고구조를 가진 민족입니다. 예수를 믿어도 느낌으로 믿습니다. 그래서 느낌이 모든 것을 우선합니다. 설교를 들어도 느낌으로 듣습니다. 귀로 머리로 듣기 보다는 마음으로 듣습니다. 서양식으로 공부하고 그 가치를 절대적이라고 믿는 학구적인 사람들에게는 이런 우리의 모습이 어딘가 부족하고 흠이 많은 것처럼 여겨지기 때문에 감성에 빠지지 말고 말씀에 치중하라고 강요합니다.

이런 대부분의 주장은 우리의 정서를 너무도 모르는 서구적인 안목만 갖춘 사람들의 주장이지요. 우리가 예수를 믿는 것은 논리적인 설득에 의해서 믿는 것이 아닙니다. 대부분의 사람들은 그냥 끌려서 믿게 되는 것입니다. 끌림이란 다름이 아니라 마음의 움직여서 행동하게 된 것을 말합니다. 성도들은 목회자의 설교를 기억하는 것이 아니라, 그날 느낌을 기억합니다. 분위기가 좋고 기분이 좋으면 은혜를 받은 것입니다. 말씀은 교회를 나오는 순간 대부분 잊어버립니다. 그리고 남는 것은 느낌뿐입니다. 이것이 우리의 모습이며, 이것이 교회를 유지하는 바탕입니다. 솔직하게 이야기하면 느낌이 좋기 때문에 그 교회에 다니는 것입니다. 그래서 우리의 교회는 친교가 정말로 중요한 것이지요. 이것이 동양의 영성이며, 교제라는 말로 번역되는 '디아코니아'라는 말은 곧 목회라는 뜻으로 사용되며, 그 배경이 바로 섬김(교제)에 있는 것임을 언급하고 있는 것입니다.

서양 사람들에게는 위험해 보이고 이해가 잘 되지 않는 부분이 우리에게는 장점이며, 그것을 통해서 하나님과 교통하는 것입니다. 우리의 영성은 감성의 영성이며, 이는 느낌으로 다가오는 것입니다. 우리 교인들이 솔직히 은혜를 누리는 수단이 기도입니다. 말씀 공부는 젊은 세대들에게는 호응을 받지만 그들도 나이가 들어가면서 점점 기도를 통해서 은혜를 받게 됩니다. 영적인 지식을 전하는 방법도 감성을 중요하게 여겨야 합니다. 즐겁고 마음에 부담이 되지 않아야 듣고 배웁니다. 딱딱한 방법은 통하지 않지요. 나이가 들고 신앙생활을 할수록 우리는 영에 관심이 생기지만 그것을 제대로 풀 수 있는 곳이 부족하며 충분한 지식을 얻을 수 있는 방법도 찾기가 쉽지 않습니다. 자신의 모든 것을 거는 연구가 절실히 필요한 시대입니다. 서로 정보를 교환하고 검증해서 진리로 자리매김하기까지 여러 가지 단계를 거쳐야 하지만 그런 구조가 부족하기 때문에 영적 지식의 진보가 더디고 약합니다.

교리 교육은 몇 년이면 됩니다. 그리고 실용적인 신앙생활을 하는데 크게 중요하지도 않습니다. 보다 실질적으로 중요한 것은 우리가 소홀히 한 영적 지식들입니다. 몰라서 그냥 그렇게 살아갑니다. 수많은 어려움과 시련을 당하면서도 그것의 의미를 제대로 모를 뿐만 아니라 고치지 못해서 그 고통을 계속하는 경우가 많습니다. 저 역시 답답한 부분이 많습니다. 여러 사람들이 이런 부분에 대해서 서로 서로 연구해서 진리의 원리들을 찾아낸다면 우리의 삶은 훨씬 아름다울 것입니다. 요즘 웰빙에 관심들이 많은데 진정한 웰빙은 영적 지식을 많이 갖추고 능력 있게 사는 것이 아니겠습니까? 서로 서로 문제를 고쳐주고 위로하고 힘을 더해줌으로써 하나님의 뜻이 우리 가운데 확실하게 드러나게 하는 것이지요. 소 뒷걸음치다 쥐 잡는 꼴이 아니라 정확하게 알고 대처함으로써 마귀의 일을 멸하는 것입니다. 이것이 능력이지요. 목회를 준비하는 젊은 세대들이 저의 글을 통해서 자극을 받고 도전을 받기를 간절히 소망합니다. 많은 세월이 걸리고 위험도 많지만 개척자들의 희생으로 미지의 세계가 열렸듯이 희생 없는 진보는 없습니다. 그리스도의 정신은 남을 위해서 자신을 버리는 것이 아닙니까? 내가 어려움을 당함으로써 다른 사람이 편안해지는 그 길을 선택하는 것이 진정한 그리스도의 제자가 취할 태도입니다.

영의 일은 많은 위험이 있는 것이 당연합니다. 그리고 생소하기 때문에 오해도 받을 수 있습니다. 그렇다고 해서 그런 것을 두려워해서 피한다면 진보는 일어나지 않을 것이며, 새로운 길을 여는 사람들은 누구나 실수하게 됩니다. 많은 시험과 시행착오를 거쳐서 한 가지 진리가 우리 앞에 나오지 않습니까? 복제양을 만들기 위해서 수 만 번의 실험을 거쳤답니다. 세상의 원리를 찾아내는 일도 이렇듯 많은 시행착오를 거치는데 하물며 영의 일이라고 그런 수고와 착오가 없겠습니까? 시행착오가 있고 좀 어설프고 어딘가 이상해 보이는 부분이 있더라도 이해하고 참고 기다리고 격려해 주어야 합니다. 책망하고 정죄함으로써 그 싹을 잘라내는 일만 해온 우리 교회였음을 반성해야 합니다. 좀 이상한 일을 하면 그 즉시 이단이라고 정죄하여 기를 죽이고 마는 그런 유치한 일은 이제는 그만 해야 할 때입니다. 모든 사람은 실수를 합니다. 영의 일도 만찬가지입니다. 우리 모두는 불완전한 인간이며, 서로를 도와야 하는 부족한 사람들입니다. 서로 사랑합시다. 그러면 수많은 허물이 덮어집니다.

# 8장 영적 체험하며 영성을 개발하는 법

하나님은 우리가 영적인 것을 체험하며 믿음을 키우기를 소원하십니다. 우리가 살아가는 일 가운데에는 겉으로 보는 것과 경험해 보는 것 사이에는 엄청난 차이가 있는 경우가 많습니다. 피상적으로 볼 때는 알 수 없었던 일들을 직접 겪으면서 알게 되는 경우 우리는 당황스러워하게 됩니다. 이런 일이 영의 일에서는 더욱 더 심각합니다. 영의 일에서 직접 경험해보지 않고 이론으로만 아는 것은 무척 위험할 수 있을 뿐만 아니라, 오해로 인해서 그 길로 가는 것을 두려워하게 됩니다.

대표적인 예가 바울일 것입니다. 그는 바리세인 중에서도 열성적인 사람이었기 때문에 당시 갈릴리 일대에서 일어나는 놀라운 사건의 현장에 그는 한 번도 발을 들여놓지 않았습니다. 그는 그토록 첨예한 문제를 일으키면서 3년간이나 유대 사회를 시끄럽게 달구었던 예수라는 인물에 관해서 관심이 없었습니다. 그가 예수에 관한 소문을 듣지 못했을 것이라고 가정하는 것은 무척 어렵습니다. 예수의 문제는 당시 대제사장까지 알고 있었던 심각한 종교 문제였기 때문에 장차 대제사장을 꿈꾸던 야심 많은 젊은 랍비인 사울이 이 문제에 관해서 전혀 들어보지 못했다고 가정하는 것은 무리임에 분명합니다. 그런 사울이 예수와의 만남이 전혀 없었던 것은 그의 종교적 가치관 때문이었을 것입니다.

유대의 지식인 중 한 사람이었던 나다나엘은 사람들이 예수께 관심을 두고 그에게 몰려갔지만, 그는 나무 그늘에서 쉴망정 관심이 없었습니다. 예수의 문제는 제사장은 물론이거니와 대부분의 랍비들에게는 한갓 풋내기의 헤프닝일 뿐이었습니다. 나다나엘은 그의 친구 빌립이 예수를 만나볼 것을 권했을 때 "나사렛에서 무슨 선한 것이 날 수 있겠느냐?"라고 일축해버렸습니다. 여기서 선한 것이라고 표현한 것을 현대적인 의미로 풀어본다면, "나사렛에서 무슨 쓸만한 인물이 나오겠는가?"라는 조소적인 표현입니다. 이런 말을 하는 것으로 보아 나다나엘은 성경에 박식한 사람이었음에 분명합니다. 성경을 정통적인 방식으로 배운 그에게 있어서 지금 일어나고 있는 예수에 대한 열풍은 별 의미가 없었던 것입니다. 그는 예수를 경험하지 못하고 단순히 이론적으로만 이해한 사람입니다. 메시야에 관해서 박식한 이들 유대 랍비들의 반응은 이들처럼 냉소적일 수밖에 없었습니다. 특히 청년 랍비인 사울에게 있어서 예수가 행하는 갖가지 이적 역시 관심을 끌 수 없었습니다. 율법의 수호자가 될 사울에게 있어서 기사와 이적은 한낱 헤프닝일 뿐 본질적인 것이 될 수 없다는 굳은 신념을 가지고 있었을 것입니다.

기사와 이적은 율법을 생명처럼 여기는 랍비들에게 있어서 관심을 둘 사안이 아니었을 뿐만 아니라, 학식이 없는 일반적인 유대인들을 그런 유혹에서 분리시켜 안전하게 율법 안에 거하도록 보호해야 할 의무도 있었습니다. 그래서 그는 뒤늦게 예수의 추종자들을 잡아들이는 일에 뛰어들었습니다.

우리는 경험 없이 예수를 이해한다는 것이 이처럼 원천적으로 무언가를 잃고 있다는 사실을 이해해야 합니다. 청년 사울이 예수를 바로 이해할 수 있었던 것은 성경을 곰곰이 묵상하면서 깨달은 것이 아니었습니다. 그가 예수를 알게 된 것은 그의 삶 전체를 통해서 그토록 부정했던 신비한 경험을 통해서였습니다.

이 경험은 독자적인 것이었습니다. 함께 동행했던 다른 일행들은 전혀 경험하지 못한 것입니다. 그 일로 인해서 그는 외톨이가 되었습니다. 철저한 율법주의자였던 사울이 한 순간의 강력한 환상이라는 모호한 경험을 통해서 그렇게 쉽게 자신의 가치관을 바꿀 수 있었겠습니까?

그는 한 번도 실제적인 육신의 예수를 만난 적이 없습니다. 먼발치에서라도 본 적이 없을 정도로 철저하게 관심이 없었던 사람입니다. 조금이라도 관심이 있었던 사람이라면 신비한 경험을 통해서 예수에게 관심을 가지게 되었을 것입니다. 그러나 그는 그런 사람이 아니었습니다. 그는 자신을 바리세인 중에 바리세인이라고 표현한 것으로 볼 때 그렇습니다. 그런 그가 놀라운 환상을 볼 때 그의 입에서 나온 말은 곧 이 말이었습니다.

"주여 누구시니이까?"사울이 자신에게 들려오는 음성 "사울아 네가 어찌하여 나를 박해하느냐?"라는 질문에 그는"주"라고 응답했습니다. 그는 단순히 누구냐고 물을 수도 있었을 것입니다. 그러나 이 황급하고 놀라운 현장에서 "주여!"라는 호칭을 사용했습니다. 이런 호칭을 그가 사용한 것은 그의 자의적인 의식에 의한 것으로 볼 수 없을 것입니다. 아마도 강력한 성령의 감동으로 그런 질문을 했을 것입니다. 저의 개인적인 경험으로도 강력한 성령의 감동 안에서는 자의 적인 표현이 불가능하다는 사실을 알고 있습니다. 우리에게 있어서 영적 경험은 그 형식이야 어떠하든지 성령의 감동에 의해서 일어나는 것입니다. 그리고 그 낯선 경험을 통해서 우리는 전혀 새로운 차원으로 들어가게 되는 것입니다. 제가 낯설다는 표현을 사용하는 것은 성령의 경험은 우리의 인식이나 삶의 경험을 바탕으로 일어나는 것이 아니기 때문입니다. 그렇기 때문에 이런 경험이 전무한 사람들에게 있어서 이 부분은 신비일 수밖에 없고 더불어 이해할 수 없는 것입니다. 그렇기 때문에 그들은 이 낯선 경험을 무시하거나 가치 없는 것으로 취급할 수밖에 없습니다. 청년 랍비 사울처럼 말입니다.

사울은 자신이 다메섹에서 벌건 대낮에 경험한 이 독자적인 경험을 그 후 수도 없이 되새기면서 신학적인 이해를 찾게 되었습니다. 단 한 번의 놀라운 경험은 그로 하여금 예수에 관한 가치관을 송두리째 바꾸게 만들었습니다. 그런 변화를 가져온 것은 그의 열성적인 탐구심이 한 몫을 했을 것이 분명합니다. 그는 그 누구와도 상의하지 않고 홀로 아라비아로 가서 깊은 묵상에 들어갔습니다. 그의 삶의 획기적인 변화를 가져올 이 놀라운 경험의 진정한 의미를 찾기 위한 고독한 여정을 통해서 그는 그리스도의 놀라운 비밀을 발견하게 되었고, 스스로 사도라고 부를 정도로 그리스도의 본질을 발견한 것입니다.

전인격으로 하나님을 느껴야 하나님을 알 수가 있습니다. 전인격으로 하나님을 느끼기 위해서는 반드시 성령으로 세례를 받아야 합니다. 그런데 성령으로 세례를 받게 되면 이해하지 못할 두려움이 자신을 주장하게 되는 경우가 많습니다. 우리가 신앙생활을 하면서 가장 극복하기 어려운 부분이 영적 두려움일 것입니다. 우리는 알지 못하는 세계에 대해서 막연한 두려움을 지니고 있습니다. 특히 영적 세계는 일반적으로 잘 알려져 있지 않기 때문에 모든 것이 생소하고 낯설기만 합니다. 특별하게 성령체험은 더욱 생소하고 두렵고 불안하게 합니다. 그러므로 자연적으로 막연한 두려움을 가지고 있는 것입니다. 많은 사람들이 이런 막연한 두려움 때문에 성령으로 세례를 받아 영적 변화를 얻기를 달갑지 않게 생각합니다. 영적인 것을 깨닫고 싶어서 집회에 가려다가 잘못되면 어쩌나 하고 가지 않습니다. 막연하게 두려워하며 가지 않기 때문에 영적 변화를 체험하지 못하는 것입니다. 변화란 성장을 의미하며 성장이란 새로운 세계에 들어가는 것을 말합니다. 영적인 사람으로 변화하기 위해서는 먼저 두려움을 이기는 법을 배워야 합니다. 두려움을 이기는 길은 담대하게 부딪치는 것입니다. 담대하게 뛰어 들어가지 않으면 죽을 때까지 영적으로 변하지 않습니다. 영적인 일은 많은 오해를 불러올 수 있습니다. 영적인 일은 생소하기 때문입니다. 왜냐하면 다수가 영적이지 못하기 때문입니다.

우리의 영적 경험은 단순한 의미로는 영적 삶을 더욱 풍성하게 하는 하나의 계기가 되거나 이벤트가 될 수 있습니다. 그러나 이런 차원을 넘어서 그 의미를 깊이 묵상해나간다면 우리는 그 경험을 통해서 그리스도의 놀라운 비밀들에 참여하게 되는 계기가 됩니다. 바울은 "그리스도의 비밀"이라는 표현을 즐겨 사용한 사람입니다(엡 3:4, 골 4:3, 고전 4:1 등). 전에 전혀 알지 못했던 사실들을 영적 경험을 통해서 깨닫게 되었다면 우리는 그리스도의 비밀에 참여한 사람이 된 것입니다.

어떤 이들은 말씀을 읽으면 그리스도의 비밀을 깨닫게 되는데 굳이 경험을 강조할 필요가 있느냐고 반문하기도 합니다. 이런 사람들은 하나만 알고 둘은 미처 모르는 것입니다. 사람마다 자기 같지 않습니다. 성경을 백날 읽어도 도무지 모슨 말을 하는지 전혀 깨닫지 못하는 사람들이 얼마나 많은지 알아야 합니다. 성경 백번 읽는 것보다 한 번의 영적 경험으로 더욱 더 주님께 가까이 다가가고 주님을 잘 이해하는 사람들이 있습니다.

바울은 그 후로 많은 영적 경험을 했습니다. 위험한 고비고비마다 천사들이 나타나 계시해주셨고 위로했습니다. 감옥에 갇혔을 때는 천사가 옥문을 열어주기도 했습니다. 그는 마음 속 깊은 곳에서 울려나오는 성령의 음성을 들을 줄 안 사람이었습니다. 성경에 박식했던 그에게 성령은 그에게 신비한 방식으로 인도했습니다. 그가 말씀이 부족해서가 아닙니다.

하나님은 지금도 경건한 성도를 인도하실 때 말씀과 경험이라는 두 가지 방식으로 인도하십니다. 때로는 익숙한 말씀으로 때로는 전혀 낯선 영적 경험으로 인도하시는 것입니다. 그렇기에 우리는 때로는 혼란스러워하기도 하고 당혹스럽기도 합니다. 이것은 우리가 겪어야 할 몫입니다. 두려움 때문에 하나님께로 나가는 신비한 길을 포기해서도 안 될 것이며, 무시해서도 안 될 것입니다.

# 9장 체험하며 영적 민감성을 개발하는 법

우리는 다른 사람들이 경험한 독특하고 신기한 영적 증거들을 들을 때 부러운 생각이 듭니다. 나도 저런 경험을 해 보았으면 얼마나 좋을까 하는 생각이 드는 것은 당연한 일입니다. 그래서 어떻게 하면 그런 경험을 맛볼 수 있을까 하여, 그 사람이 행한 대로 행하기도 합니다. 예를 들어 40일 금식해서 그런 능력과 경험을 얻었다면 자신도 40일 금식을 해서라도 그런 능력을 얻고 싶어 합니다. 7~80년대 우리 교회는 이런 것이 유행처럼 번져갔습니다. 40일 금식기도는 사역자라면 누구나 거쳐야 하는 것처럼, 한 때 유행이 되었지요. 한 번으로 안 되면 두 번 세 번 계속해서 여러 차례 하는 분들도 있었습니다. 영적인 경험과 능력에 대해서 제대로 이해하지 못했던 그 시절에 일어났던 일들인데 오늘날에는 그 당시처럼 유행은 아니지만 여전히 그런 생각을 하는 사람들이 있을 것입니다.

하나님은 우리가 감당하지 못할 시험은 허락하지 않으시듯이 우리의 지식의 한계를 넘어서는 영적 경험은 좀처럼 주시지 않습니다. 특히 신묘한 경험들은 우리가 함부로 해석하여 스스로를 망하게 할 위험이 있기 때문에 절대로 허락하지 않습니다. 그리고 자신이 경험한 영적 현상들은 대부분이 자신의 영적 성숙을 위해서, 그리고 자신에게 주어진 또는 장차 주어질 직임에 필요한 내용들과 관련된 것들을 부분적으로 허락하시는 것입니다. 꿈과 환상과 예언은 주로 자신을 인도하고 성숙시키기 위해서 주시는 것임을 우리는 압니다. 꿈에 타인이 등장해도 그 상징은 그 사람을 의미하는 것이 아니라, 자신 속에 내재되어 있는 그 사람과 동일한 성향이나 기질 등을 의미하는 것이지요. 꿈에 대한 지식이 없는 사람들은 이런 꿈을 꾸면 그 사람에게 해당하는 꿈이라고 판단하는 실수를 하기 쉽습니다.

영적 경험은 그 사람의 영적 수준에서 이해될 수 있을 정도의 내용을 주십니다. 아무리 신묘한 경험이라고 해도 우선은 자신의 영적 성숙을 위해서 허락하시는 것입니다. 아주 특별히 그 경험이 교회 공동체를 위한 예언적 경험이었다면 그 사실을 알려주시는 다음의 조치가 있게 됩니다. 공동체를 위해서 주시는 특별한 경험은 성숙한 지도자들이나 예언자들이거나 사역자에게 해당합니다. 초보자에게는 그런 부담을 허락하시지 않는 것이 보편적입니다. 꿈과 환상은 상징을 동원하며, 많은 위험이 포함되어 있음을 우리는 압니다. 특히 예언은 예언자가 미숙하면 실수할 수 있는 요소들이 많지요. 미숙한 사람은 '가정'이라는 실수를 하게 됩니다. 우리는 늘 자신의 지식수준에서 모든 것을 이해하려고 합니다. 그 수준을 벗어나지 못하지요. 그래서 주어진 경험을 자신의 신앙 수준에서 이해하고 전하려는 충동을 받게 됩니다.

근래에 천국을 경험한 사람들의 이야기를 자주 듣습니다. 신앙의 연륜도 깊지 않고 다양한 영적 경험도 없었던 사람이 어느 날 갑자기 천국에 들려 올라가 천국을 보고 그곳에서 성경에 등장하는 인물들을 만나보았다는 이야기를 듣습니다. 우리는 이런 이야기를 들을 때 그 경험의 진정성에 대해서 한 번 의심하게 됩니다. 그런데 그 이야기를 하는 사람의 간증에서 우리는 짙은 "가정"(assumption)을 보게 됩니다. 천국 이야기를 하는 사람의 말에서 우러나오는 그 사람의 신앙의 연륜과 지식의 정도를 확연하게 읽어낼 수 있습니다. 초보 신앙인의 경우 초보적인 신앙관으로 그 일을 해석합니다. 그리고 보았다고 하는 내용들이 거의 비슷합니다. 릭 조이너와 같은 선지자에 속한 사람의 경험은 그 내용이 그런 사람들과는 여러 모로 다름을 봅니다. 영적 경험은 그 수단을 떠나서 그 내용이 어떠한지는 그 사람이 지닌 영적 지식에 의해서 다르게 나타나는 것입니다.

우리가 영적 현상들을 경험하는 이유는 우리의 영적 지식의 폭을 넓히고 그것으로 인해서 성숙하게 하기 위해서입니다. 우리는 영적 경험을 하기에 앞서서 이런 부분들을 육체로 경험하게 합니다. 영이기에 앞서서 우리는 육체이기 때문에 동일한 내용을 육체로 경험하게 하시는 것이지요. 다른 사람의 허물이나 미숙함을 볼 때 성숙하지 못한 사람은 그들을 판단하여 교정하거나 책망하려고 듭니다. 그러나 그러기에 앞서서 그것을 목격하게 하는 까닭은 자신에게도 그런 부분이 있지 않은가를 돌아보게 하기 위함임을 우선 생각해야 합니다(갈 6:1). "온유한 심령으로 그런 자들을 바로잡고"라는 조건을 둡니다. 우리가 목격하는 모든 일들은 우선 자신을 교육하고 세우기 위함이며, 아울러 그런 과정을 통해서 온유함을 익히게 되는 것입니다.

영적 경험 역시 그러한 이유로 우리에게 경험하게 하시는 것이지만 우리는 그 경험에만 치중해서 자신을 돌아보는 일을 잊을 수도 있습니다. 누구나 자신이 경험한 것이 특수하고 깊은 의미를 지니는 것으로 받아들이고 싶어 합니다. 그러나 실상은 그렇지 않다는 사실을 오랜 세월이 지나 성숙할 때 깨닫게 됩니다. 독특한 영적 경험이란 자신만이 그렇게 느끼는 것이지 타인은 그렇게 생각하지 않을 수도 있음을 우선 이해해야 하며, 그 경험은 자신을 돌아보게 하기 위한 것임도 알아야 합니다.

비록 천국을 경험했다고 해도 우선은 그 경험이 자신에게 먼저 적용되어야 합니다. 자신에게 부족하고 그릇된 부분이 있음을 알 때 그 영적 경험은 의미가 있는 것이 되며, 또한 공동체에 유익이 되는 것이지요. 자신에게 아무런 유익을 주지 못하고 타인을 판단하고 가르치려고 하는 생각은 하나님으로부터 온 것이 아닙니다.

"자신을 돌아보는 것"이 우선이며, 그 다음이 타인에게 도움을 주는 것입니다. 우리가 영적 경험을 할 때 이런 부분에 오랜 경험이 없는 사람들은 그 경험에서 듣고 본 것이 모두 영적 실체일 것이라고 믿어버립니다. 이것도 가정의 한 유형인데 우리가 꿈을 꿀 때의 경험을 생각해 볼 필요가 있습니다. 꿈은 얕은

잠이 든 상태이거나 깨어나기 직전에 꾸게 됩니다. 이 상태에는 우리의 의식이 다시 깨어나기 시작하는 때이므로 때로는 꿈속에 우리의 생각이 스며들기도 합니다. 물론 그 생각마저도 주님이 사용하시는 경우가 있지만, 어떻든 우리의 생각이 꿈에 섞여 들어가게 되는 것입니다. 생각하면서 꿈을 꾸며 꿈에 등장하는 그림들을 보면서 자신이 이런 저런 판단을 하는 것을 경험하였을 것입니다. 이 경우와 같이 우리가 영적 경험을 할 때 그 속에 우리의 생각이 스며들 수 있다는 점을 알아야 합니다. 이는 예언에서도 마찬가지 입니다.

예언은 식별되어야 하는 까닭이 이것인데, 우리의 생각이 예언 속에 스며들기 때문입니다. 예언의 영이 우리의 생각을 통제한다 하더라도 그 가운데에 우리의 의지가 스며들 여유는 항상 있는 것입니다. 이처럼 우리는 모든 면에서 불완전한 존재이기 때문이지요. 그런 까닭에 우리가 경험하는 영적 증거들 속에는 우리의 의지가 포함되며, 천국 여행이라는 경험에서도 예외가 없습니다. 그 속에서 보고 듣고 한 경험 속에는 자신의 의지가 만들어내는 것이 포함됩니다. 천국 경험을 하게 되는 기능적인 배경에 대해서는 다음에 기회를 만들어 설명하겠지만 독특한 영적 경험에서도 우리의 연약함은 드러나게 됩니다. 그러나 성숙하지 못한 사람은 그 경험 전부가 하나님으로부터 온 것이라고 믿어버립니다.

많은 경우 독특한 영적 경험이라고 생각하는 것들 가운데는 대부분이 꿈과 환상인 것입니다. 꿈과 환상은 우리에게 주어지는 계시의 일반적 수단입니다. 에스겔이 천국을 본 것도 역시 환상이었으며, 요한 사도가 본 것 역시 환상이었습니다. 환상은 결코 실체가 아니며, 이미저리(imagery)입니다. 그것은 비유이며, 알레고리이기 때문에 그 본 것을 통해서 우리는 진정한 의미를 찾는 노력을 해야 합니다. 바울이 자신이 경험한 천국에 대해서는 입을 다문 이유도 이와 같은 까닭일 것입니다. 우리는 섣부른 가정을 많이 하기 때문에 성숙하지 못한 사람들에게 그 내용을 말하는 것은 유익이 되지 못하기 때문입니다.

꿈과 환상은 그 영상이 의미 있는 것이 아니라, 그 이미지가 제시하고자 하는 뜻이 의미가 있는 것이지요. 그러므로 그런 경험을 한 사람은 그 의미를 제대로 읽어낼 수 있기까지 본 것을 마음에 담아두어야 합니다. 구약의 선견자들은 자신이 본 것의 의미를 제대로 파악하기까지 많은 세월동안 그 예언을 담아두는 훈련을 거쳤습니다. 우리는 다양한 영적 경험들을 합니다. 그 경험이 있기 전에 우리는 먼저 육체로 그와 유사한 경험들을 하게 됩니다. 수많은 사람들을 만나면서 그들이 보여주는 다양한 성향들을 마주치게 되는데 이럴 경우 그 행위는 자신을 먼저 돌아보게 하기 위해서 경험하게 하는 것이지요. 세상일을 다양하게 경험함으로써 우리는 성숙하게 되고 아울러 온유하게 됩니다. 이와 같은 육체적 경험을 먼저 거치고, 그 경험들을 자신의 성숙을 위해서 제대로 적용할 수 있을 때 우리에게 신묘한 영적 경험들이 주어지는 것입니다.

앞에서 언급했듯이 우리가 감당할 수 없는 경험은 허락하시지 않습니다. 다른 사람이 경험한 독특한 것들을 자신도 경험하고 싶지만, 불가능한 것은 자신에게 별로 유익이 되지 못하기 때문이며, 그 사람과 자신이 가야 할 길이 다르고 주어진 직무가 다르기 때문입니다. 우리는 각자에게 주어진 믿음의 분량대로 지혜롭게 생각해야 합니다(롬 12:3). 이미 자신에게 주어진 것들을 제대로 감당하고 있는지를 먼저 점검합시다.

영적 경험은 그것을 자랑하기 위함도 아니요, 남을 가르치고 인도하기 위함도 아니며, 우선은 자신을 성숙시키기 위함입니다. 여기에는 천국 여행이라는 경험도 예외가 아닙니다. 아울러 우리가 경험하는 영적 경험 속에는 우리의 의지가 포함된다는 점도 잊어서는 안 됩니다. 예언자의 입에서 나오는 모든 말이 하나님으로부터 온 것이 아님을 우리는 이미 압니다. 그래서 듣는 사람은 분변해야 하는 까닭이 여기에 있는 것입니다. 천국에서 보고 듣고 한 모든 말이 다 실체가 아니라는 사실을 제대로 이해해야 합니다.

당사자는 그 모든 것이 실체이기를 원하며 그렇게 믿고 싶어 합니다. 그러나 성숙할수록 그것은 환상이며, 그 의미가 무엇인지를 깨닫기까지 잠잠하는 법을 배우게 됩니다. 우리가 감당할 수 없는 수준의 경험은 주님이 허락하지 않습니다. 이런 저런 다양한 경험들을 만나게 되고 그것들은 나름대로 의미를 지니고 있습니다. 그러나 그 무엇보다도 그 경험이 자신에게 어떻게 유익한 것인지를 제대로 알기까지는 타인에 대해서 침묵해야 하는 것임도 알아야 합니다. 바울은 자신이 크고 비밀한 것들을 경험했지만, 그 모든 것에 침묵하고 오로지 육체의 약한 것들만 자랑하려고 했습니다(고후 12:9). 그는 자신이 경험한 것들이 다른 사람을 위한 것이기에 앞서서 먼저 자신을 만들기 위한 것이었음을 알게 되었기 때문입니다. 자신이 엄청난 경험을 했다고 해도 그것은 자신이 그렇게 느낄 뿐입니다. 그리고 그것은 결국 자신이 너무도 완고하고 변화하기를 싫어하는 결점 때문에 주어진 것임도 알아야 합니다. 신묘한 경험을 했다면 우선 자신이 주님 앞에서 너무도 완악했음을 인정해야 합니다. 바울이 다메섹 경험이 없었다면 그는 절대로 주님의 뜻을 따를 수 없었을 것입니다.

**충만한 교회에서는** 체험하며 영성을 깊게하기 위하여 성령치유 집회를 매주 합니다. 매주 화-수-목 성령과 영성, 내적치유집회를 11:00-16:00까지 진행하고 있습니다. 많은 분들이 오셔서 성령을 체험하고 내면의 상처를 치유받고 있습니다. 내적인 상처가 치유됨과 동시에 불치의 질병을 치유받고 있습니다. 지속적으로 참석한 분들은 성령의 강한 능력이 나타나고, 예언을 하며, 영안이 열리고, 하나님의 음성을 듣는 능력자들이 되고 있습니다. 깊은 영성을 개발하고 싶은 분들은 오시면 모두 성령의 능력과 상처치유, 불치병을 치유받습니다.

# 10장 세 가지 영적 능력을 개발하는 법

하나님은 영적인 능력에 대하여 바르게 알고 사용하기를 원하십니다. 상당수의 그리스도인들은 예언(prophesy)은 하나님이 주신 계시를 말하는 것이며, 신유(divine healing)는 치유의 능력을 받아서 환자에게 손을 얹고 기도하는 것이며, 축사(exorcism)는 귀신을 꾸짖고 나가라고 명령하는 것이라고 단순하게 생각합니다. 성령으로부터 그런 능력을 받았기 때문에 그냥 하면 된다고 생각합니다. 실제로 우리가 해야 할 일은 특별히 없는 것이라고 가르쳤고, 그것이 은사이기 때문에 우리의 어떤 노력이나 수단이 필요하지 않다고 생각합니다.

영적 은사는 받은 만큼 나타나는 것이기 때문에 많이 받은 사람은 강력하게 나타나고 적게 받은 사람은 적게 나타나는 것이라고 생각하였습니다. 이런 생각은 은사라는 말을 제대로 이해하지 못했기 때문입니다. 예언, 신유, 축사 이 세 가지는 화려한 은사 가운데 가장 핵심이 되는 것입니다. 그리고 이 능력은 또한 세 가지 특성(성도, 사역자, 전도자)을 지니고 있습니다. 외형적으로는 같은 은사처럼 보이지만, 결코 같지 않은 세 가지의 특성을 포함하고 있기 때문에 이를 혼동해서는 안 됩니다.

능력은 모든 그리스도인이 죄를 이기고 믿음을 굳게 하기 위해서 거듭나면 주님으로부터 하나님의 자녀가 된 증거로 받게 되는 권세가 있습니다. 이 권세 속에 능력이 포함되어 있는 것입니다. 누구나 예언할 수 있고, 병을 고칠 수 있으며, 귀신을 쫓을 수 있습니다. 다만 그런 능력이 나타나는 횟수가 빈번하지 못하며, 여러가지 부담과 조건들이 있다는 것입니다.

성령께서 필요할 때 그리스도인에게 주어서 이를 사용하게 하는 한시적인 성격이 강합니다. 그러므로 평소에는 이런 능력들이 나타나지 않다가 성령의 기름부음이 임하면서 나타나게 되는 것입니다. 예언의 영이 임하면 예언하게 되고, 신유의 능력이 임하면 병을 고치며, 주님의 임재가 일어나면 귀신이 쫓겨나갑니다.

하나님의 자녀가 된 모든 그리스도인들은 성령의 도구가 되어 언제든지 성령의 뜻에 따라서 권능을 보일 수 있지만, 그 선택은 절대적으로 주님께 있다는 사실입니다. 그러므로 평범한 그리스도인들은 일시적으로 주님의 뜻에 따라서 성령의 선택을 받게 되며, 그로 인해서 기름부임이나 임재가 일어납니다. 이런 의미에서 최초의 기름부음에 의한 능력의 나타남은 우리들의 어떤 노력의 결과가 결코 아닙니다.

그러나 이런 기초적이고 기본적인 단계를 지나게 되면 우리는 영적으로 성숙하게 되며, 기름부음과 임재에 대해서 깨닫게 되는 것입니다. 여기서 중요한 것은 이런 사실을 구체적으로 배워서 정리가 되어야 한다는 것입니다. 조직신학이란 그리스도를 체계적으로 이해할 수 있도록 구체적으로 구분해서 설명하는 학문입니다. 그리스도에 관한 조직신학적인 이론의 정립처럼, 능력에 관해서 이론을 체계적으로 구성하여 정리함으로써 우리는 자주 그리고 의도적으로 기름부음과 임재를 경험하게 됩니다. "땅에서 매면 하늘에서 매이고 땅에서 풀면 하늘에서 풀린다"(마 18:18)는 말씀은 우리들에게 어떤 부분에서 우선권이 있다는 사실을 지적하는 내용입니다. 우리가 먼저 할 때 주님은 그 다음을 하시는 것입니다. 즉 시동권(始動權)이 우리들에게 있기 때문에 우리의 판단과 결정에 의해서 주님은 역사하시는 경우가 많이 있는 것입니다. 이런 시동권을 확보하기 위해서는 우리들이 해야 할 많은 부분의 지식과 경험이 필요한 것입니다.

은사로서 능력을 행하는 사람들을 우리는 사역자라고 부릅니다. 하나님이 각 사람에게 능력을 골고루 나누어주시는 것이 아니라 차등을 두어서 주시는 것입니다. 이 사실은 달란트 비유에서 잘 드러난 사실입니다. 이 역시 하나님의 일방적인 결정에 의해서 되는 일이므로 우리는 어떤 이의도 제기할 수 없습니다. 그러나 여기에는 충성이라는 조건이 있는 것입니다. 하나님의 뜻대로 잘 행하였을 경우에는 그 능력이 증대될 수 있다는 사실이며, 그렇지 못할 경우에는 잃어버릴 수 있다는 엄격함이 있습니다.

사역자는 평범한 그리스도인이 아니라 하나님의 이름을 드러내야 하는 의무가 있는 사람입니다. 그러므로 하나님의 영광을 구체적으로 적극적으로 나타낼 수 있도록 노력하지 않으면 안 되는 것입니다. 이런 조건 역시 배우고 개발해야 하는 요소들이 있는 것입니다. 개인적으로는 감당할 수 없는 부분이므로 학자들이 해야 할 몫임에도 불구하고 우리 교회는 여기까지 손이 닿지 못하는 실정입니다. 그래서 주먹구구식으로 해오고 있고, 그 책임 전체를 사역자에게 돌리는 무책임함을 보여주고 있는 것입니다.

신학자가 무엇 때문에 있는 것입니까? 교회를 돕기 위해서가 아닙니까? 그래서 신학을 교회의 시녀라고 정의하지 않습니까? 수많은 영적 능력 사역자가 나오고 있습니다. 그들 대부분이 여성들입니다. 남성들이 교권에 집착하는 가운데 주님은 여성들을 사용해서 능력 사역을 행하도록 불러냈습니다. 목회자를 위해서는 신학이 존재하지만 능력 사역자들을 위해서는 그 어떤 것도 마련되어 있지 않은 것입니다.

그런 가운데 야전을 치르는 초급 장교들처럼 그들은 몸으로 이 능력 사역을 해왔습니다. 그런 세월이 반세기가 지났지만 신학은 아직까지도 이 부분을 외면하고 있는 것입니다. 신학 없는 목회자가 있을 수 없듯이 신학 없는 능력 사역자 또한 있을 수 없습니다. 초기에는 그럴 수밖에 없지만 세월이 흐르면 당연히 조직신학을 구성해야 합니다. 그래야 질서가 잡히고 부작용이 감소되는 것이 아닙니까?

그리고 아주 독특한 사역자인 복음전도자가 있습니다. 이들에게는 강력한 권세와 능력이 주어집니다. 기사와 이적을 나타내는 것입니다. 주님은 복음을 전하기 위해서 불러낸 종들에게 하늘과 땅의 권세를 주신다고 약속했습니다. 70인의 제자들을 파송했을 때 그들에게 주어진 권세로 그들은 모든 것을 할 수 있었습니다. 전대도 없이 전도의 길에 올랐습니다. 이는 그들이 자원한 것이 아니라 주님의 명령이었기 때문입니다.

복음전도자에게 주어진 아주 특별한 기사와 이적의 능력은 '공수의 조건'이 달려있습니다. 전대도 없고 두 벌 옷도 없어야 하는 이 조건은 전도자를 전도자로 인정하는 절대적인 기준입니다. 바울이 자신의 사도성에 관해서 정의할 때 주의 직접적인 부르심과 오래 참음과 기사와 이적을 나타내는 많은 능력(고후 12:12)이라고 말합니다. 기다림은 그에게 있어서 사도로서 인치는 중대한 조건이었습니다. 이렇듯이 복음전도자에게 있어서 공수의 조건은 전도자로서의 인증마크입니다. 이것은 전도자 스스로가 지켜 나가야 할 정체성인 것입니다.

이와 같이 예언을 비롯한 각종 능력을 행함에 있어서 우리가 해야 할 의무와 책임이 있고 알아야 할 지식이 있는 것입니다. 이는 세월이 흐르고 교회가 성장할수록 그 지식들은 더욱 세분화되고 복잡해질 수밖에 없습니다. 초기에는 이런 지식이 없어도 행할 수 있었고 용납이 되었습니다. 그러나 성숙기에 접어들도록 지식을 축적하지 못하고 알려고 하지 않으며 조건들을 외면하면 엄중한 심판을 받을 수밖에 없는 것입니다.

이 일은 능력 사역을 행하는 당사자뿐만 아니라 교회도 공동으로 그 책임을 질 수밖에 없습니다. 그러므로 지식을 전하고 가르치는 일에 지도자들이 소홀히 해서는 안 될 것입니다. '아는 것이 힘'입니다. 아는 것만큼 우리는 더 성숙할 수 있기 때문입니다.

예언이나, 신유, 축사를 하는 사역자는 누가 물어보아도 명확하게 설명할 수 있는 텍스트를 가지고 있어야 합니다. 정확한 영적인 원리를 알고 사역을 하면 더 강한 능력이 나타납니다. 성령 치유사역자는 더 많이 알고 사역을 해야 합니다.

필자는 예언하고, 신유, 축사한다고 다되었다고 자만하지 말라는 것입니다. 이런 능력은 자신을 치유하기 위하여 초기에 주어지는 것입니다. 3가지 영적능력을 행하는 사역자는 이제 어 깊은 단계로 들어가야 합니다. 모세와 같이 하나님과 대면할 수 있는 영성이 되어야 합니다.

한마디로 자신의 전인격이 말씀화가 되어야 합니다. 말씀과 성령으로 충만하여 깊은 영성의 소유자가 되어야 합니다. 바울은 이렇게 경고합니다. "그런즉 선줄로 생각하는 자는 넘어질까 조심하라"(고전 10:12). 자신의 부족을 깨닫고 항상 말씀을 묵상하며 하나님을 찾는 자가 되어야 합니다.

# 11장 갈등을 이기는 영성을 개발하는 법

하나님은 예수를 믿고 성령으로 거듭난 크리스천들이 말씀을 따라가느냐, 성령의 역사를 따르느냐의 갈등을 당하게 하십니다. 예수를 믿고 영적인 생활을 하다가 보면 갈등의 연속이라는 것을 알 수가 있습니다. 하나님은 우리 크리스천들이 영적인 갈등을 당하게 하여 하나님께서 원하시는 쪽으로 행하는 성도들 축복하십니다.

분명하게 하나님은 살아서 역사하시는 영이신 하나님이시기 때문에 살아있는 성령의 역사를 따라가는 성도와 함께 하십니다. 성도들이 하나님의 음성을 듣고 성령의 인도를 따라가다가 보면 분명하게 어려움에 봉착하게 됩니다.

원래 갈등이란 칡과 등나무라는 뜻으로, 칡과 등나무가 서로 복잡하게 얽히는 것과 같이 개인이나 집단 사이에 의지나 처지, 이해관계 따위가 달라 서로 적대시하거나 충돌을 일으킴을 이르는 말입니다. 자신이 생각하는 것과 달라 충돌할 때 하나님께서 말씀하신 대로 순종하고 따라가는 성도와 함께 하십니다. 하나님께서 말씀하셨기 때문에 어려움이 다가와도 순종하는 것입니다. 순종을 보시고 한 단계 높은 축복을 허락하십니다.

나이가 들면서 느끼는 것이 하나 있는데 젊은 시절부터 습관되어온 행동이 나도 모르게 그대로 유지된다는 것입니다. 젊은 시절에는 몸이 날렵해서 행동이 민첩했고 따라서 행동이 빨랐습니다. 그런 행동이 몸에 베어 있기 때문에 나이가 들어 육체가 약해짐에도 불구하고 여전히 행동은 육체를 무시하고 민첩하게 움직이려고 합니다. 나이 든 분들이 몸은 늙어도 마음은 늙지 않는다고 말들을 하셨는데 정말로 그렇습니다.

그러나 이것이 결코 바람직하지 않다는 사실을 요즘 많이 느끼기 시작합니다. 마음은 청춘이라고 해서 갑작스런 행동을 하다가 원치 않는 불행한 일을 당하는 분들이 적지 않습니다. 육체의 한계를 고려하지 않고 젊은 시절처럼 행동하려다가 졸도하기도 하고 관절에 무리가 생겨 고생하는 분들이 우리 곁에 많이 있습니다. 이것은 육체의 일에만 해당하는 것이 아니라 영의 일에도 동일하게 적용되는 것입니다. 자신의 영적 존재의 위치를 제대로 알지 못하기 때문에 혼란을 겪는 분들이 많습니다.

육체가 낡았음에도 불구하고 젊은 시절에 몸에 베인 대로 갑자기 일어난다든가 급격한 행동을 한다든가 해서 무리가 생겨 병을 얻듯이, 육체는 장성한 성인이지만 영은 이제 방금 태어난 어린 아이 같다는 사실을 인정하지 않고, 여전히 육체에 의지해서 판단하고 행동함으로써 영이 엄청난 손상을 입게 되는 것입니다. 어린 아이가 태어나면 환경에 약하기 때문에 여러 가지 부정한 것에 접촉하지 않도록 일정 기간 동안 금줄을 쳐서 외부인의 접근을 금지합니다.

그리고 성장할 때까지 어른들이 보호하고 아이에게 필요한 것들을 특별히 만들어 제공합니다. 이렇게 극진한 보호 속에서 성장해야 건강한 사람으로 자라날 수 있듯이 영도 마찬가지여서 갓 태어난 시기인 거듭난 직후에는 각별한 보호가 필요합니다.

성경에는 '깊이 생각하라'라는 말씀이 자주 나옵니다. 히브리서 3:1에 나오는 '대 제사장이신 예수를 깊이 생각하라'라는 말씀에 사용된 헬라어는 '카타노에오'라는 단어인데 누가복음 20:23에서는 '아시고'라고 번역되었습니다. 이 단어는 '깊이 생각해서 그 의미하는 바를 아는 것'에 적용되는 것으로 영어에서는 '0ponder'라는 말로 표현합니다. 이 단어는 'pond'와 같은 뿌리에서 온 파생어인데 물을 가두어둔 연못이나 늪지를 의미하지요. 이와 같은 맥락에서 'ponder'는 자신의 의식 속에 상황을 저장해 두고 그 의미를 살피는 것을 말합니다. 성경에서 '깊이 생각하라'라는 이 말을 수식어 없이 단순 단어 'katanoeo'를 사용함으로써 '알기까지 생각하는 것'을 일깨워줍니다.

깊이 생각하는 것은 여러 가지 상황을 다 적용해서 생각하는 것을 의미합니다. 하나님은 우리에게 이런 생각을 하도록 인도하십니다. 그런데 이 과정이 우리에게는 갈등이라는 별로 달갑지 않은 형태로 나타난다는 것입니다. 갈등은 우리를 혼란스럽게 만들며, 고통을 안겨다 줍니다.

그런데 신앙생활을 하면 할수록 이 갈등의 골이 깊어만 가고, 그래서 이를 견디지 못하는 사람들은 깊이 있는 신앙생활을 포기하고 대충 살아가고자 하는 유혹을 받게 됩니다. 성경 말씀을 읽으면 읽을수록 알면 알수록 갈등만 생기고 혼란만 깊어집니다. 그래서 세상일로도 골치가 아프고 신경 써야 할 일이 많은데, 마음의 위로를 받고 쉼을 얻으려고 종교를 받아들였는데 더 큰 갈등이 생기니까 견디기 힘들어합니다. 이것이 일반적인 사람들이 경험하는 문제의 본질입니다.

기독교를 정신 수양이나 쉼을 얻는 것으로 여기는 사람들에게는 갈등이 생기는 것을 이해할 수 없어 합니다. 신앙생활을 취미생활이나 여가생활 정도로 여기고 교회에 나온 사람들에게는 이런 갈등이 생기는 것을 못 견뎌 하며 갈등하지 않기 위해서 대충 신앙생활을 하려고 합니다. '편하게 믿으면 되지 너무 깊이 빠지면 괴롭기만 해.'라면서 방관자의 위치에 머무르려고 합니다.

그리고 이렇게 적당히 거리를 두고 믿는 것이 지혜롭다고 생각합니다. 그래서 영성이니 능력이니 하는 말은 아예 들으려고도 하지 않을 뿐만 아니라, 이런 일에 관심을 가지는 사람들을 이상하게 생각하고 배척하려고 합니다.

깊이 생각하는 것은 그리스도인의 의무이자 하나님의 뜻입니다. 영적 성장에서 반드시 필요한 것이 깊이 생각하는 자세입니다. 대충 보아 넘기거나 타성에 젖은 태도로는 자신의 위치가 어디에 있는지를 알 수 없게 됩니다. 우리는 먼저 자연의 몸으로 태어났고 그 속에서 성장합니다. 그러므로 자연의 몸에 익숙해 있고 그것을 기준으로 모든 것을 판단하기 때문에 거듭난 그리스도인들이 실수하거나 영적 성장에 실패하는 까닭이 방금 갓 태어난 새로운 몸을 이해하지 못하는 편향성에 있는 것입니다. 육의 사람과 영의 사람 즉 겉 사람과 속사람에 대해서 그 정체성을 제대로 이해하지 못하고 신앙생활을 단순히 자연인의 연속으로만 여기게 되면, 영의 실체를 전혀 새로운 주체적 인격으로 이해하지 못하고 자연인의 연장으로 알게 되는 것입니다. 이는 육체는 늙었지만 그 사실을 깨닫지 못하고 여전히 젊은 시절처럼 행동해서 육체를 병들게 하는 어리석음과 비슷합니다.

자연의 몸과 신령한 몸이 우리 속에 함께 공존한다는 것은 신비입니다. 그래서 이 두 몸이 주체로서 작용하게 되는 것이 갈등으로 나타나는 것입니다. 한 몸에 두 주인이 있으므로 서로 다투는 것입니다. 두 주체를 제대로 파악하고 그 주체의 변환을 제대로 이끌어내지 못하면 충돌이 생기는 것이며, 이것이 혼란이며 갈등의 배경인 것입니다. 주체의 변환을 우리가 제대로 이해하고 파악해서 충돌의 의미를 바르게 이해하고 극복하는 기술을 배우고 익히는 것이 영성 훈련입니다.

우리는 이 땅에 있는 동안은 어쩔 수 없이 육체를 덧입고 살아가야 합니다. 이것은 우리가 이 땅에 생명으로 태어나기 위해서 어쩔 수 없이 육체를 입었기 때문입니다. 그러나 이 육체는 언젠가는 벗어야 할 옷과 같은 것인데 그것이 죽음입니다. 그러므로 죽기 전까지 우리는 육체를 입고 있는 불완전한 사람입니다. 이 겉옷을 어떻게 통제하여 속사람인 영의 활동에 방해가 되지 않게 할 것인지를 깊이 생각해야 하는 것입니다.

깊이 생각하는 주제는 바로 속사람의 성장과 움직임입니다. 자연의 몸은 우리가 이미 세상에서 배워왔고 눈만 뜨면 보이는 세계입니다. 그리고 그 세계는 여러 가지 관습과 법규로 통제되며 학문으로 질서가 잡혀있는 것입니다.

그러므로 이 자연의 몸이 활동하는 영역에 대해서는 우리가 아는 바가 무척 많습니다. 그러나 신령한 몸에 대해서는 아는 바가 거의 없으며, 육체가 이미 성장해서 왕성하게 활동하는 시점에서 뒤 늦게 속사람이 태어난 것입니다. 이 점에 대해서 바울은 이스마엘과 이삭을 비유로 설명하였습니다.

육체를 따라 난 몸인 이스마엘이 더 먼저 태어났기 때문에 뒤에 태어난 약속의 자녀인 이삭을 괴롭힌다고 설명합니다. 육체를 따라 태어난 겉 사람이 약속을 따라 태어난 속사람인 영을 짓누르고 억압합니다. 이것이 갈등의 본질입니다.

깊이 생각하지 않으면 우리는 갈등에 휩싸여 전혀 전진하지 못합니다. 우리는 항상 두 가지 주제 앞에 서 있습니다. 즉 육체를 따르느냐, 영을 따르느냐 입니다. 로마서는 이 부분에 대해서 다룬 글입니다. 영을 따라 살아가지 않으면 우리는 여전히 자연인이며, 갈등의 골에서 벗어나지 못합니다.

갈등은 육과 영을 구분하는 과정에서 일어나기 때문에 신령한 몸에 대한 이해를 해야 합니다. 깊이 생각하는 것은 두 가지 선택(alternative)에서 어느 한 쪽을 선택하는 것을 의미합니다. 하나님은 우리의 선택이 올바를 때까지 갈등의 주제들을 계속 내어놓는 것입니다. 자신의 환경에서 다가오는 문제는 자신의 선택을 주님의 시각으로 교정하기 위해서 베푸시는 주님의 은혜라는 사실을 먼저 이해해야만 깊이 생각할 수 있게 됩니다.

저 역시 오늘날 이런 주제를 다룰 수 있는 지식을 얻은 것은 바로 끊임없이 다가오는 갈등을 겪으면서 깊이 생각했기 때문입니다. 동일한 문제를 계속 당하게 하심으로써 이루 말로 다할 수 없는 고통의 세월을 갈등하면서 보냈고 그 과정에서 많은 영적 지식들을 얻게 되었습니다.

깊이 생각하는 것은 주의 길을 여는 지름길이며, 이 길은 많은 사람들을 주께로 인도하려는 주님이 만들어내시는 생명의 길인 것입니다. 히브리서 3장은 "대 제사장이신 예수를 생각하라."(katanoesate ton apostolon kai arxierea tes omologias hemon Iesoun)라는 말씀으로 우리가 생각할 대상을 가리키고 있습니다. 예수는 생명의 길이며, 우리 영의 주인이십니다. 예수를 통해서 우리는 비로소 속사람인 영을 인식할 수 있게 되는데 그것이 바로 갈등을 통해서 영에 접근해 가는 것입니다. 우리의 영은 영으로만 이해할 수 있습니다. 그 주체가 영이신 예수를 깊이 생각할 때 가능하게 되는 것입니다.

영이신 예수께서 우리 앞에 영의 일을 육의 일처럼 내어놓습니다. 그것을 우리는 아무런 의식도 없이 마주치게 됩니다. 자연의 몸처럼 즉 세상의 일처럼 그런 모양을 취한 사건을 만나게 되지요. 이는 빌립보서에서 "그리스도는 하나님의 본체이시지만 그와 동등됨을 취하지 않고 사람들과 같이 되었고"(빌 2:6~7)라고 설명합니다. 영이신 주님은 우리에게 먼저 육신의 형태로 다가옵니다. 그것이 우리에게는 현실의 문제로 갈등하게 만드시는 것으로 나타나는 것입니다.

그런 과정을 거치면서 자신도 모르게 한 걸음씩 영의 세계로 끌려들어가게 되며, 어느 날 전혀 뜻하지 않은 때에 영의 실체를 마주치게 됩니다. 자신에게 닥쳐온 온갖 문제를 깊이 생각하십시오. 이렇게 저렇게 고민하고 갈등하는 사이에 여러분은 자신도 모르게 주님이 설치해 놓은 그 영의 길로 한 걸음씩 끌려들어가는 것입니다. 그러면서 서서히 자신은 그 영의 농도에 젖어들어 점차로 영의 사람으로 변화하게 되는 것입니다.

가랑비에 옷이 젖는 것도 모르게 젖어버리듯이 자신도 모르는 사이에 영의 사람으로 변화되어 가며, 어느 정도 수준에 이르면 주님은 본격적으로 영의 실체를 드러내게 되는 것입니다. 그 때까지 우리는 어쩔 수 없이 육체의 모양으로 다가오시는 주님을 만나게 되며, 그것이 골치 아픈 문제의 모습으로 우리에게 주어지는 영의 본질입니다. 겉모습은 종의 모습이었지만 그 속에 하나님의 본질이신 예수께서 숨겨져 있었듯이, 겉모습은 고민거리고 갈등이지만 그 속에는 생명이 숨겨져 있음을 아직은 모르는 것입니다.

우리의 현실의 이해하기 어려운 문제는 우리가 깊이 생각하는 버릇을 기르게 하시려는 주님의 은혜의 또 다른 수단임을 알아야겠습니다. 영의 일은 이처럼 먼저는 육체의 모습으로 우리에게 주어지며, 우리가 그것을 안고 갈등하는 사이에 영은 저절로 성장하게 되며, 따라서 우리는 영의 사람으로 나도 모르게 자라고 있는 것입니다.

영은 생명입니다. 거듭나면 그 때부터 자라기 시작합니다. 자라게 하시는 이가 예수이며, 그 수단과 과정이 이렇게 이해하기 쉽지 않은 갈등을 동반한다는 사실을 알아야 합니다.

# 12장 부담을 통과하며 영적 성장하는 법

　모든 그리스도인은 영적으로 성장하여 주님과 친밀함을 누리고 주님이 원하시는 삶을 살기를 바라지만 그것이 뜻대로 되지 않아서 갈등하는 분들이 있습니다. 영적으로 성장하는 데에는 여러 가지 원리와 법칙들이 있지요. 체험도 중요해서 거듭난 직후에 우리에게 주어지는 영적 현상들은 그 사람에게 향하신 하나님의 비전을 품고 있는 경우가 많을 뿐만 아니라, 영적 성장에 필요한 동기를 제공해주시는 것입니다. 거듭난 후 얻게 되는 기쁨과 평안은 우리가 추구해야 하는 영적 상태를 의미하며, 여러 가지 현상들을 경험하는 것은 그것의 소중함을 알고 그것을 개발하고 성장시키는 노력을 할 것을 촉구하시는 의미이기도 합니다.

　영적 성장을 위한 방법들을 다루어왔는데 여기서는 '부담을 통해서' 이끄시는 방법에 대해서 언급하고자 합니다. 성숙하지 못한 시기에 주어지는 부담은 당사자에게 괴로운 일이나 피해야 할 일로 받아들이기 쉽습니다. 다수의 성숙하지 못한 지도자와 성도들로 구성되어 있는 한국교회는 '좋으면 좋고 나쁘면 나쁘다'라는 막연한 관념을 가지고 있습니다. 이것은 불교영성의 영향을 받은 것인데 불교는 고통과 불행은 일체가 업(業:죄)에 의한 것이기 때문에 그것은 나쁜 것이며, 이를 처리해야 한다고 가르칩니다. 불교영성의 궁극적 목적은 일체의 업(모든 고통)에서 벗어나는 것(해탈)이므로 부담은 벗어나야 할 것이지 그것에서 어떤 의미를 찾을 대상이 아니라고 보는 것입니다.

기독교 영성에서 부담이란 하나님이 자신을 이끄시고 다루시는 손길로 이해합니다. 이것은 욥기에서 잘 설명되어 있는 부분인데 다양한 형태로 나타나는 부담은 크게 육체적 부담과 영적 부담으로 나눌 수 있습니다. 성숙하지 못한 단계에서는 주로 육체적인 형태로 부담이 주어집니다. 현실의 삶에서 원치 않는 모습으로 다가오는 고통스런 문제가 바로 주님이 주시는 부담일 수 있습니다. 이 부담은 대부분의 사람들이 본능적으로 피하고 싶은 것이며, 어서 속히 벗어날 수만 있다면 그렇게 하고 싶은 내용들입니다. 주변의 시선도 이를 용납하지 않기 때문에 믿음이 성숙하지 못한 사람들은 이 시선을 무시할 수도 없어서 더욱 괴로워하게 됩니다.

무엇보다도 부담이 영적 성숙을 위한 수단이라는 점을 이해하지 못하고 있기 때문에 적극적으로 그 의미를 찾으려고 하지 않습니다. 우리는 교회에서 고난에 대한 말씀을 많이 듣고 배워왔지만 막상 자신에게 닥치면 그 의미를 찾기 보다는 어서 벗어날 수 있는 길이 무엇인지를 먼저 찾게 되는 것이 일반적입니다. 목회자들도 예외 없이 본능에 이끌려 벗어나려는 생각을 먼저하게 되는 것입니다. 이런 부담을 하나님의 인도하심과 섭리를 지닌 영적 성장에 필수적인 요소로 받아들이고 그 의미가 무엇인지를 진지하게 고민하는 사람이 적은 것이 사실이며, 영적 성장이 아직 제대로 되어지지 않은 사람들에게 있어서 이 부분은 더욱 더 괘도에서 벗어나게 만드는 경우가 있는 것입니다.

성숙하지 못했기 때문에 성숙할 수 있는 수단인 부담을 다만 고통으로만 이해하는 것입니다. 적든 크든 대부분의 부담은 영적 성숙을 위해서 주어지는 하나님의 은혜의 수단이며 사랑의 표현이라는 점을 이해해야 합니다. '사랑의 매'인 것이지요. 우리가 범죄함으로써 당하는 징계조차도 주님은 우리의 유익을 위해서 허락하시는 것입니다. 그러므로 모든 그리스도인에게 나타나는 현상들은 반드시 그 의미하는 바와 하나님의 이끄시는 손길이 포함되어 있는 것이지요. 이 손길의 의미를 제대로 파악하고 받아들일 수 있게 됨으로써 우리는 하나님의 뜻을 삶속에서 찾아내는 능력이 생기는 것입니다.

평범한 일상에서 찾아지는 의미는 우리의 기억 속에서 쉽게 지워지게 됩니다. 그러나 부담이라는 수단을 통해서 얻어지는 것은 오래 기억되고 그 의미도 강하게 와 닿게 되지요. 하나님은 우리가 "형통한 날에는 기뻐하고 곤고한 날에는 생각하라" (전 7:14)고 말씀하십니다. 부담은 그것이 주어진 배경과 조건들을 먼저 살펴야 합니다. 자신의 영적 상태가 어떠한 지경에 있는지를 살피기 위해서는 부담의 배경을 이해할 수 있어야 합니다. 그것이 주어지게 된 원인으로 작용한 자신의 행위를 살펴야 합니다. 어린 아이는 어린 아이의 일을 생각합니다. 영적으로 성숙하지 못한 사람은 그 생각이 하나님을 벗어나 있을 뿐만 아니라, 자신의 행위가 항상 올바르다고 생각합니다. 그래서 자기 생각에 사로잡혀 있기 마련이지요. 자신의 행위를 늘 정당하다고 생각하기 때문에 자신을 돌아보거나 죄에 대한 생각을 별로 하지 않습니다.

부담은 이런 부분을 돌아보게 만듭니다. 늘 행위가 올바르다고 생각한 그 부분에 대한 반성을 불러오며, 이로써 자신을 돌아보게 되며, 주어진 부담과 연관지어 생각함으로써 의미하는 바를 이해할 수 있게 됩니다. 이 경우에 성숙한 지도자의 도움을 받아 영의 눈을 뜨는 기회를 얻게 되기도 하지만 때로는 미숙한 지도자로 인해서 소중한 기회가 그냥 지나가 버리는 경우도 있습니다. 주어진 부담은 일정한 시기가 지나면 자연적으로 소멸되고 다른 부담으로 우리에게 다시 다가옵니다. 영적 성장을 위한 부담이라는 의미를 깨닫지 못한 채로 지나가 버린 부담은 아무런 유익을 얻지 못하고 말지요. 이렇게 해서 몇 차례 시기가 지나고 나면 우리의 영은 굳어져버려 성장을 멈추고 그 상태에 머물러 익숙한 형태로 되어버리고 맙니다.

영이 성장하지 못하고 한 자리에 머물게 되면 우리는 그 상태에 익숙해지는 '외식'에 빠지게 됩니다. 성령의 이끌림을 따라서 살아가기보다는 습관과 타율에 의해서 살아가게 됩니다. 스스로 해야 하는 자유 함을 얻지 못한 사람들은 대부분의 일들을 제도와 규정에 따라서 행동하게 되는 의무적인 신앙생활을 하게 되며, 그것이 지극히 정상적인 것으로 여기게 될 뿐만 아니라 자유하는 삶을 사는 사람들을 핍박하고 오해하게 되는 것입니다. 이것은 바울이 로마서에서 율법을 쫓는 육체에 속한 사람과 영을 쫓는 영의 사람을 설명할 때 '여종의 아들'과 '자유하는 여인의 아들'을 대비시켜서 이스마엘이 이삭을 괴롭혔듯이 육에 속해 나은 사람이 약속으로 나은 자를 괴롭게 하는 것 즉 굳어진 육의 사람들이 자유하는 영의 사람들을 구박하는 원칙에 대해서 설명하고 있습니다.

커다란 영의 공과를 깨닫게 하기 위해서는 강도 높은 부담을 경험하게 하십니다. 우리가 영으로 성장하면 할수록 이 부담은 강해지는 것입니다. 주님께 헌신하고자 하면 할수록 어렵고 괴로운 일들이 빈번히 다가옵니다. 더욱 강도가 높아지고 그 의미도 다 알고 있는데도 불구하고 부담이 주어질 때는 갈등이 생기고 하나님을 원망하려는 마음도 생기며, 이런 동일한 부담을 계속하시는 하나님을 이해할 수 없어서 괴로워합니다. 이것이 바로 아직 주님이 원하는 진정한 의미를 제대로 깨닫지 못했다는 증거가 될 뿐만 아니라, 동일한 부담을 통해서 얻어지는 보다 깊은 영적 의미를 파악하지 못하고 있기 때문인 것입니다.

동일한 부담을 반복해서 겪게 하심으로써 보다 더 깊은 영성으로 나아가게 하십니다. 우리의 생각은 몸이 익힌 정도에 따라서 지배됩니다. 몸에 익숙한 것을 생각하고 행동하게 되는 것이지요. 영적 성장은 머리로 이루어지는 것이 아니라, 몸으로 이루어지는 것입니다. 몸에 그 의미를 담아두지 않으면 우리는 쉽게 잊어버리게 됩니다. 그래서 주님은 우리 몸을 중요하게 여기며 우리 몸을 성전 삼아서 우리를 이끄시는 것입니다. 영적 성장을 위한 부담은 우리의 육체에 부과되는 것으로부터 시작하는 이유가 여기에 있는 것이지요. 순수한 영적 부담은 그 후 어느 정도 성장한 사람에게 주어지기 시작합니다.

영적 부담은 육체의 부담과는 달리 영의 갈급함이나 영으로 기인된 육체의 괴로움이나 간절한 소망 등으로 나타납니다. 하나님을 향한 갈급함으로 인해서 뼈가 상하는 괴로움을 경험하게 되며, 하나님의 침묵으로 인해서 영혼의 깊은 고통을 경험하게 됩니다. 육체의 부담을 통해서 어느 정도 영적 교제가 이루어지고 성장했다고 여겨질 시기에 다가오는 고립과 하나님의 침묵은 영의 즐거움을 맛본 사람들에게는 상당한 고통이 됩니다. 하나님이 자신을 버린 것이 아닐까. 영적 성장의 기회를 잃어버린 것은 아닐까. 하나님에게 엄청난 범죄를 저지르고 있는 것은 아닐까. 내가 지금 하나님이 원하시지 않는 일을 하는 것은 아닐까. 이런 생각들이 꼬리를 물고 나오지만 어느 하나 속시원한 답을 얻지 못하고 더욱 괴로운 짐만 만들뿐입니다.

하나님의 침묵이라는 영의 부담은 그것을 경험하는 당사자에게는 깊은 우울을 만들어냅니다. 어느 정도 성숙했기 때문에 자신을 보다 더 높은 영적 성장으로 이끄는데 도움이 될 만한 조언자를 찾기란 그리 쉬운 일이 아니며, 자신이 지금 겪고 있는 상태를 선명하게 설명해줄 수 있는 지도자를 찾지 못해서 더욱 괴롭게 되는 것입니다. 대부분의 경건한 사람들의 조언은 피상적이며 원론적이어서 도움이 되지 못함을 발견하게 됩니다. 그리고 대부분이 자신의 영적 수준 정도이므로 실제적인 도움이 되지 못함도 알게 됩니다. 우리가 영적 성장을 이루면 이룰수록 자신에게 도움이 될만한 지도자의 수효가 점차 좁아진다는 사실을 알게 되지요.

외부의 도움이 없이 홀로 알아가야 한다는 것은 그만큼 많은 희생을 불러들입니다. 많은 시간이 필요하고 다양한 조건들을 이해해야 하는 것이 부담으로 다가오는 것입니다. 보다 높은 차원의 영적 성장을 위해서 부과되는 부담은 우리가 생각할 수 없는 희생을 치러야 합니다.

대부분의 성도들은 가벼운 영적 부담을 통해서 일정 수준으로 성장하면 그곳에서 머무르기를 소망합니다. 엘리사처럼 끈질기게 추구하는 사람이 적지요. 전문 사역자로 나선 사람들은 그것이 자신의 직업이 되었기 때문에 높은 수준을 갈망하지만 그렇지 않은 사람들은 육체적 부담 이외에는 지기를 싫어하고 주님도 그런 수준 이상의 것은 요구하지 않습니다. 본인이 더 큰 은혜를 사모하는 경우가 아니면 말입니다.

그러나 우리는 더 큰 영적 성장을 소망해야 합니다. 더 큰 은사를 구하라고 하신 말씀 속에는 더 큰 부담을 구하라는 의미가 있는 것입니다. 영적 성장은 부담 없이는 절대로 얻어지지 못합니다. 이성적으로든 감성적으로든 우리는 부담을 달가워하지 않지요. 즉 훈련되지 않은 영성은 존재할 수 없기 때문에 반드시 부담을 져야 합니다. 이것이 사람들의 눈에는 이상한 모습으로 나타나기 때문에 높은 차원의 영성을 소유하기 위해서는 타인의 눈길을 의식해서는 안 되며, 고정관념에 잡혀 있어도 안 됩니다.

우리의 상식과 관념들이 얼마나 하나님의 시각과 다른지를 경험하고 알아야 합니다. 영의 부담은 이렇듯이 통상적인 종교 행위와는 근본적으로 다르게 다루어진다는 사실을 이해해야 하는 것입니다. 그렇기 때문에 사람들의 오해와 편견에 시달리는 부담을 지게 되는 것입니다.

# 13장 질문과 관심으로 영적 성장하는 법

　하나님은 예수를 믿고 성령으로 거듭난 성도들이 영적인 면에 관심을 갖기를 원하십니다. 필자가 영적인 것을 체험하면 할 수 록 느끼는 것은 영적인 일은 관심이 있어야 발전한다는 것입니다. 한마디로 하나님께서 원하시는 영성으로 발전할 수가 있다는 것입니다. 필자는 성도들에게 이런 말을 잘합니다. 설교를 들을 때나 말씀을 읽을 때 "왜와 어떻게"를 항상 생각하면서 성령님께 질문을 하라는 것입니다. 예를 든다면 왜 영과 진리로 예배를 드리냐를 알고 예배를 드리라는 것입니다.

　한국에 성도들이 고쳐야 할 것은 영적인 일을 무조건 받아들인다는 것입니다. 영적인 것은 반드시 분별이 되어야 합니다. 왜냐하면 마귀역사와 성령의 역사가 비슷하기 때문입니다. 영적인 일은 반드시 관심을 갖아야 합니다. 그리고 성령님께 질문해야 합니다. 예를 든다면 왜 영과 진리로 예배를 드리는 것인가? 그러면 영과 진리로 예배를 드리려면 어떻게 해야 하나? 지속적인 질문을 통하여 자신의 의문점이 풀려야 한 단계 깊어지는 것입니다. 왜 질문과 관심으로 영적 성장이 되는가? 이렇게 해서 자신이 영적으로 이해하고 체험해야 영성이 깊어집니다.

　어린 아이는 모든 일에 궁금하고 관심도 많아서 부모에게 귀찮을 정도로 질문을 많이 합니다. 유아의 발달단계를 깊이 있게 연구한 '삐아제'는 그의 책 "유아동의 발달단계"라는 책에서 이들이 '왜'라는 질문을 하게 되는 까닭은 언어와 지능의 발달을 위한 것이라고 설명합니다. 이때에 부모가 이 질문에 대해서 귀찮아서 제제하거나 대답을 제대로 해 주지 못하면 아동은 위축되어 지능발달에 나쁜 영향을 끼치게 된다고 설명합니다. 아동은 '왜'라는 질문을 통해서 성장하는 것입니다. 영적 성장 역시 아동 발달과 비슷한 일면을 지니고 있다고 봅니다. 영의 일에 대한 질문과 관심은 영적 성장을 일으키는 기본이 되는 것입니다. 우선 영적인 현상에 대해서 관심이 있어야 합니다. 영적인 현상은 꿈과 환상 등과 같이 신비한 영역에 속하는 것이 많습니다. 그래서 현대인들을 비롯해서 지성적인 사람들은 이런 것에 대해서 기피하거나 외면하려고 합니다. 그 배경에는 과학적 사고뿐만 아니라 근본적으로 우리 교회가 이런 부분에 대해서 금기시하고 있기 때문이며, 오로지 말씀만을 절대적이라고 가르친 일방주의 때문이기도 합니다.

어린 아이가 질문을 던질 때 귀찮아하는 부모는 그 아이가 질문하는 그 행위 자체를 부정적으로 다룹니다. "애들은 몰라도 돼!"라든가 "넌 왜 그런 일에 관심이 많냐!"라든가 "넌 이상한 것에만 관심을 두냐. 크면 알게 돼"라고 나무라고 억제합니다. 이런 교육을 받고 자라면 그 아이에게는 호기심이 발달되지 못하거나 질문하는 행위 자체를 점차로 잃어버리게 됩니다. 사물에 대해서 궁금증을 가지는 일이 부정적이고 어른으로부터 책망을 당하는 일이며, 어른을 귀찮게 하는 일이라는 사실을 깨닫게 되면 그 아이는 더 이상 그런 궁금증을 가지려고 하지 않게 되어 그 아이의 창의성이 위축되고 마는 것이지요.

영적 유아인 방금 거듭난 성도는 영적인 현상에 대해서 궁금증을 가지게 됩니다. 자신에게 일어나는 영적 현상은 세상의 지식으로는 설명이 되지 않는 것들이지요. 가슴이 뜨거워지면서 주체할 수 없는 눈물이 나온다든가, 혀가 말리면서 알 수 방언이 나온다든가, 눈을 떴는데도 환상이 보인다든가, 전에 없던 꿈이 꾸어지는데 무언가 의미가 있는 것 같이 느껴진다든가 하는 현상들로 인해서 궁금증이 늘어만 갑니다. 그래서 조심성 없이 질문하게 될 때 '그런 것에 너무 치우치면 위험하니까 말씀만 많이 읽으십시오.'라는 충고성 조언을 듣게 되어 스스로 궁금증을 내려놓게 되는 것입니다.

영적으로 거듭나면 이상한 현상들을 많이 만나게 됩니다. 따라서 궁금증이 증대되고 누군가의 설명이 필요해지지요. 그러나 주변에서 이런 현상에 대해서 정확하고 세밀하게 설명해줄 사람을 만나기란 그리 쉬운 일이 아닙니다. 그래서 궁금증이 일어나지만 결국에는 스스로 포기하고 말씀을 연구하고 배우는 일에만 열중하게 되는 것입니다. 영적 성장은 다양한 통로와 방법이 있지만 그 가운데 가장 중심이 되는 것이 '질문과 관심'입니다. 자신을 비롯해서 주변에서 듣고 보는 영적 현상에 대해서 '왜 저런 현상이 나타나는가?'라는 질문을 하나님께 던져야 합니다. 이 질문으로부터 우리는 영적 지식의 폭을 넓히는 관계 속에 들어가게 되는 것입니다. 왜 이런 현상이 일어나고 그 의미가 무엇인지를 궁금해 하고 열심히 알고자 하는 마음으로 주님에게 질문을 던져야 하는 것입니다. 주님은 "성령이 너희에게 오시면 그가 너희를 가르치고 내 말이 생각나게 하리라"라고 말씀하셨습니다. 그 가르침이란 기록된 성경 말씀뿐만 아니라 자신의 내면에서 일어나는 다양한 영적 현상에 대해서 가르치는 것을 포함합니다. 그런데 여기에는 단서가 있는 것입니다. 궁금한 것에 대한 질문이 있어야 하는 것입니다.

우리가 보고 들은 것에 대해서 이해할 수 있기까지 꾸준히 질문하고 그러한 현상이 성경의 어떤 말씀과 연관이 있는 것인지를 살피는 노력을 해야 합니다. 꾸준히 성경을 상고하면서 살피는 가운데 그 궁금증을 이해할 수 있는 바탕이 되는 성경구절을 만나게 되고 성령은 그 때 지혜를 주어 말씀을 그 현상에 적용할 수 있도록 돕는 것입니다.

때로는 지혜를 주셔서 그 의미하는 바를 깨닫게 하지만 이런 경우 여러 차례에 걸쳐 다양한 방법으로 확증 짓게 만듭니다. 예를 들면, 경건 서적이나 세미나나 성도의 교제 등을 통해서 알게 만드는 것입니다. 궁금증을 가지고 질문하는 것은 버릇이 될 정도로 일상적인 것이 되어야 합니다. 우리는 서로 서로 격려해야 하는데 영적 지식을 많이 가진 사람은 그 지식을 다음 세대에 나누어주어야 합니다. 하나님은 신비입니다. 즉 우리가 모르는 것이 너무도 많고 우리의 생각과 다른 부분이 많다는 말입니다. 이런 신비를 교회 공동체가 하나씩 풀어가고 그것을 자원으로 해서 많은 능력을 소유해야 하는 것입니다. 지식이 힘이라는 말처럼 영적 지식은 곧 능력으로 나타나며, 하나님의 뜻을 이루어내는 기반이 되기도 합니다.

궁금증을 풀어내는 일은 다만 기도뿐만 아니라 일상의 삶 속에서 지속적으로 던져져야 합니다. 이것은 관심이 있을 때 가능한 것입니다. 영적인 일은 신비한 것에 대한 호기심으로부터 시작합니다. 아동이 세상에 대한 호기심으로 질문하기 시작하는 것처럼 말입니다. 어떤 사역자에게서 나타나는 능력이 도대체 무슨 의미이며, 왜 그렇게 하는지 궁금해 해야 합니다.

예언하는 사람이 도대체 어떻게 하나님의 말씀을 받기에 저렇게 정확하게 사람의 비밀을 알 수 있는 것인지 궁금해 해야 합니다. 치유 사역자가 안수할 때 왜 가슴에 손을 얹는지를 알고자 해야 합니다. 축사자가 많은 사람들 속에서 어떻게 해서 귀신 들린 사람을 가려내서 귀신을 쫓아내는지 궁금해 해야 합니다. '이런 일들은 나와는 상관이 없는 일이니 관심을 끊자, 이런 일이 아니어도 신경 쓸 일이 많은데'라는 생각으로 무관심해지면 하나님의 일에서 점점 멀어지고 자기도 모르게 주어진 창의력(능력과 은사)은 소멸되게 됩니다.

세상의 번잡하고 바쁜 일 때문에 영적인 일을 기피하는 사람이 있습니다. 영적으로 민감하지도 않고 그런 일에 관심을 두어야 할 필요도 느끼지 못하고 살아가는 다수의 그리스도인들이 있기 때문에 영적인 일에 관심을 가지는 것은 별난 사람처럼 취급될 수도 있는 것입니다. 이것이 두려워서 애써 외면하려는 사람들도 있지만 하나님의 일은 영적인 이해가 없이는 아무런 의미도 없고 그런 상태에서의 헌신은 오히려 하나님이 싫어하시는 '가증한 번제'가 될 수도 있는 것입니다.

영적 성장을 이루어야 하는 중요한 이유는 우리 각 사람에게 주어지는 은사를 직임이 되도록 성장시키는 요인이 되기 때문입니다. 우리 각 사람은 자신에게 주어진 영적 의무인 은사가 불 일 듯해야 하고 더욱 강하고 깊어져야만 합니다. 그렇기 위해서는 영적 지식을 갖추어야 하는 것이 필수입니다.

지식이 없으면 힘을 잃게 될 뿐만 아니라 여러 가지 실수를 범하게 되어 사람들에게 은사를 부정적으로 대하게 하는 결과를 만들어냅니다. 과거에 미숙한 은사자들이 교회에 많은 실수를 해서 오늘날 부정적으로 대하는 사람들이 많이 있지만, 이것은 성장으로 나가는 길에서 겪게 되는 필연적인 과정이었으며, 이로 인해서 은사는 단순히 주어진 대로 사용할 것이 아니라, 배우고 훈련해야 하는 과정이 있다는 사실을 깨닫게 된 것입니다.

오랜 세월 동안 다듬어져야 하고 많은 질문을 던져 그 답을 얻어 성숙되어야 하는 것이며, 자신에게 드러나지 않는 현상에 대해서도 관심을 가지고 그것을 사모해야 하는 것입니다. 관심을 가지고 추구하면 언젠가는 자신에게 그런 능력이 주어지게 되며, 이로 인해서 하나님에게 더 나은 헌신을 할 수 있게 되어 칭찬 받을 수 있는 자리에 다가가게 되는 것입니다.

저 역시 수많은 세월동안 다양한 질문을 주님에게 던지고 그 질문에 대한 답을 얻기까지 성경을 상고하고 기도로 풀어갔으며, 내 주변에서 얻어지는 증거들을 소홀히 하지 않으려고 정신을 차렸습니다. 그리고 더 나은 것을 얻고자 갈망했으며, 하나님이 내가 알고 있는 지식에 대해서 확증을 주시를 간구했습니다.

주님은 그 증거를 얻을 수 있도록 사람들과 접촉점을 마련해주셨고 오랜 세월동안 관찰하게 하여 결론을 얻을 수 있게 했습니다. 어떤 질문에 대한 답은 10년이나 걸린 것도 있고 아직도 진행 중인 것이 있습니다. 확증적이고 결론적인 지식에 대해서만 제가 여기에서 공개하는 것입니다. 아직 더 나은 검증과 확증이 필요한 부분에 대해서는 아직은 침묵할 뿐입니다.

저와 같은 사람들로 인해서 하나님의 신비가 과학으로 우리 앞에 나타나는 것입니다. 성령이 충만한 우리들로 인해서 마찬가지로 하나님의 지식과 능력이 증대되어야 할 것입니다.

다음 세대를 위해서 우리는 더 나은 하나님의 나라를 소개하고 그 폭을 넓혀나가야 할 것입니다. 이제 비로소 영적인 일에 눈을 뜨기 시작한 분들은 하나님에게 질문하십시오. 그리고 그분으로부터 답을 얻어내는 경험을 쌓아가기 바랍니다. 이것이 세상에서 가장 값진 일이며 중대한 일임을 우리는 알아가게 될 것입니다.

# 14장 영적 지식을 갖추며 영성을 개발하는 법

하나님은 예수를 믿고 성령으로 거듭난 성도들이 말씀을 아는 것과 체험이 같이 발전하기를 소원하십니다. 필자가 항상 성령집회에서 강조하는 것이 있습니다. 영성이 있고 권능이 있는 목회자나 성도로 변하는 것은 능력이나 권능이 있는 목사에게 안수한번 받아서 뻥 뚫려서 되는 것이 아니라는 것입니다. 성령으로 세례를 받고 전인격이 성령의 지배를 받으면서 진리의 말씀을 깨닫는 만큼씩 영성이 깊어지고 권능이 강해진다는 것입니다. 하나님은 우리 성도들이 말씀을 아는 것과 체험이 같이 가는 영성을 개발하기를 소원하십니다. 어느 한쪽으로 치우치면 불구 영성이 되기 때문입니다. 절대로 진리의 말씀의 비밀을 아는 만큼씩 깊어지는 것입니다.

우리가 성경을 잘 이해하기 위해서 우선 고려해야 할 두 가지 중요한 내용이 있습니다. 즉 첫 번째 고려해야 하는 것은 성경의 배경이 되는 당시의 역사적이고 문화적인 상황에 대한 정확한 지식이 있어야 한다는 것이며, 그리고 두 번째는 성경을 기록한 저자의 배경에 대한 이해입니다. 이 두 가지를 제대로 알기 위해서는 배워야 하는 것입니다. 이 요소들은 성경을 이해하는데 없어서는 안 되는 필수적인 것이며, 이것을 얼마나 많이 그리고 정확하게 아느냐에 따라서 성경을 이해하는데 차이기 생기는 것입니다. 목회자들은 신학교에서 이 부분에 대해서 공부를 하지만 일반 성도들은 잘 알지 못하기 때문에 목회자들로부터 부분적으로 배우게 됩니다. 크게 나눈 이 두 가지는 모두가 육체적인 것들입니다. 즉 사람을 통해서 또는 책을 통해서 배우지 않으면 제대로 알 수 없는 내용이라는 것이지요. 따라서 학교에서 스승을 통해 배워야 하는 것입니다.

우리는 이제까지 이것이 전부인 걸로 알고 지내왔습니다. 그러나 보다 중요한 한 가지를 알지 못한 채로 지금까지 오고 있었는데 그것이 바로 영적 지식이라는 것입니다. 성경은 크게 두 가지로 나누어집니다. 구약이나 신약이나 동일한 것인데 구약의 전반부는 모세 오경으로 이루어져있고 중반부는 역사서들이 차지합니다. 그리고 후반부 이사야서를 시작으로 선지서 즉 예언서로 꾸며져 있습니다. 창세기부터 아가서까지는 이스라엘의 역사를 중심으로 하는 내용들을 다룹니다. 따라서 이들 책을 이해하기 위해서는 역사적 배경을 공부해야 합니다. 신약에서도 공관복음들은 역사적 배경을 가지고 있습니다. 예수께서 사역하시는 당시에 등장하는 여러 가지 제도와 정치 상황을 이해하기 위해서는 이스라엘의 역사를 배워야 합니다. 바벨론 포로에서 느헤미야 시대까지를 이해해야 예수의 출현을 제대로 알 수 있으며, 주님이 하시는 말씀의 배경을 알 수 있게 되는 것입니다.

구약성경은 말라기서에서 그 기록이 끝나며 오랜 세월이 지나 예수께서 등장하시는 때까지 성경은 일단 단절되어 버립니다. 이 시기를 신학자들은 '중간사'라고 부릅니다. 이 기간 동안 이스라엘은 포로에서 귀환 하였지만 페르시아의 통치를 받습니다. 우리가 잘 아는 알렉산더 대왕이 죽자 중동지역은 여러 가지 형태의 정치체제로 분리됩니다. 유대를 지배하는 세력은 소위 '디아도코이'라는 후계자들의 투쟁 마당이 되었고, 이 전쟁에서 승리한 이집트의 프톨레미는 예루살렘을 점령하고 프톨레미 왕조를 세웁니다. 이 시기에 유대인들은 3가지 기둥이라고 불리는 '경전'과 '회당'과 '랍비'에 전적으로 의존하게 됩니다. 이렇게 유지되던 유대는 시리아의 셀류커스 왕조의 통치 밑으로 들어가게 되는데, 이것이 주후 198년에 일어난 '파네아스 전쟁'에서 시리아가 이집트를 이김으로써 이루어집니다. 유대인들은 시리아의 안티오쿠스 3세를 도와 이집트 수비대를 몰아내고 시리아의 통치 아래 들어가게 되는 것입니다.

유대를 지배하는 시리아는 유대인을 팔레스틴 여러 지역으로 분산시키는데 여기서 유대 디아스포라(diaspora)가 시작됩니다. 시리아는 이집트에 대한 공격을 계속했으며 안티오쿠스 4세가 이집트 원정에서 실패하고 돌아왔으며, 이 전쟁에서 왕이 전사했다는 소문이 나돕니다. 이런 혼란스런 기회를 틈타 제사장 야손은 자신의 지위를 확고하게 할 수 있는 기회로 여기고 군사를 동원해서 예루살렘을 점령합니다. 이 소식을 들은 안티오쿠스 4세는 이들을 공격하고 그 대가로 유대인들을 율법에 따라 살지 못하게 하는 법령을 선포합니다. 심지어 성경을 지니는 것까지 금합니다. 예루살렘 성전에는 제우스신을 세우게 되며, 제단도 그 신을 섬기기 위한 구조로 바뀝니다. 이것은 다니엘서의 '멸망케 하는 가증한 것'이었으며 이 말씀은 유대인의 머리속에 뚜렷하게 각인됩니다. 이 두렵고 떨리는 시리아의 통치를 경험한 유대인에게 있어서 성전에서 예배를 드린다는 것이 실제로 무엇을 의미하는지를 잘 알게 됩니다. 따라서 예수께서 다시 이 말씀을 종말과 연관지어 말씀하실 때의 배경이 되는 것이며, 이 말씀을 들은 유대인들은 마지막 때도 역시 시리아의 통치와 같은 처참한 상황이 될 것을 실감하면서 듣게 되는 것입니다.

이 사건 이후 유대인들은 성전 회복을 명목으로 기나긴 투쟁에 들어가는데 그 시작이 '마카비 전쟁'입니다. 율법에 충실하는 많은 사람들이 박해를 받았지만 그런 가운데에서도 온전하게 율법의 전통을 유지하는 사람들이 있었는데 그 대표적인 사람이 제사장 마타디아와 그의 아들들이었습니다. 어느 날 시리아의 군대 몇 명이 이들이 사는 동네에 들어와 제사장에게 이방신의 희생제사를 드려줄 것을 요구합니다. 그는 거부하였고, 그러자 다른 유대인이 나와서 희생제사를 드렸습니다. 이 광경을 본 마타디아는 분노를 이기지 못해서 뛰어나가 재단을 불사르고 그와 병사들을 죽였습니다. 마치 비느하스가 살루의 아들 시므리를 죽인 것과 같았습니다. 율법에 충실한 사람들은 이 사건 후에 모두 마타디아와 그 아들들을 중심으로 뭉쳤습니다. 이런 사건을 계기로 시리아와의 소규모 전투가 계속 이어졌으며,

이것을 일컬어 마카비 전투라고 합니다.

이 전쟁은 게릴라 전투형식을 취하였고 끈질긴 전쟁으로 인해서 마침내 시리아의 안티오쿠스 7세가 죽자 요한 힐카누스의 지도 아래 이스라엘은 유대 왕국을 이루어낼 수 있게 됩니다. 이로써 우리가 복음서에서 흔히 보는 유대의 당파가 시작되는 배경을 만들어냅니다. 유대에는 세 당파가 등장하게 되는데 '사두개파' '바리새파' '에세네파'가 그것입니다. 사두개파는 옛날의 입장을 대변하는 무리였고 다른 두 파는 새로운 사상들을 만들어냅니다. 발전된 사상이 '초월주의'라는 것이며, 이는 메시야의 등장을 고대하는 사상을 이룹니다. 시리아의 패퇴와 이어서 등장하는 로마 제국의 침공으로 유대는 다시금 이방인의 지배 아래 들어갑니다.

이 때 등장하는 세력이 헤롯입니다. 헤롯은 하스몬 왕조를 계승하도록 로마로부터 인정을 받습니다. 이 세력에 대항하는 무리가 생겨나게 되는데 우리가 잘 아는 '열심당'입니다. 여기까지 이해하면 예수께서 등장하게 되는 배경을 알 수 있게 되며, 따라서 복음서를 보다 명확하게 이해할 수 있는 정치적 시대적 상황을 얻게 되는 것입니다.

그래서 이러한 공부는 구약의 역사서와 신약의 복음서를 상황적으로 그리고 정치적으로 이해하는 데는 도움을 얻을 수 있으며 기록된 말씀이 어떤 의미로 선포되었고, 그 말씀을 받는 회중의 당시 태도를 보다 더 잘 이해할 수 있게 해 줍니다. 그러나 성경의 다른 부분인 선지서와 서신서에 대해서는 이런 접근으로는 해결할 수 없는 문제가 있는 것입니다. 구약의 이사야서를 시작으로 신약의 서신서들은 그 저자들이 모두 영적인 사람들이라는 점입니다. 선지자들과 바울은 같은 부류에 속하는 사람들입니다. 신약성경의 대부분을 차지하는 책들을 기록한 바울은 영의 사람이며, 영으로 사도가 된 사람입니다. 그는 그리스도를 육체로 만난 사람이 아니며 영으로 그리스도를 배우고 안 사람입니다. 그가 기록한 책들은 그의 출신배경을 여실히 드러내며 따라서 그의 강조하는 바는 자연히 영의 문제임은 당연한 것입니다.

바울은 여러 곳에서 자세한 설명을 유보하는 태도를 취합니다. 그 까닭은 그의 글을 읽는 사람들이 영적으로 어리고 무지하기 때문입니다. 예수께서도 동일한 입장을 취하는데 제자들이 아직 성령을 경험하지 못했기 때문에 영의 깊이 있는 이야기들은 다음에 오시는 분인 성령께 위임합니다. 그 분이 오시면 가르치고 생각나게 하실 것임을 늘 강조했으며, 사람들로부터 배울 필요가 없을 것임을 말씀하십니다. 이는 바울이 스스로 자신이 얻은 지식은 사람을 통해서 배운 것이 아님을 강조하는 것과 같습니다. 예수와 바울이 강조하는바 사람이 아닌 성령으로부터 배우는 것이 무엇을 의미하는지를 교회는 여전히 잘 알지 못합니다. 사람으로부터 배우는 것은 앞에서 설명한 것과 같은 내용들입니다. 이 역사적 사실들은 사람들을 통해서 전승으로 또는 역사서를 통해서 배워야만 알 수 있는 내용들이며 따라서 당연히 사람을 통해서 배워야 합니다. 그리고 그 내용은 무척 중요한 것입니다.

신학교에서 우리는 이런 내용들을 배웁니다. 해석학이나 주석학 등은 모두 사람을 통해서 배우는 역사학과 같습니다. 철학 역시 그렇습니다. 이런 지식을 배경으로 성경을 이해하며 가르칩니다. 이것이 전부라고 생각하며, 성령의 가르침에 대해서는 아는 바가 없으므로 가르치지 못합니다. 실제로 이 부분은 사람의 가르침의 대상이 아닙니다. 영의 증거와 성령의 인도하심을 받으면서 살아온 선지자들과 바울을 이해하기 위해서는 그들의 삶을 구성했던 영적 삶을 알지 못하고는 그들의 저술인 선지서와 서신들을 제대로 알 수 없는 것은 당연합니다. 그들이 성경을 기록하게 되는 배경을 이루는 영적 삶을 이해하기 위해서는 반드시 우리 역시 영적 삶을 살아야 합니다. 이것이 사람으로부터 배우는 것이 아니라 자신의 삶을 통해서 가르치시는 성령의 인도를 따르는 공부 방식인 것입니다. 이런 영적 삶을 제대로 이해하기 위해서는 영적 지식이 필요합니다. 자신에게 일어나는 영적 변화와 의미를 알지 못한다면 우리는 성경을 제대로 이해할 수 없게 됩니다.

바울이 기록한 말씀은 바울이라는 사람의 영적 성향을 반영합니다. 그의 영성은 영이신 그리스도 중심입니다. 영의 다양한 세계를 경험하고 그 배경에서 서술한 서신들을 이해하기 위해서는 바울의 영적 배경을 알아야 합니다. 그것은 설명으로 가능한 것이 아니며, 우리 스스로 경험하고 그 의미하는 바를 배워야 합니다. 저의 글은 여러분들이 겪게 되는 다양한 영적 경험이 바울이 성경에 기록한 것들과 어떤 일치점을 이루며 따라서 그 배경이 성경의 어떤 구성을 이루는데 사용되었는지를 이해하는데 도움을 얻게 하기 위해서입니다. 선지자가 예언을 받을 때 느끼는 감정의 변화와 그리고 그 말씀을 하나님의 것으로 받아들이기까지 겪는 갈등의 내용들을 여러분도 예언을 직접 경험함으로써 보다 더 실감나게 이해할 수 있게 됩니다. 바울이 빌립의 딸들의 예언을 거의 무시하다시피 하면서 사지와 같은 예루살렘으로 올라가게 되는 배경이 무엇인지를 성숙한 예언을 경험함으로써 깨닫게 되며, 따라서 우리의 예언이 어떻게 성숙되어야 할지를 알게 되는 것입니다.

우리에게 주어지는 영적 경험들은 성경을 보다 더 잘 이해하고 바르게 적용할 수 있는 자신감을 얻도록 하기 위해서 하나님의 뜻대로 성령께서 성도들에게 주시는 은혜입니다. 영적 경험이 풍성해질수록 우리는 성경을 보다 더 잘 이해할 수 있게 됩니다. 역사적인 사실을 공부하는 것은 성경의 반을 이해하는 것이며, 나머지 반을 이해하기 위해서는 영적 지식을 얻어야 합니다. 영적 지식은 머리로 얻는 것이 아니며, 누구의 설명을 들어서 아는 것도 아닙니다. 자신이 직접 경험할 때 이해할 수 있게 되고, 그 때 필자의 글과 같은 내용에서 얻은 지식이 도움이 되며, 확증하는 힘을 얻게 되는 것입니다. 필자의 글은 당신의 영을 깨워서 체험을 극대화 하는 것이 목적입니다. 당신은 필자를 통해서 알게 된 이 지식은 당신이 지금 경험하고 있거나, 앞으로 체험하게 되는 사실을 확증하는 데 도움이 될 것입니다. 장차 체험하게 될 영적인 일을 명확하게 깨닫는데 유용한 지식이 될 것입니다.

역사적 사실을 공부하는 것 이상으로 영의 증거에 대한 공부도 해야 합니다. 그런데 애석하게도 우리 교회는 이 부분에 있어서 도의 초보에 지나지 않는 것들을 전부인 것처럼 오해하고 더 이상 나가려고 하지 않으며, 그 이상은 신비주의라고 하는 말로 우리를 가로막고 있습니다. 이는 마치 금단의 영역을 설정하고 어리석은 백성들을 그 영역에 들어가지 못하도록 막았던 가톨릭에서 해온 오랜 악습의 연장을 보는 것 같습니다.

우리는 성경을 보다 더 잘 이해하고 적용하기 위해서 반드시 영의 지식을 갖추어야 합니다. 이제까지 역사적 지식은 알만큼 알게 되었습니다. 그러므로 이제부터는 거의 황무지와 같은 영의 영역을 개척하는 노력이 필요한 때입니다. 영의 무궁한 자원을 교회 앞에 내어놓기 위해서는 책상머리를 떠나 깊은 기도와 묵상과 고난의 긴 터널로 들어가야 합니다. 범을 잡으려면 범의 굴로 가야 하듯이 영의 세계를 알고자 하려면 험난하고 위험한 영의 세계로 들어가야 합니다. 그곳에는 선지자들과 사도 바울이 간 길이 열려질 것입니다. 이것을 이해할 때 우리는 비로소 선지서를 주해할 수 있는 자격을 얻게 될 것입니다.

# 15장 영적으로 민감한 사람이 되는 비밀

하나님께서는 우리 성도들이 하나님의 역사를 알고 느낄 수 있는 민감한 영성을 개발하기를 원하십니다. 하나님은 영이십니다. 즉 쉽게 표현하면 영은 형체가 없습니다. 하나님은 형체가 없어요, 그래서 우리를 통하여 그 형체를 만들어 가고 계신 것 입니다. 영은 우리의 개개인에게서 방출되는 파동입니다. 이 파동은 상대에게 직접적으로 감정을 느끼게 할 수도 있고 둔한사람에게는 그 느낌이 없습니다. 보통사람들은 이 영의 파동을 대다수 느끼지 못 합니다. 영에는 사람의 영과 하나님의 영이 있어요. 우리가 사람의 영으로 살다가 예수님을 만나서 아들의 음성(파동)을 듣고 살아난 후 부터는 하나님의 영으로 살게 됩니다. 즉 하나님의 영과 주파수가 같은 성령으로 살게 되는 것 입니다. 이런 일들은 영적으로 라야 분별 할 수가 있습니다.

사람에 따라서 감성이 풍성하거나 신경이 예민한 사람이 있습니다. 특히 감각적으로 예민해서 다른 사람들이 느끼지 못하는 세밀한 부분들을 놓치지 않고 잘 느끼는 사람이 있습니다. 이 기능을 천부적인 것이기 때문에 노력해서 얻는 것이 아니라고 봅니다. 물론 자신에게 주어진 기능들은 훈련을 받으면 그것이 지닌 능력을 최대한으로 사용할 수 있다는 점에서 배우고 훈련하는 것이 중요하지요. 그러나 그 기능이 미약하거나 전혀 없는 사람에게는 배우고 훈련하는 일이 별로 도움이 되지 않습니다. 세상의 모든 기능을 다 소유한다는 것은 불가능하듯이 자신에게 전혀 없는 것이 분명히 있습니다.

잠재되어 있는 능력이 얼마나 크고 강한지는 당사자도 모르는 경우가 많습니다. 그러므로 그 능력과 기능이 서서히 표면으로 들어나기 시작하며 때가 이르면 더욱 강력하게 나타나기 시작하는 것입니다. 이때에 그것에 대한 지식이 부족하면 제대로 개발이 되지 않고 다시 침체되고 마는데 특히 영적 민감성의 부분에 있어서 이 원리는 중요합니다. 누구나 차이는 있지만 성령으로 거듭나게 되면 그 민감성이 표면으로 들어나기 시작하는 것입니다. 특별히 그 민감성으로 인해서 사역하게 되기로 작정되어 있는 소수의 사람들에게는 어릴 적부터 서서히 그 증상이 들어나기 시작하지요. 하나님이 주신 직임은 어려서부터 그 증거들이 들어나는 것은 때가 이르면 그 사람이 이를 인식하게 하기 위함입니다.

본격적으로 그 직임에 사용될 시기에 자신에게 그런 능력이 임해 있었다는 것을 확신하게 하기 위해서 어려서부터 그 기능을 부분적으로 경험하게 하는 것이지요. 이것이 천부적인 기능인데 그렇기 때문에 어려서 이런 부분을 찾아내어 바로 교육하는 것이 중요합니다. 그러나 일반적인 평범한 사람들에게 있어서 이 특성은 좀처럼 들어나지 않고 잠재되어 있거나 특별한 계기가 아니면 찾기가 쉽지 않습니다. 그것은 특별한 한 부분의 일을 행하도록 확정되어 있지 않고 폭넓게 쓰여질 수 있는 일반적 성향을 지니고 있기 때문이지요. 특수한 일에 쓰임을 받을 사람은 오로지 그 기능 이외는 별로 다른 기능이 없으며, 그래서 일찍부터 그 기능을 전문적으로 익힐 필요가 있지만 보편적인 일을 행할 사람은 그럴 필요가 없는 것이지요.

영적으로 특별히 민감한 사람은 영적인 일에 관여할 기회를 많이 얻게 됩니다. 다른 사람들이 느끼지 못하는 부분을 느낀다는 것은 당사자에게 괴로운 일이 될 수도 있습니다. 늘 환상이 보이거나 영적 증거들이 몸으로 느껴지거나 영적 에너지의 흐름이 느껴진다면 그것을 경험하지 못한 사람들은 호기심에 좋을 것이라고 생각하지만 당사자는 괴롭습니다.

이것은 마치 날마다 꿈을 꾸는 사람이 그 꿈의 내용이 별로 유익하지도 못한 속칭 개꿈이라면 그 꿈 때문에 깊은 잠을 자지 못해서 항상 피곤하지요. 그래서 꿈을 꾼다는 것이 괴로운 일입니다. 꿈을 꾸지 않고 깊이 잠드는 것이 그 사람에게는 소원이 됩니다. 이처럼 의미 없이 나타나는 영적 증상들은 당사자에게 혼란을 일으키고 괴로움을 주는 것입니다.

자신이 원하지도 않는데도 불구하고 그런 증상들을 수시로 경험하고 있다면 다른 사람들에게 말할 수도 없고 말하면 오히려 이상한 사람으로 여기거나 어딘가 잘 못된 사람으로 취급하기 때문에 더욱 괴로운 것입니다. 영적으로 탁월한 민감성을 지닌다는 것은 참으로 귀한 일이지만 그 의미를 모른다면 그것은 오히려 괴로운 일이 됩니다. 요셉은 형제들에 비해서 꿈을 지나칠 정도로 자주 꾸었습니다. 그렇기 때문에 형제들로부터 놀림을 받았고 마침내 그 일로 인해서 인신매매를 당하고 맙니다. 어린 나이게 형제들로부터 팔려가게 되었다는 그 사실은 요셉에게 무척 충격적이었을 것이 분명합니다. 타고난 선함으로 이 불행을 극복해낼 수 있었지만 일반적이라면 그의 마음에는 씻을 수 없는 깊은 상처를 만들어내고 꿈을 다시는 꾸려고 하지 않았을 것입니다.

요셉은 꿈에 대한 탁월한 민감성으로 인해서 결국 총리에 오를 수 있었습니다. 한때 자신을 불행으로 몰아갔던 그 꿈의 기능이 결국 자신과 가족을 구원하는 중대한 요소가 된 것입니다. 요셉은 꿈을 떼어놓고는 생각할 수 없는 사람입니다. 이렇듯 영적 민감성은 천부적인 것이며, 그 기능을 제대로 알고 있다면 매우 유익할 수 있는 것입니다. 영적인 일에 대부분은 영적 민감성을 필요로 합니다. 이것이 없이는 사실 영적인 일을 할 수 없습니다. 제사장적인 일은 책에 기록되어 있고 선배들이 있기 때문에 그들로부터 배우면 됩니다. 그렇기 때문에 영적 민감성이 없어도 능히 해낼 수 있는 것입니다. 그러나 선지자의 일은 민감성이 없으면 절대로 해낼 수 없는 특별한 일입니다. 개별적이고 특수하기 때문에 구체적인 전례가 없는 것입니다.

제사장적인 일에 속하는 오늘날의 목회의 일은 영적으로 민감하지 않아도 할 수 있는 일입니다. 선배들이 있고 신학교에서 그 절차와 과정들을 배우고 다른 목회자들과 수시로 정보를 교류하기 때문에 능히 행할 수 있습니다. 엄격히 말해서 이런 일들은 영적이라기보다는 육적입니다. 학문적 배경과 노력으로 잘 감당할 수 있지요. 이런 수준에서 벗어나지 못한 목회자는 육체의 일 이상은 할 수 없으며, 그런 목회는 세속적일 수밖에 없습니다. 그러나 선지자가 행했던 것과 같은 일들은 영적 민감성이 탁월하지 않고는 결코 감당하기가 쉽지 않습니다. 이것은 다른 사람을 흉내 내서 될 일도 아니며, 자신의 노력으로 되는 것도 아닙니다. 더욱이 성경을 열심히 상고한다고 되는 일은 더욱 아닙니다. 이스라엘 사람들이 성경을 열심히 상고했지만 주님이 오실 때는 정작 아무런 도움이 되지 않았습니다.

영적 민감성은 하나님의 계시하심을 받아들이는 중요한 기능입니다. 이것이 없으면 특별히 단회적으로 하나님의 주권적인 역사는 경험할 수 있지만 일상에서 하나님의 계시하심을 지속적으로 파악하고 이해할 수는 없습니다. 일반적 수준을 넘어서는 특별한 영적 민감성은 개발하여 얻을 수 있는 것이 아니라 선천적으로 하나님이 정한 사람에게 특별한 목적으로 주시는 것이므로 민감성을 지닌 사람은 그 목적이 무엇인지를 알아내야 합니다. 그런데 하나님은 이 부분에 있어서 우리에게 이미 주어진 기능들을 사용하시게 하는 원칙을 가지고 계십니다. 하나님은 특별한 사람 가운데 아주 특별한 경우(사도와 선지자)를 제외하고는 직접적으로 계시하시는 일을 행하지 않으신다는 것입니다.

하나님은 이스라엘에 수많은 선지자들을 불러내셨습니다. 셀 수도 없이 많은 선지자들은 모두 특별한 사람들입니다. 그런데 그 모든 선지자들을 다 특별한 방법으로 인식시키신 것이 아닙니다. 우리가 성경에서 만나는 일부 선지자들의 경우 그들에 대한 기록의 서두에서 "여호와의 말씀이 모년 모월 모일에 선지자 모모에게 임하니라"라고 기록하였음을 보아, 그 선지자를 하나님이 개별적으로 불러내셨음을 알 수 있습니다. 그리고 그런 부르심을 받은 선지자는 즉각 순종해서 선지자의 길로 나갔습니다.

그러나 그 밖의 대부분의 이름 없는 선지자들은 그런 개별적인 부르심이 없이 선지자의 일을 행하였습니다. 특별히 엘리사의 경우는 스승을 통해서 부르심을 받아 사역을 행한 선지자입니다. 이처럼 개별적인 부르심의 증거도 없이 사역을 행하는 사람이 대부분이었고 이들은 선지자 학교에서 자신에게 주어진 기능들을 배우고 익혔습니다.

영적 민감성을 지녀 남들이 경험하지 못하는 부분을 집중적으로 보거나 느끼는 사람은 반드시 그 목적을 이해해야만 자신에게 유익하고 하나님의 뜻을 이루어낼 수 있는 것입니다. 그러므로 영적 민감성은 영적인 일에 자신이 쓰임을 받을 수 있는 가능성이 풍부한 사람이라는 사실부터 이해해야 합니다. 자주 꿈을 꾸는 사람이거나 자주 환상을 보는 사람이거나 자주 소리를 느끼는 사람이라면 영적 민감성이 있는 사람입니다. 자신의 몸에 수시로 어떤 에너지가 흘러 들어오거나 나가는 것을 느낀다면 역시 그렇습니다. 낯선 장소에 가거나 사람을 대할 때 에너지의 흐름을 느끼고 그 기분이 어떠한지를 느낄 수 있다면 자신은 영적인 일을 해야 하는 사람이라고 보아야 합니다.

앞에서 언급했듯이 목회의 일은 평범한 신앙의 열정을 지닌 사람이면 누구나 할 수 있는 일입니다. 그러나 능력 사역은 그렇지 않습니다. 물론 목회의 일도 능력을 갖추면 더 잘 할 수 있습니다. 그러나 일반적으로 언급하면 지식만 풍성해도 잘 할 수 있는 배경이 만들어져 있습니다. 그것이 올바르냐 아니냐는 여기서 언급할 대상이 아닙니다. 영적 민감성은 하나님의 영을 느끼기 위해서 특별한 사람에게 주어진 특별한 기능입니다.

물론 모든 사람들에게 이런 기능이 있습니다. 그러나 그 수준에 있어서 엄청난 차이가 있습니다. 모든 그리스도인이 다 질병을 치유할 수 있습니다. 그러나 그 일을 집중적으로 행할 수 있는 사람은 아주 소수입니다. 이렇듯이 영적 민감성이 특별한 사람은 결코 많지 않으며 이 기능을 개발하기 위해서는 지혜가 필요하고 훌륭한 지도자가 필요합니다.

# 16장 형상을 보고 이해하는 영성을 개발하는 법

　형상을 보고 영적으로 이해하기 위해서는 영적인 관심이 중요합니다. 영적인 파동을 가지고 형상을 그려내야 하기 때문입니다. 영적으로 예민한 사람들은 순간적으로 그 파동을 느낍니다. 그 파동이라는 것은 꼭 물질에서만 나오는 것이 아닙니다. 사람들 개개인에게서도 그 파동은 각각 다른 주파수대에 있지만 끊임없이 방출하고 있습니다. '좋은 파동' '나쁜 파동' 좋은 파동은 상대에게 떨림을 주고 영적 감동을 주고 행복을 주지만 나쁜 파동은 상대에게 불쾌함, 불안, 감정적인 흥분 등을 줍니다. 이런 원리는 하나님이 만들어 놓은 시스템의 일부분입니다.

　이런 파동을 느끼면서 형상을 그려내려면 영적으로 민감해야 합니다. 영적으로 민감하다는 것은 영적인 일에 관심이 남다르게 많다는 것을 의미합니다. 관심이 많아야 발전이 있는 법입니다. 세상의 일에도 관심과 흥미를 가지고 있어야 성공할 수 있는 것이지요. 관심과 흥미가 있으면 그 일에 깊이 관여하게 되고 그에 따라서 여러 형태의 도움을 받을 수 있게 됩니다. 무슨 일이든 전문가가 되기 위해서는 먼저 관심과 흥미로부터 시작하는 것처럼 영적 성장 역시 관심과 흥미로부터 시작하는 것입니다.

　관심이 있게 되면 그 일에 모든 것을 걸게 됩니다. 관심과 흥미가 있게 되면 오로지 그 일만 생각하게 됩니다. 요즘 골프를 치는 사람들이 많아지고 있는데 처음 골프를 배우기 시작하면 푸른색만 보면 모두 그린 같고 그물만 보면 모두 연습장 같게 보입니다. 자나 깨나 골프만 떠오릅니다. 막대기만 잡으면 자기도 모르게 휘두르게 됩니다. 어떤 운동이나 오락에 빠져 들면 그 일만 생각납니다. 바둑을 처음 배우는 사람은 사각 무늬만 보면 모두 바둑판 같이 보입니다.

관심과 흥미가 그 일에 깊이 빠지게 만들고 그렇게 해서 전문가가 되는 것입니다. 이처럼 영적인 일에도 마찬가지로 관심과 흥미가 있어야 영적 발전이 이루어지는 것입니다. 그런데 이렇게 민감해지면 우리 마음속에 스스로를 통제하려고 하는 생각이 일어나게 됩니다. 이런 생각이 드는 것은 절제하고 균형을 유지하기 위한 것이라고 봅니다. 너무 지나친 것 역시 바람직하지 못하기 때문입니다. 관심과 흥미를 가지는 것은 좋지만 너무 지나치면 해로울 수 있기 때문입니다. 우리는 이런 교육을 항상 받고 자랐습니다. 모든 일에 절제하고 적당히 하여야지 너무 깊이 빠지는 것은 위험하다는 식의 교육을 받고 있기 때문에 한 가지 일에 너무 깊숙이 빠져 드는 것은 바람직하지 못하다고 생각하는 것입니다.

이런 교육을 받고 자랐기 때문에 일반적인 사람들은 어느 정도의 경계선을 긋고 그 선을 넘어가지 않으려고 합니다. 그런데 이런 일반적인 생각은 평범한 사람들에게 해당하는 말입니다. 일반인들은 자신이 하는 일이 따로 있지요. 그래서 어떤 일에 빠지게 되면 자신이 하는 일을 소홀히 하게 됩니다. 그래서 적당한 수준에서 절제를 하는 것이지요. 그러나 전문가가 되고자 하는 사람은 이런 편견에서 벗어나야 합니다.

전문가가 되기 위해서는 평범한 수준을 넘어서야 합니다. 그 일에 완전히 빠져들지 않으면 절대로 전문가가 될 수 없습니다. 영적인 일에 전문가가 되려면 오로지 영적인 일에만 관심을 가지고 자나 깨나 그 일에만 골몰해야 합니다. 훌륭한 선수가 되려면 밤낮을 가리지 않고 오직 한 가지에만 매달려 죽기 살기로 연습하지 않습니까? 영적인 일에도 마찬가지입니다. 자나 깨나 오로지 영적인 일에만 정신을 집중하고 그 변화에 민감해야 합니다. 사람들이 무어라 해도 신경 쓸 필요가 없습니다. 사람들 눈치를 보고 그들의 말에 신경을 쓰는 것은 팔러 가는 당나귀처럼 됩니다. 일반인들은 아마추어입니다. 아마추어는 프로의 일을 모릅니다. 성공하는 사람은 특별하기 때문에 성공하는 것입니다. 남들과 같다면 어떻게 성공할 수 있겠습니까?

비난도 받고 오해도 받습니다. 이것은 성공으로 나아가는 과정에서 반드시 듣게 되는 말입니다. 이것이 신경 쓰여 적당히 타협하면 절대로 성공하지 못합니다. 성공하고 나면 모든 것이 인정받게 됩니다. 성공하지 못하면 모든 것이 어리석은 일이 되고 맙니다. 성공은 극단적이 모험을 바탕에 깔고 있습니다. 모험 없는 성공은 없습니다. 성공하기까지 무수한 비난과 오해를 받게 됩니다. 그러므로 이런 것을 극복해야 합니다. 전문 사역자가 되기 위해서는 영적인 일에 남다른 열정과 깊은 관심을 가져야 합니다. 영적으로 매우 민감하지 않고는 영적으로 성공할 수 없습니다. 자신의 주변에서 일어나는 일을 예사롭게 보면 안 됩니다. 모든 일이 영적인 것과 연관되어 있습니다. 세상 사람들은 영적으로 둔감해서 그런 변화에 대해서 그 의미를 알지 못합니다. 그러나 영적으로 민감해지면 그 의미를 정확하게 파악할 수 있게 됩니다. 정확하게 의미를 알아야 그에 맞게 대응할 수 있는 것입니다. 어설픈 아마추어들이 많기 때문에 일이 복잡해지고 꼬입니다. 세상의 일 역시 마찬가지입니다. 전문가가 없기 때문에 많은 시행착오를 겪고 그에 따라서 손실과 고통을 당하게 됩니다.

영적인 일에 전문가가 되어야 합니다. 이제까지는 솔직히 말하면 전문가가 극히 드물었습니다. 아마추어 수준으로 대응하였기 때문에 문제가 수없이 많았습니다. 그럼에도 불구하고 그런 문제를 문제로 제기하지 못했습니다. 세상일 역시 그랬습니다. 불이익을 받고 있으면서도 어디에 하소연하지 못하고 속으로 삭이고 말았습니다. 그러나 이제 세상은 바뀌고 있습니다. 여러 가지로 불이익에 대한 제의를 하게 되었습니다. 이제까지는 당하고만 살았는데 이제는 합법적인 절차를 통해서 항의하는 시대가 되었습니다. 아직도 여러 부분에서 미흡하지만 과거에 비해서 상당히 변화되었습니다. 파업이나 소송 등을 통해서 피해를 구제 받으려는 움직임이 활발합니다.

영적인 분야에서도 이제까지는 그저 참고 지내는 시절이었지만 이제는 상황이 달라지고 있고 달라져야 합니다. 어설픈 지식과 경험으로는 되지 않는 시대가 되고 있는 것입니다. 손해를 보고 가만히 참아야 하는 세대는 지나가고 있습니다. 이제는 잘못된 가르침으로 인해서 생긴 손해를 그냥 넘기지 않는 세대가 오고 있는 것입니다. 영적인 일에도 책임을 지는 분위기가 만들어지고 있습니다.

아마추어 식으로 무조건 믿으라는 말은 이제 설득력이 없습니다. 철저한 검증과 전문가적인 식견으로 무장된 전문 사역자 시대가 열리고 있는 것입니다. 과거에는 그저 은사를 받아 주먹구구식으로 환자에게 안수하고 나으면 다행이고 낫지 않으면 믿음이 없어서 그랬다는 식으로 환자에게 책임을 미루는 것은 더 이상 설 자리가 없을 것입니다. 정확한 진단과 그에 따른 조치를 통해서 문제를 해결하는 능력이어야만 존재할 수 있게 됩니다.

철저한 전문가 의식을 가지고 전문적인 지식을 갖춘 능력 사역자가 등장해야 합니다. 이제까지는 지식을 갖추지 못했기 때문에 목회자들에게 따돌림을 당하고 무시를 당했습니다. 전문 지식이 없었기 때문에 전문 지식으로 무장된 목회자들에 비해 열악한 처지에 있었습니다. 그러나 이제는 그렇지 않습니다. 전문지식을 갖추고 그 분야에서는 목회자를 월등히 능가함으로써 함부로 무시당할 수 없습니다. 오히려 당당하게 주어진 의무와 책임을 다하게 됩니다.

영적 지식과 능력은 주님으로부터 온 귀한 것입니다. 주의 선택된 일꾼으로 세움을 받았기 때문에 이 일을 귀하게 생각하고 사람들에게서 귀한 대접을 받아야 합니다. 그러기 위해서 영적으로 민감해야 하며 철저한 훈련과 지식으로 무장해서 주님이 주신 귀한 은사가 사람들로부터 무시되는 일이 없어야 합니다.

운동선수가 철저히 훈련하고 기술을 익히는 피나는 노력으로 성공할 때 그 운동이 사람들로부터 인정을 받고 사랑을 받습니다. 몇 사람의 투철한 선수로 인해서 그 운동이 사람들에게 인기를 끌고 귀하게 대접 받게 됩니다.

이와 같이 몇 사람의 능력 있는 전문가의 출현으로 그 분야가 사람들에게 인정받게 되는 것입니다. 지금까지 능력 사역자는 교회의 중심에서 벗어나 있었습니다. 그러나 능력 사역이 교회의 중심이 되어야 하는 것은 아주 분명한 일입니다. 예수님이 우리에게 오셔서 하신 일이 그 일이었으며 주의 제자들에게 이 능력을 주어 세상 끝까지 복음을 전하라고 했습니다.

교회는 능력을 떠나서는 존재할 수 없는 것입니다. 그럼에도 불구하고 능력이 교회에서 왜 푸대접을 받고 있습니까? 그 이유는 은사를 받은 사람들이 철저한 훈련과 교육을 받지 못해서 전문가의 수준에 이르지 못하였기 때문입니다. 어설픈 아마추어적인 지식과 능력으로도 사역을 해 왔던 구멍가게 시대는 사라지고 있습니다. 다양한 능력과 고도의 전문적인 지식으로 무장한 전문가 사역자의 시대가 열리고 있는 것입니다.

싸구려만 있을 때는 그 물건이 형편없었다는 것을 모릅니다. 그러나 품질이 우수하고 디자인이 세련된 물건이 시장에 등장하면 싸구려는 더 이상 시장에 존재하지 못하게 되듯이 철저한 영적 지식과 능력으로 무장한 전문사역자가 등장하면 어설픈 사역자는 사라지게 됩니다. 세상은 고도의 전문지식과 무한한 경쟁의 시대에 들어섰습니다. 국경 없는 무한 경쟁의 시대에 교회 역시 그렇게 될 것입니다. 이런 무한 경쟁의 새 시대를 맞이하는 젊은 세대에게 영적 민감성은 훌륭한 지도자로 세워질 수 있는 귀한 자질입니다. 영적으로 항상 민감해서 자신에게 일어나는 변화를 놓치지 않고 그 의미를 철저하게 분석하여 능력 있는 사역자로 세워지기를 바랍니다.

싸구려만 있을 때는 그 물건이 형편없었다는 것을 모릅니다. 그러나 품질이 우수하고 디자인이 세련된 물건이 시장에 등장하면 싸구려는 더 이상 시장에 존재하지 못하게 되듯이 철저한 영적 지식과 능력으로 무장한 전문사역자가 등장하면 어설픈 사역자는 사라지게 됩니다. 세상은 고도의 전문지식과 무한한 경쟁의 시대에 들어섰습니다. 국경 없는 무한 경쟁의 시대에 교회 역시 그렇게 될 것입니다. 이런 무한 경쟁의 새 시대를 맞이하는 젊은 세대에게 영적 민감성은 훌륭한 지도자로 세워질 수 있는 귀한 자질입니다. 영적으로 항상 민감해서 자신에게 일어나는 변화를 놓치지 않고 그 의미를 철저하게 분석하여 능력 있는 사역자로 세워지기를 바랍니다.

# 3부 눈이 열리는 영성을 개발하는 법

## 17장 체험하며 눈이 열리는 영성을 개발하는 법

하나님은 성도들에게 체험하며 영적인 지식의 폭을 넓히도록 성령으로 인도하십니다. 성령의 역사하심은 우리가 전혀 이해할 수 없는 것으로 나타나는 경우가 너무도 많습니다. 일반적으로 교리와 말씀에만 치우쳐 있는 사람들은 이런 현상을 거부하며 하나님은 인격적인 분이시기 때문에 그렇게 모호하게 행하시지 않으신다고 주장합니다. 영적인 사역의 현장에서 수많은 경험을 거친 제가 내리는 결론은 우리가 성령에 대해서 너무도 무지할 뿐만 아니라 알려고도 하지 않고 있다는 것입니다. 높고 견고한 선입관을 만들어놓고 그것을 지키려고 너무도 애쓰는 모습을 보게 됩니다. 이런 모습은 유대인들이 메시야에 대한 고정관념에 깊이 박혀 있어서

'나사렛에서 무슨 선한 것이 나오겠느냐' '개천에서 용이 날 수있느냐!'라고 했던 것과 똑 같은 태도를 지금도 우리는 취하고 있는 것입니다.

질병과 어려운 문제와 귀신이 들려 고통당하는 사람들에게 나아가 그들이 겪는 어려움에 대한 설명을 하게 되면 평범하고 때로는 성경에 무지하기도한 사람들은 잘 받아들입니다. 그러

나 신앙생활을 어느 정도 했고 말씀도 어느 정도 알고 있다고 자신하는 사람들은 딴죽을 겁니다. 성경에 그런 말씀이 어디 있느냐는 겁니다. 이런 모습도 역시 유대인을 닮았습니다. 성령의 역사는 우리가 알고 있는 수준을 넘어서는 경우가 너무도 많습니다. 10여 년간 질병으로 고통당하는 목회자가 있었습니다. 자신이 당하는 고통에 대한 나름대로의 해석을 가지고 있었습니다. 그러나 그 해석은 올바르지 못했습니다. 성령이 주시는 지식과 지혜의 말씀으로 그 병을 치유했습니다. 그러자 그 목회자의 입에서 이런 말이 나옵니다.

"하나님은 인격이신데 왜 저에게는 그런 사실을 가르쳐주지 않았는지 도무지 이해가 되지 않습니다. 저에게 말씀하시면 이런 고통스런 세월을 지내지 않았을 것이 아닙니까?"그렇습니다. 이성이 온전하고 신학적으로도 문제가 없는 그 목회자에게 하나님은 왜 깨닫지 못하게 했을까요?

어떤 사람은 10여 년 동안 병 고침을 받으려고 이곳저곳을 다 다녔습니다. 그럼에도 불구하고 전혀 고침을 받지 못했습니다. 그러던 그가 어느 날 저를 만나게 되었습니다. 그러자 그토록 오랫동안 괴로움을 주던 병이 씻은 듯이 나았습니다. 왜 그럴까요? 이것에 대한 설명이 성경에 있습니까? 하나님은 어떤 사람에게는 침묵하는 일을 어떤 사람에게는 개방합니다. 왜 그렇습니까? 이것도 성경에 있습니까? 성경으로는 전혀 알 수 없는 일이 우리 가운데는 너무도 많습니다. 그래서 우리는 말씀에는 통달했지만 역사하심에는 전혀 무지한 사람이 너무도 많은 것입니다. 이것은 다른 차원의 통로를 통해서 배워야 하는 내용들입니다. 즉 성령과 동행하면서 직접 느끼고 깨달아야 하는 부분들이지요. 이것이 우리들이 안고 있는 대부분의 현실적이고 실제적인 문제들에 대한 접근법이기도 한 것입니다.

어떤 분들은 하나님을 실용적으로만 알려고 하면 안 된다고 말하기도 합니다. 그런 말을 하는 사람이 자신에게 죽을병이 들고, 사랑하는 가족이 미쳐서 날뛰며, 까닭 없는 재난이 끝없이 일어나고, 하는 일마다 실패로 돌아간다면 과연 하나님을 실용적으로 믿어서는 안 된다는 말을 자신 있게 할 수 있는지를 묻고 싶습니다. 우리 주변에는 알 수 없는 일로 인해서 끊임없이 고통을 당하는 사람들이 너무도 많다는 사실을 우리는 알아야 합니다. 흑사병이 전 유럽을 휩쓸 때 그 병이 무엇 때문에 생기는지 알 수 없었습니다. 성경은 그 일에 대해서 전혀 언급하지 않고 있었습니다. 그래서 나름대로 이렇게 저렇게 해석해보았지만 전혀 도움이 되지 않았습니다. 전 유럽 인구의 3분지 1이 죽어가도 속수무책이었습니다. 이 때 하나님은 무엇을 하고 계셨겠습니까? 그 인격적인 하나님이 도대체 어디서 무엇을 했나요?

우리는 알 수 없는 일로 인해서 고통당할 때 갈등에 휩싸이는 것입니다. 그것을 알아내지 않으면 그와 같은 고통은 다시 반복될 수밖에 없습니다. 성경에 기록되어 있지 않은 내용들 그리고 기록되어 있다고 해도 너무도 포괄적이어서 '이현령 비현령'

식의 모호함만 가져다주는 내용들에 대해서 우리가 구체적으로 접근해서 알아내는 길이 영의 사역입니다. 영적 사역을 행할수록 우리는 모호했던 성령의 역사하심에 대해서 점점 구체적으로 알아가게 됩니다. 집회에서 다른 사람들은 아무렇지도 않은데 어떤 사람에게 갑자가 성령이 임해서 웃거나 울거나 쓰러지거나 함으로써 분위기를 이상하게 만드는 경우가 있습니다. 이럴 때 이성적인 사람들은 성령은 인격이시기 때문에 저렇게 비인격적인 일을 하시지 않는다고 단정하고 그 사람에게 임한 영은 악령이라고 단정합니다.

토론토 공항교회에서 일어나는 현상에 대한 비판이 그런 차원에서 나오는 것이지요. 우리의 무지함은 생각하지 않고 어설프게 만들어 놓은 교리와 신앙관으로 모든 것을 판단하고 정죄하기도 합니다. 그와 같은 역사를 일으켜 본 경험이 없는 사람은 원칙적으로 그런 것들을 평가할 자격이 없습니다. 병자 한 사람이라도 치유해 본 경험이 없는 사람은 치유에 대해서 언급할 자격이 없는 것입니다. 전문가가 되지 않고서는 전문가의 영역을 판단한다는 것은 월권이요, 주재 넘는 일이기도 한 것입니다. 영적인 일은 영을 분별하는 능력이 있어야 하고, 특히 선지자로서의 직임이 주어지지 않았다면 함부로 판단하는 일을 삼가야 합니다. 모르면 모른다고 해야 하는 것입니다. 판단할 자격이 없이 판단하면 그런 행위는 죄가 되는 것입니다.

종말론에 대해서도 우리는 '환란후 재림'과 '환란전 재림'이라는 두 가지 교리를 가지고 있습니다. 적어도 어느 하나는 틀린 것이 분명하며 극단적으로는 두 가지 다 틀릴 수도 있습니다. 그러나 이 모든 것이 철저히 성경을 바탕으로 만들어진 교리라는 점을 부인할 수 없는 것입니다. '예정론'과 '부분예정론'역시 그렇습니다. 우리는 성경을 가지고 있지만 알 수 없는 영역이 너무도 많은 것입니다. 영의 일을 확정하기까지는 많은 시행착오가 있게 됩니다. 제가 깨닫고 확정하기까지 많은 세월이 필요했습니다. 저의 글을 읽다가 보면 공감하게 되고 자연스럽게 이해하고 알게 되실 것입니다. 그것은 세월을 뛰어넘어 확정하는 수단이 되는 것입니다. 저는 어떠한 내용을 확정하여 받아들이기까지 동일한 경험을 수도 없이 거쳤습니다. 그래서 그 일에 대한 이해가 믿음으로 확정되게 되었지요. 그러나 책을 읽는 분은 그런 수고를 할 필요가 없게 되는 것입니다. 책을 읽는 분을 통해서 새롭게 확정해야 할 내용들은 제가 겪는 것과 같은 오랜 세월의 반복적인 경험을 하여야만 하지만, 그럴 필요가 없는 것은 저의 경험이 책을 읽는 분을 확정하게 하는데 도움이 되는 것이지요.

영성훈련을 통해서 우리가 깨닫게 되는 것은 우리의 지식의 한계가 너무도 편협하다는 사실입니다. 가면 갈수록 우리가 생각했던 것과는 다른 면을 만나게 되고, 이해할 수 없는 신비의 하나님을 경험하게 됩니다. 이것을 통해서 우리는 비로소 겸손해지게 되고 섣불리 판단했던 것들에 대해서 회개하게 되는 것입니다. 우리는 기록된 말씀 너머에 있는 무한하신 하나님을 경험하게 됩니다. 그 하나님을 만남으로써 비로소 실제적 접근이 가능해지는 것을 알게 됩니다. 하나님은 어제와 오늘과 내일이십니다. 우리는 성경에서 어제의 하나님을 만나고 배웁니다. 그리고 성령을 통해서 오늘의 하나님을 경험하게 되지요. 그리고 아주 드물게 계시를 통해서 내일의 하나님을 미리 만나게 되는 것입니다.

영의 직무를 감당하는 것은 성령과 동행하는 경험을 얻는 절대적인 수단이 됩니다. 자신에게 주어진 영역 안에서 자신에게 향하신 하나님을 경험하는 유일한 수단이 직임을 감당하는 길입니다. 그 과정에서 자신에게 열려진 하나님의 빛을 받게 되며, 그것이 자신의 삶을 풍성케 하고 자신에게 쏟아지는 하나님의 사랑을 경험하는 통로가 되는 것입니다. 많은 사람들이 영의 일에 관여하게 되면 그 경험들로부터 지식이 쌓여져가게 되고 지금 혼란스러웠던 것들이 더 이상 모호한 것이 아니게 됩니다. 이것이 지식의 확장인 것이지요.

사람들이 예수께 병자 한 사람을 데리고 왔습니다. 그들은 그 병자에 대해서 나름대로 판단하고 해석을 내렸습니다. 부모의 죄 때문이라고 하기도 하고, 자신의 죄 때문이라고 하기도 했지요. 그런 판단들을 한 사람들은 그 판단에 대해서 어떤 책임도 지지 않았습니다. 그 판단이 틀렸다고 해도 아무런 피해를 입지 않았습니다. 그렇기 때문에 쉽게 보이는 대로 나름대로 판단을 하곤 한 것입니다. 그 결과 그 병은 치유되지 않았습니다. 고통 당하는 사람은 자신이 아니기 때문에 별 관심도 없었습니다. 이런 환자를 예수께 데리고 왔을 때 예수의 태도는 전혀 다른 것입니다. 이 병은 하나님의 영광을 위한 것이라고 설명합니다. 여기까지는 유대인이 한 것과 다를 바가 없습니다. 그러나 다음에 분명한 차이가 나타납니다. "소자야 네 병이 고침을 받았느니라" 이 한 마디에 그는 고침을 받았습니다. 설명한 것이 이 역사를 통해서 진실함이 들어난 것입니다. 예수의 말씀은 진실했지만 유대인의 말은 그렇지 못했습니다.

영적 사역은 진실이 무엇인지를 보여주는 구체적인 증거를 들어내는 중요한 일입니다. 들어도 그만이고 안 들어도 그만인 말장난이 아니라 사느냐 죽느냐 하는 실제적인 문제에 접근하는 것입니다. 알면 살고 모르면 죽습니다. 알면 고침을 받고 모르면 고통을 받습니다. 우리는 영적 경험의 폭을 넓힘으로써 모르는 영역을 좁혀가는 것입니다. 그것은 바로 생명의 영역을 확장시키는 것이며, 하나님의 나라를 넓혀나가는 것입니다. 마귀는 죽음이며, 그 마귀의 일을 멸하는 것이 생명의 영의 역사입니다. 능력은 바로 마귀의 나라인 고통과 질병과 죽음을 내모는 무기입니다. 우리는 이 첨단 무기를 사용하는 법을 성령이신 스승으로부터 배우는 것입니다. 여러분은 이 배움의 터에 서 있는 것입니다. 그래서 기독교는 체험의 종교입니다. 하나하나 체험하며 지식의 폭이 넓어지는 것입니다.

# 18장 영력과 체력이 균형잡힌 영성을 개발하는 법

많은 목회자와 성도들이 영의 문제를 육의 문제와는 별개로 보는 견해가 있습니다. 영을 강하게 하기 위해서는 육을 억제해야 한다고 생각합니다. 이런 사람들은 영을 강하게 하기 위해서 육의 요구를 억제하고 절제된 생활을 합니다. 영지주의나 불교적 영성을 추구하는 사람들이 그런 태도를 취합니다. 그러나 기독교의 영성은 영과 육의 긴밀한 조화를 추구합니다.

주님은 육으로 계실 때 육성으로 하는 말이 곧 영임을 우리에게 일깨워주셨습니다. 우리의 영은 육을 떠나서는 이 세상에 존재할 수 없습니다. 세상에 존재하는 동안 필수적으로 육을 입어야 하는 것입니다. 영과 육의 관계는 상호 보완적이며 필요한 존재입니다. 따라서 영은 육의 조건에 많은 영향을 받습니다.

육이 범죄 함으로써 영은 심하게 위축되며, 육이 쇠잔하면 영은 그 힘을 잃게 됩니다. 강한 영적 힘을 얻기 위해서는 많은 기도를 해야 한다고 생각하는 사람들이 많습니다. 물론 틀린 말은 아닙니다. 그렇다고 올바른 말도 아닙니다. 영적 힘이 기도의 분량에 있는 것은 아닙니다. 영적 힘이 강하면 많은 기도를 할 수 있습니다. 오랜 기도와 끈질긴 기도는 영적 힘이 없으면 불가능한 일입니다. 그러나 기도의 양에 의하여 영력이 강해지는 것은 아닙니다.

하나님은 우리의 기도를 통해서 영적 힘을 공급합니다. 그러나 기도만이 유일한 통로가 되는 것은 아닙니다. 하나님이 우리에게 힘을 공급하는 수단은 여러 가지가 있습니다. 성령으로 기도하기, 말씀의 실천, 예배, 찬양, 봉사, 헌신, 성경공부, 호흡, 그리고 체력단련 등입니다. 그중에서 체력 단련은 우리가 그동안 간과해온 내용입니다. 체력과 영력은 비례합니다. 허약한 체력으로는 강한 영력을 유지할 수 없습니다.

1시간 집회를 인도하고 지치는 사람과 10시간 인도해도 힘이 남아도는 사람과의 영력은 크게 차이가 납니다. 영력이 강하게 나타나는 집회에서는 회중이 힘을 얻습니다. 그러나 무기력한 집회에서는 사람들이 지루해하고 답답해합니다. 이런 집회에는 조는 사람이 많습니다. 회중이 준다고 강사가 야단을 치는 경우를 봅니다. 조는 회중이 문제입니까, 졸도록 만든 강사가 문제입니까?

영적 권능이 약하면 마귀가 판을 칩니다. 마귀가 집회를 온통 휘젓고 다닙니다. 어떤 귀신들린 사람이 있었습니다. 교회의 목사님과 몇 명의 성도가 축사를 위한 예배를 시작했습니다. 그 목사님은 축사를 해 본 경험이 없는 분이었습니다. 이론적으로 알고 있고 또 목사는 하나님의 종이므로 귀신을 능히 쫓을 수 있을 것으로 믿고 예배를 시작했습니다. 그런데 예배가 처음부터 곤경에 빠지게 되었습니다.

귀신들린 사람이 처음에는 가만히 앉아 고분고분하더니 갑자기 자리에서 일어나 방안 한 가운데로 나와서 성도들이 자기 앞에 놓아둔 성경과 찬송가책을 발로 걷어차고 조롱하면서 야단을 피웠습니다. 당황한 성도들이 그를 잡으려고 하였지만 강한 힘에 오히려 쓰러지고 말았습니다. 이날 예배는 그것으로 끝났고 목사님과 성도들은 그 귀신들린 사람에게 크게 봉변을 당하고 물러나고 말았습니다.

영력은 체력을 바탕으로 하는 예로써 심한 병에 걸린 사람을 위해서 중보 기도하는 경우 심한 체력의 소모를 가져옵니다. 1시간 기도에 1키로 그램 이상 체중이 빠집니다. 기도를 하고 나면 체력이 심하게 빠져나가 지칩니다. 영력과 체력이 동시에 소진되는 것입니다. 특히 악령과 싸우는 영적 전투에 임하면 급격히 체력이 소진되는 것을 느낍니다. 그러므로 평상시에 체력을 관리해야 합니다. 영적 전투가 물리적인 힘을 써서 하는 것은 아닙니다. 반드시 성령의 인도를 받아가며 사역을 해야 합니다.

그런데 초보 사역자들이 성령의 인도를 받는다는 것이 그리 쉽지 않습니다. 성령의 역사가 일어나기 시작을 하면 흥분하여 자기 힘으로 하려고 덤비기 때문입니다. 필자와 같이 16년이란 세월동안 오로지 개별치유사역에 전념했다면 노련하게 성령의 인도를 받아가며 사역을 감당하지만, 초보사역자들은 성령이 인도받기가 쉽지 않습니다. 성령이 역사하고 귀신이 정체를 폭로하면 성령님과 교통은 뒷전이고 자신의 생각과 힘으로 하려고 합니다. 그래서 체험을 해야 한다는 것입니다.

일부 무식한 사역자들이 자기 힘으로 하역을 하려고 덤비다가 환자의 눈을 심하게 눌러 실명하게 하기도 하고, 환자의 몸에 올라가 심하게 눌러 갈비뼈를 상하게 하는 경우가 있습니다. 이는 영적 힘이 모자라는 사람이 체력으로 제압하려는 어리석은 생각 때문에 발생하는 불행한 일입니다. 영력은 체력을 바탕으로 하여 그 속에서 우러나오는 보이지 않는 힘(에너지)입니다. 영력의 바탕이 되는 체력을 강하게 기르는 것은 사역자의 필수적인 일과입니다.

필자는 개인적으로 일주일에 5회 정도 워킹을 합니다. 춥건 더우면 러닝머신을 1시간이상 합니다. 대략 6-8Km 정도 워킹을 하는데 컨디션이 좋은 날은 좀 더 워킹을 합니다. 매일 마음으로 기도하면서 꾸준히 6-8Km를 1시간 정도의 속력으로 워킹을 합니다. 기도하면서 워킹을 하니 영성도 깊어지고 하나님과 관계도 깊어지고 일거양득입니다. 강한 체력을 유지하여야만 강한 영력을 소화할 수 있습니다. 물론 영적 힘의 분량은 주님이 주십니다. 체력이 아무리 강하다도 해도 주님이 영력을 주시지 않으면 영력을 발휘할 수 없습니다. 주님이 주신 영력을 100% 발휘할 수 있느냐 없느냐는 체력에 달려 있습니다.

적당한 운동을 계속함으로써 건강이 유지되고 체력이 향상 되면 주님이 주신 영적 능력을 효율적으로 사용할 수 있는 것입니다. 그러므로 운동은 사역자에게는 더욱 필수과목입니다. 운동하지 않고 좋은 사역을 하겠다는 생각은 버리십시오. 지금의 사역보다 더욱 능력 있는 사역을 원한다면 지금 당장 운동을 시작하여 체력을 향상시키기 바랍니다.

건강해진만큼 영적 능력도 크게 나타날 것입니다. 영적 능력은 우리가 추구해야 할 대상은 아닙니다. 그것은 마치 물을 건너기 위해 설치한 다리와 같고 살기 위해서 만들어놓은 집과 같습니다. 영적 능력은 주님을 나타내는 수단이지 우리가 추구할 궁극적인 목표는 아닙니다. 그러나 우리가 이 세상에 사는 동안에 보다 아름답고 좋을 집에서 살고 싶은 소망이 누구에게나 있듯이 주님을 나타내는 방법이 보다 능력 있게 나타난다면 아름답지 않겠습니까?

이런 점에서 우리는 강한 능력을 소유해야 할 것입니다. 특히 우리의 원수 마귀는 강한 힘을 소유하고 있습니다. 이 마귀와 싸워 이기기 위해서 우리는 주님으로부터 강한 능력을 받아야 하겠습니다. 귀신을 쫓다보면 안타까울 때가 많습니다. 강한 귀신을 만나 영적 싸움을 시작합니다. 영적 싸움은 파워게임입니다. 내가 힘이 강하면 귀신은 물러나고 내가 힘이 약하면 귀신은 절대로 물러나지 않습니다. 나에게 주어진 하나님의 능력의 한계 안에서 귀신을 쫓을 수 있는 것입니다. 그런데 그 파워 게임에서 내 힘이 모자라는 것을 느낄 때가 있었습니다.

그 힘의 차이가 처음부터 많이 난다면 문제는 다르겠습니다만, 미세한 차이로 내 힘이 귀신의 힘을 이겨내지 못하는 경우 안간힘을 다 쓰다가 이제 1~2분만 버티면 귀신을 쫓아낼 수 있을 것 같은데 그 힘이 모자라 귀신을 내어 쫓지 못하는 경우가 있었습니다. 이럴 때는 후회가 막심해집니다.

귀신들린 사람과 그 가족에게는 이 문제가 인생 전체에 걸친 절박한 문제입니다. 죽느냐 사느냐의 절박함이란 이루 말할 수 없습니다. 이처럼 절실한 문제 앞에서 단 1~2분의 시간을 지탱할 힘이 없어 결국 귀신을 쫓지 못하는 결과를 가져올 때 파생되는 문제가 많습니다.

어느날 집중치유를 하면서 허리가 쑤시고 머리가 혼미해지고 팔에 힘이 없고 사지가 쑤시는 고통과 온몸의 힘이 다 빠져나가 탈진하는 것과 같은 힘겨움이 몰려올 때도 있습니다. 그러나 저의 강인한 체력이 있으니 영적인 싸움에 승리하게 됩니다. 그런데 체력이 약하여 포기하면 영적인 전쟁에서 패한 것입니다.

마라톤 선수가 자신 보다 불과 1미터 정도 앞선 선수를 추월하지 못하고 계속 그 뒤에서만 달리다가 끝내 지고 마는 것을 보는 경우가 있습니다. 약간의 차이는 마라톤에서는 결코 따라잡을 수 없는 절대적 힘의 우위가 되는 것입니다. 이처럼 영적 전투에서도 마찬가지입니다. 나는 마라톤을 하면서 수없이 쉬고 싶은 유혹을 받습니다. 그러나 이럴 때마다 귀신들린 사람들을 생각합니다. 제가 실패한 경험들을 떠올리면서 이를 악물고 달립니다. 그렇게 달리면 목표에 이릅니다. 숨이 턱에 차고 심장이 멎을 것 같던 힘든 고비를 넘기면 호흡도 편안해지고 기분도 상쾌해지면서 얼마든지 달리게 됩니다.

이제 귀신을 내어 쫓는 일에 있어서 체력으로 인하여 포기하는 일은 결코 없기를 나는 바라면서 달립니다. 포기하는 것은 그 가정의 고통을 지속시키는 불행한 일입니다. 끈질긴 기도와 영적 인내의 싸움을 위해서 우리는 운동을 해야 합니다. 특별히 워킹을 권합니다. 건강을 위해 달리는 것이 아닙니다. 기록을 위해서 달리는 것도 아닙니다. 우리는 하나님의 나라와 모든 성도들의 행복과 자신의 행복을 위해서 달리는 워킹이 되어야 합니다.

제가 현제 이렇게 사역을 감당하는 것도 강한 체력적인 뒷받침이 있기 때문입니다. 체력적인 뒷받침이 없었더라면 벌써 사역을 포기하거나 하지 못했을 것입니다. 특별히 개인을 상대하며 치유하는 사역자는 강한 체력이 뒷받침이 되어야 합니다. 체력과 영성은 같이 가야 합니다. 어느 한쪽으로 치우쳐서는 안 됩니다. 균형이 맞아야 영성이 깊어집니다. 그래야 영적인 피해를 당하지 않습니다. 영적인 손상과 영적인 피해는 깊은 기도를 하지 않아 영성이 약하고 체력을 준비하지 않아 당하는 것입니다. 영육의 균형을 유지하시기를 바랍니다.

그리고 영력을 유지하기 위하여 마음으로 기도를 많이 해야 합니다. 한마디로 자신의 마음 안에 하나님으로 충만하게 채우는 것입니다. 그래야 영적인 손상이나 영적인 피해를 당하지 않습니다. 성령으로 기도하여 영의 상태가 되면 하나님께 질문도 할 수가 있습니다. 성령으로 기도하여 영의 상태가 되어야 내적인 상처도 치유되고, 귀신도 떠나가고, 병도 고쳐지고, 문제도 해결되고, 하나님의 음성도 들을 수가 있는 것입니다. 성령으로 기도하는 것은 성령의 임재가운데 성령 안에서 기도하는 것을 말합니다. 마음으로 기도하여 마음의 문이 열려야 영으로 기도하게 되는 것입니다. 자꾸 하나님께 물어보면 마음이 열립니다.

영으로 기도하는 것이 성령으로 기도하는 것입니다. 그렇기 때문에 먼저 마음의 방언기도로 마음의 문을 열어야 영으로 기도할 수가 있는 것입니다. 마음으로 방언 기도하는 비결은 이렇습니다. 숨을 들이 쉬고 내 쉬면서 방언기도를 합니다. 숨을 들이 쉬고 내 쉬면서 방언기도를 합니다. 숨을 들이 쉬고 내 쉬면서 방언기도를 합니다. 자연스럽게 마음으로 방언기도를 하면 되는 것입니다. 말로 하는 기도는 호흡을 들이쉬고 내쉬면서 주여! 주여! 주여! 합니다.

방언으로 하는 마음의 기도는 호흡을 들이쉬고 내쉬면서 방언기도하고, 호흡을 들이쉬고 내쉬면서 방언기도를 합니다. 즉 내면의 활동이 강화되어 자신의 마음속 영 안에 계신 성령이 밖으로 나오시게 해야 합니다. 코로는 바람을 들이쉬고 배꼽 아랫배로 호흡을 하는 것입니다. 기도를 하가다 보면 성령께서 감동을 주시는 것이 있습니다. 좌우지간 기도를 쉬지 말아야 합니다. 특별하게 성령으로 깊은 영의기도를 하려고 해야 합니다.

# 19장 지속적인 관심 통해 영성을 개발하는 법

많은 그리스도인들은 영적인 것에 별로 관심을 두지 않고 있습니다. 교회에서 목사님이 시키는 일만 하면 되지 굳이 영적인 것에 관심을 가져 어려움을 자초할 필요가 없기 때문입니다. 주일에 교회에 출석하고 헌금하고 맡겨진 부서에서 봉사하면 그것으로 다 된 것이지 괜히 관심을 가져 봤자 고달픈 일만 생기고 부담만 늘어날 것이라고 생각합니다.

교회에 출석하는 것만으로도 많은 부분을 희생하는 데 게다가 영성에 관심을 가지면 기도도 해야 하고 은사를 받으면 귀찮은 일도 많아지고 무엇보다 훈련을 받아야 하는 데 그것이 겁이 나고 자신이 없기 때문에 그렇다면 아예 관심을 가지지 않는 것이 더 좋을 것이라고 생각합니다. 헌신하지 못할 바에야 눈 딱 감고 사는 것이 편하지요. 그리고 지금 살고 있는 현실만으로도 충분한데 굳이 사서 고생할 필요가 없다는 것입니다.

좋은 교회에 출석하고 다양한 프로그램을 즐기고 성도들과 즐겁게 교제하면서 주신 은혜를 누리고 살면 그만이기 때문에 영성에 관해 관심을 가지는 것은 또 다른 부담만 갖는 것으로 생각합니다. 전문 사역자가 될 것도 아닌데 굳이 어려운 영성에 관심을 가지는 것은 헌신도 하지 못하는 입장에서 괜히 부담만 지게 된다고 생각하고 있습니다.

지식적인 만족 즉 새로운 것을 알게 된, 지적 기쁨을 누리는 것만으로 만족하고 맙니다. 그 이상으로 나아가는 것은 두렵고 용기도 나지 않아 적당하게 거리를 두려고 합니다. 그런데 이것은 우리 개인의 생각이고 하나님의 생각은 우리와 다르다는 것을 알아야 합니다. 하나님은 하시고자 하는 일을 행하십니다. 하나님이 자신에게 영적 관심을 가지게 하심은 영적인 일에 쓰기 위해서 입니다. 영적으로 쓸모 있는 사람에게 하나님은 그 마음에 관심을 불어넣습니다. 관심은 행동을 만들어내고 행동은 전문가로 이끌게 합니다.

하나님이 자신에게 영적 관심을 가지게 하심은 자신을 영적인 일에 관여하게 하기 위함이지요. 영에 속한 사람이 영적인 일에 관심을 가지게 됩니다. 육에 속한 사람은 아무리 영적인 일에 관심을 가지게 하려 해도 되지 않습니다. 오직 육적인 것에만 관심이 있습니다. 설령 그가 신학을 하고 목회자가 되어도 여전히 육에 관한 것에만 관심을 가집니다.

겉모습은 목사이기 때문에 영적인 일을 하는 사람처럼 보이지만, 그 내용은 여전히 육적입니다. 세상 사람들이 추구하는 것을 그대로 추구하고 즐깁니다. 돈을 사랑하고 출세하기 위해서 갖은 노력을 다하고, 교회를 치장하는 일에 관심이 많으며, 화려한 가운을 입고, 외모를 꾸미는데 관심이 많습니다. 교회는 주로 행사 위주로 하고 각종 친목회에 가입해서 항상 분주합니다. 거룩한 일보다는 세속적인 일에 관심이 많습니다. 목회자들끼리 모여도 나누는 이야기는 세상에 관한 것들입니다. 골프에 관한 이야기, 맛있는 음식에 관한 이야기, 정치 이야기, 연예가 이야기 등등입니다. 교회는 외형적 성장에만 관심이 있고 헌금과 주일 성수에 대해서 매우 민감합니다.

항상 대우가 더 좋은 교회로 옮겨갈 생각만 합니다. 그래서 여러 가지 학위를 얻고 학위 수여식을 거창하게 하여 이웃 교회 목회자들에게 자신을 자랑합니다. 이렇게 육적인 일에만 관심을 가지고 세속적인 방법으로 교회를 운영하면서 영적인 일에는 별로 관심이 없습니다.

영적인 일에 쓰임을 받기 위해서 영적인 사람으로 거듭난 사람은 자신이 영적인 일에 관심을 가지지 않으려고 해도 뜻대로 되지 않습니다. 여러 가지 핑계를 대고 회피하려고 하면 할수록 어려운 일만 생깁니다. 이런 까닭은 하나님이 영적인 일에 관심을 가지고 하나님의 뜻을 발견하고 헌신하게 하려 하기 때문입니다. 계속 거부하면 하나님은 그 뜻을 다음 세대로 넘깁니다. 자신의 자녀에게 그 일을 넘기는 것이지요. 그리고 그 불순종에 대한 책임을 묻게 됩니다.

부모가 영적인 일을 거부함으로써 자녀가 그 일을 이어받게 됩니다. 그런 자녀는 보다 강력하게 압박을 받게 될 뿐만 아니라 부모의 불순종으로 인해서 온 징벌까지 넘겨받게 되는 것입니다. 그러므로 영적인 일을 하더라도 그 결과로 얻게 되는 보상이 별로 없습니다. 즉 어려운 일을 맡게 된다는 것입니다. 우리는 부모의 순종으로 그 자녀가 영적인 일을 아주 편하게 그리고 큰 규모로 하는 것을 주변에서 봅니다.

같은 목회를 하더라도 부모가 순종하였던 자녀는 목회가 순조롭고 부흥도 잘 됩니다. 그러나 그런 배경이 없는 목회자는 어려움을 많이 당하고 부흥도 쉽게 되지 않습니다. 그것은 부모의 불순종 때문입니다. 부모 형제가 하나님에게 헌신한 배경이 없는 사역자는 그 사역이 힘들고 거칩니다. 이것이 하나님의 법칙입니다. 그러므로 하나님에게 어떻게 헌신하고 순종했느냐에 따라서 자신의 자녀의 삶이 결정되는 것입니다. 자녀에게 하나님의 축복을 물려주려면 순종해야 합니다.

사람들은 자녀에게 좋은 교육을 시키고 남보다 더 출세하게 하려고 많은 투자를 아끼지 않습니다. 그런데 그 복을 주시는 분이 하나님이라는 사실을 별로 절실히 인식하지 못합니다. 하나님에게 자신이 순종하면 자녀가 복을 받게 되며, 불순종하면 자녀가 고통을 당한다는 것을 제대로 알지 못하고 있는 것입니다. 하나님의 복은 그냥 얻어지는 것이 아닙니다. 심는 데로 거두는 법칙이 적용됩니다. 영적인 일에 쓰여질 사람이 그 일에 헌신하지 않으면 복이 변하여 화가 됩니다. 영적인 일에 관심이 생기면 이는 자신이 영에 속한 사람이라고 생각하고 영적 지식을 갖추고 하나님의 뜻을 파악하려는 노력을 해야 합니다.

영적인 일은 다양합니다. 단순히 목회 하나로만 단정하지 마십시오. 목회는 수많은 영적 사역 가운데 한 가지일 뿐입니다.

비록 사업을 하더라도 영적인 생각을 가지고 하는 사람이 있고 세속적인 생각을 가지고 하는 사람이 있습니다. 세속적인 사람은 돈을 버는 일에만 관심이 있습니다. 사업하는 목적이 오로지 돈 버는 것만을 목적으로 합니다. 그러나 영적인 사업은 그 사업을 통해서 하나님의 뜻을 드러내는 것입니다. 그리고 돈을 버는 것도 하나님의 일을 하기 위해서 입니다.

전문직을 가지는 경우도 세속적인 사람은 출세와 돈을 버는 일에만 관심이 있지만, 영적인 사람은 그 일로 인해서 혜택을 받게 될 사람에 대해서 관심을 가집니다. 육에 속한 사람은 자리와 돈에 관심이 있지만 영에 속한 사람은 일과 사람에 관심이 있습니다. 영적인 일은 사람을 다루는 일입니다. 영적인 일은 하나님이 우리 가운데 어떻게 일하고 계시는지를 알기를 원합니다. 그러나 육에 속한 사람은 자신에 관해서만 관심을 가집니다.

영성에 관해서 관심을 가지지 않는 근본적인 이유는 이기심 때문입니다. 영성은 타인을 위해서 자신이 어떻게 봉사하고 헌신할 것인지를 배우는 것입니다. 자신의 출세를 위해서 다른 사람에게 봉사한다면 그것은 영성이 아닙니다. 의사가 돈을 벌려고 환자를 다룬다면 그것은 인술(仁術)이 아니고 단순한 의술이며, 직업인 것처럼 종교적인 일을 할지라도 출세에 관심이 있다면 그 일은 더 이상 영적인 일이 아닙니다. 하나님이 우리를 영적인 것에 관심을 가지게 하심은 봉사를 통해서 하나님의 축복의 길로 들어가게 하려 하심입니다. 이것은 자신뿐만 아니라 자녀를 위한 확실한 투자인 것입니다.

또 영성에 관심을 갖지 않는 이유는 보이지 않고 내세울 수 없기 때문입니다. 성경을 많이 알면 아는 것을 자랑할 수가 있습니다. 영적인 지식을 많이 알면 자랑을 할 수가 있습니다. 은사가 있으면 밖으로 보이기 때문에 다른 사람에게 인정을 받을 수가 있습니다. 그러나 영성은 보이지 않습니다. 자신의 내면에서 일어나는 일이니 보거나 알 수가 없는 것입니다. 그러니 자연히 밖으로 보이는 면에 관심을 많이 두게 되는 것입니다. 그러나 실제로는 영성이 중요합니다. 영성은 자신을 하나님에게 인도하는 축복의 통로이기 때문입니다. 그렇기 때문에 영이 깨어난 성도일수록 영성을 유지하는데 지대한 관심을 갖게 되는 것입니다. 자연스럽게 기도하게 됩니다.

교회에서 목회자가 영성의 중요성에 대하여 주기적으로 강조하여 성도들의 영을 깨우면 성도들이 기도하지 않을 수가 없을 것입니다. 그러나 실상은 교회의 지도자들이 성도들을 보이는 면에 치중하게 유도하므로 영성에 관심을 기우리지 않는 것입니다. 그래서 성도는 목회자를 잘 만나야 되는 것입니다. 성도가 영성이 잘못되었다고 목회자에게 핑계를 댈 수가 없는 것입니다. 자신의 영은 자신이 지켜야 하기 때문입니다. 자신의 영의 축복을 위하여 영성에 지속적인 관심을 가져야 합니다.

# 20장 어두운 영성과 밝은 영성을 개발하는 법

하나님은 예수를 믿고 성령으로 거듭난 성도들이 한쪽으로 치우치는 영성을 탈피하기를 원하십니다. 많은 크리스천들이 영성이나 성령의 역사하면 자신에게 밝고 좋은 현상만 일어나는 것으로 이해하고 있는 경우가 많습니다. 그것은 극히 초보적인 생각입니다. 자신이 성령으로 장악이 되면 자기가 받아들이기 거북스러운 현상도 일어납니다. 쉽게 나타나는 것이 몸에 닭살이 돋우면서 찾아오는 두려움입니다. 이 두려움은 성령이 장악을 할 때 일시적으로 일어나는 현상입니다. 쉽게 말하면 귀신들이 성령의 역사가 두려우니까, 자신이 장악하고 있던 사람에게 느끼게 하는 것입니다. 그래서 이 장소하고 자기가 맞지 않아서 나타나는 현상과 같이 느끼게 하여 자리를 이탈하게 하려는 귀신의 미혹이라는 것입니다. 이때에는 조금만 인내하고 참으면 순간 떠나가는 것이 보통입니다. 그러나 자리를 이탈하면 성령의 인도를 받지 못하는 사람이 될 수도 있습니다. 이렇게 영성이나 성령의 역사에는 어두움과 밝은 역사가 있습니다.

동전에는 양면이 있듯이 영성에도 두 가지 기능이 있습니다. 정면과 후면이 있어야 입체감을 나타내듯이 영성에도 밝은 면과 어두운 면이 있어야 제대로 의미가 드러납니다. 빛과 어두움은 흑백의 논리로만 보면 그 의미를 제대로 알 수 없습니다.

긍정과 부정이라는 극단적인 면으로만 이해하려고 하면 우리는 항상 밝은 쪽만 보게 됩니다. 낮만 있는 것이 아니라 쉼을 위한 밤이 있어야 하는 것처럼 빛만을 생각하면 어두움이 가져다주는 많은 유익을 상실하게 됩니다. 영성의 이중 구조는 밝음과 어두움으로 나타납니다. 빛의 영성 못지않게 중요한 것이 어두움의 영성입니다.

우리가 긍정적이라고 생각하는 밝음은 실제로는 긍정적인 면만 가지고 있는 것이 아닙니다. 빛은 사물을 낡게 만들고 쉼이 없기 때문에 만물을 지치게 만듭니다. 밝음의 영성이란 긍정적인 영성만을 말하는 것으로 여기지만 그 긍정적이라는 것이 실상은 많은 부정적인 요소들을 함께 지니고 있는 것이므로 단정적으로 말할 수 없는 부분이 있는 것입니다. 어두움의 영성이란 부정적이고 드러나지 않는 은밀함을 의미하지만 그것만이 제대로 된 의미는 아닙니다. 어두움은 우리에게 쉼을 가져다주고 다시 회복할 수 있는 기회를 제공합니다. 어두움은 우리의 허물을 덮으며 우리의 약점을 감추어줍니다. 어두움은 하나님의 신비의 영역이며, 우리가 알아가야 하는 비밀이기도 합니다.

밝음의 영성은 드러나는 것이라면, 어두움의 영성은 가리어지는 것입니다. 밝음은 드러나는 것이기 때문에 다수의 인정을 필요로 합니다. 공동체가 함께 공유하여야 하는 것이므로 개별성이 사라집니다. 밝음의 영성을 추구하는 사람은 이론적이고 집단적인 것만을 받아들이려고 합니다. 다수가 공유하는 것만을 기준으로 하여 공통점을 찾아내려고 하고 그렇지 못하면 배격합니다. 빛의 영성은 감추어지는 것이 없으므로 개인적인 특별한 사항에 대해서 용납하려 하지 않습니다. 이런 영성에 치우쳐 있는 사람은 공동체를 우선하기 때문에 개인적이고 특별한 것을 거부하려고 합니다. 원리적이고 다수가 공유하는 것을 우선으로 합니다.

어두움의 영성은 개별적이고 은밀한 것이며 감추어져있는 것입니다. 그렇기 때문에 이것은 독특하고 개인적입니다. 그럼에도 불구하고 이것은 회복하는 힘을 제공하며 모든 것을 받아들이는 포용성을 지니고 있습니다. 하나님의 원천인 어두움은 빛이 있기 전부터 있었던 하나님의 본질입니다. 이것이 사람들에게 보여 지기 위해서 빛이란 기능이 필요한 것입니다. 어두움은 본질이기 때문에 신비하고 개인적입니다. 하나님은 공동체의 하나님일 뿐만 아니라 그 보다는 먼저 개인적인 하나님입니다. 공동체와 개인이라는 두 가지 개념은 빛과 어두움이라는 양면으로 드러나는 것입니다. 우리는 교회 공동체의 신앙고백을 받아들이고 그것을 지키고 따라야 할 의무도 있지만 개별적인 소명을 깨닫고 그 소명에 따라 행동해야 하는 개별적인 요소도 중요한 것입니다. 이 두 가지가 가능하게 하기 위해서는 빛과 어두움의 영성이 고루 갖추어져야 하는 것입니다. 빛은 교리이며 공식적 예배입니다. 이것은 모든 사람에게 드러나는 것이며, 이런 영성을 통해서 우리는 그리스도 공동체를 유지하여 우리의 믿음의 터를 다질 수 있습니다. 그러나 어두움은 경험이며 기도입니다. 이것은 개인적이며 은밀하고 드러나지 않는 것이므로 엄격한 규격이 없습니다. 그렇기 때문에 이것은 비밀이고 사랑입니다. 그리스도 공동체가 예배의 형태로만 유지된다고 생각한다면 그것은 빛의 영성에 치우쳐 있는 것입니다. 반대로 개인적 경험과 기도로만 유지될 것이라고 생각하는 것은 어두움의 영성에 기우려져 있는 것입니다. 우리는 빛은 좋은 것이고 어두움은 피해야 하는 마귀의 영역이라고 생각하는 사람이 의외로 많습니다. 그래서 어두움에 속한 것들은 피하려고만 합니다. 어두움은 하나님의 본성이라는 사실을 바로 깨닫는 것이 필요합니다. 태초부터 어두움은 하나님 속에 계셨고 그 어두움은 지금도 하나님의 세계입니다. 그러므로 이 어두움에 대한 바른 이해가 필요합니다.

빛의 영성은 예배와 가르침의 영성입니다. 그러나 어두움의 영성은 하나님과의 친밀함이며, 사랑입니다. 어두움은 드러나는 것이 아니라 느끼는 것입니다. 배워서 깨닫는 성경공부가 아니라 감각으로 느끼고 마음속에 담아두는 계시입니다. 그렇기 때문에 정형화할 수도 없고 공식화할 수도 없는 그런 영역입니다. 어두움은 그 한계를 정하기가 어렵습니다. 그 깊이와 넓이를 측량할 길이 없습니다. 성경공부는 66권의 한계를 지니고 있지만 기도는 한계가 없습니다. 엄격히 말하면 범위는 있지만 우리가 알지 못합니다. 어두움 속에 있기 때문입니다. 무궁한 하나님은 어두움의 하나님입니다. 우리가 빛을 통해서 알게 되는 하나님은 아주 미미한 부분에 지나지 않습니다. 어두움의 영성은 어두움 속에 들어가야만 형성되는 것입니다. 그러므로 두려움이 없어야만 가능합니다. 어두움을 무서워하면 어두움 속에 들어갈 수 없듯이 두려움이 있다면 어두움의 영성은 얻을 수 없는 것입니다.

기도는 어두움 속으로 들어가는 경험입니다. 미지의 세계로 무턱대고 달려가는 모험입니다. 방향도 모르고 어디쯤에서 하나님을 만날지도 모르며 어느 지점에 들어와 있는지도 모릅니다. 앞으로 얼마나 더 나아가야 할지도 모릅니다. 어두움은 모르는 세계이며 그래서 믿음의 영역인 것입니다. 어두움이 만드는 밤의 세계는 쉼이며 회복입니다. 어두움은 우리를 쉬게 하고 새롭게 하고 회복하게 합니다. 기도를 통해서 우리는 이런 기능과 마주칩니다. 이것이 다양한 형태의 체험으로 나타나며 개인적이고 독특한 현상으로 우리에게 전해지는 것입니다. 그래서 그것은 하나님의 계시이며 이것을 간직할 때 우리는 하나님의 사랑에 휩싸이게 되는 것입니다. 어두움을 통해서 얻을 수 있는 것은 이런 귀하고 친밀한 하나님의 관심을 얻어내는 것입니다. 그래서 어두움의 영성은 회복입니다. 주님이 어두울 때 모닥불 가까이 다가와 제자들을 만납니다. 지치고 피곤한 그들을 위로하기 위해서 밤이 제격입니다. 우리는 밤이 되면 감정이 가라앉고 낭만적이 됩니다. 감정은 어두움의 영역에 있습니다. 아무도 그 속을 알 수 없는 어두운 영역입니다. 낮의 집회보다 밤의 집회에서 더 은혜가 넘치는 까닭이 무엇이겠습니까? 낮의 기도보다 밤의 기도에서 더욱 친밀해지는 까닭도 무엇을 의미하는 것입니까? 우리는 밝음과 어두움 모두를 귀하게 생각할 줄 알아야 합니다. 시험과 환난과 고난은 어두운 영역으로 이해할 수 있는 것입니다. 그래서 사람들이 반가워하지 않지요. 그러나 정말로 하나님을 사랑하는 사람은 이런 것들의 의미를 오히려 사랑하고 기뻐할 줄 압니다. 부정적이라고 생각하고 남들이 다 싫어하는 것들을 오히려 즐거움으로 행하는 사람이 하나님을 정말로 사랑할 줄 아는 사람이며 하나님의 사랑을 아는 사람입니다. 이것은 어두움으로 인해서 얻어지는 것들입니다.

어린 아이는 어두운 것을 무서워하지만 성숙한 사람은 어두움을 사랑하게 됩니다. 빛의 영성으로 채울 수 없는 귀중한 하나님의 친밀함이 어두움의 영성을 통해서 얻을 수 있습니다. 하나님과 친밀하고 그 분의 넘치는 은혜를 소망하는 사람이라면 어두움에 익숙해지는 법을 배워야 합니다.

말씀뿐만 아니라, 꿈과 환상과 기도를 통해서 하나님을 경험하십시오. 이것은 빛으로 오신 하나님의 또 다른 한 부분입니다. 우리를 개인적으로 만나시고 이끄시는 분은 어두움 속에 계시는 하나님이며, 이것은 하나님의 어두움(divine darkness)이라는 속성을 제대로 이해하고 받아들일 때 얻을 수 있는 귀한 은혜입니다. 은밀하고 개별적인 하나님을 만나기 위해서 두려움을 버리십시오. 모든 사람들과 다른 당신만을 위한 유일하신 하나님을 만날 준비를 하십시오. 이것은 아주 생소한 길이며 독특한 하나님의 인도하심을 받아들이는 낯선 길입니다. 잡힐 듯 하면서도 잡히지 않고 선명하지도 않고 그 깊이와 끝도 모를 하나님의 신비함입니다. 선지자들과 사도들과 경건한 신앙의 선배들이 오로지 믿음이라는 이정표 하나로 나아갔던 어두운 길입니다. 앞이 보이지 않아도 그것이 하나님이므로 두려움 없이 갈 수 있었던 하나님의 품 안으로 그 어두움 속으로 우리도 들어가야 합니다.

우리는 교회 공동체가 공유하는 교리와 원리들을 소중히 여길 뿐만 아니라, 자신에게 다가오시는 독특한 하나님의 경험을 소중하게 여길 수 있어야 합니다. 이것이 우리를 지켜주시는 하나님의 증거이며 사랑이라는 사실입니다. 이것이 오히려 우리를 강한 주의 군대로 이 험한 세상을 살아갈 수 있는 힘이 되는 것이지요. 밝음과 어두움의 두 가지 영성을 우리는 함께 공유할 때 능력 있는 강건한 그리스도인이 되는 것입니다. 밝은 영성을 위하여 깊은 영의기도를 해야 합니다. 습관적으로 깊은 영의기도를 해야 합니다. 깊은 영의기도는 성령으로 충만하게 하여 영성을 깊게 합니다. 깊은 영의기도는 단시일에 숙달되지 않습니다. 육 개월 이상 성령으로 깊은 영의기도를 해야 숙달이 됩니다. 밝은 영성을 유지하기 위하여 반드시 깊은 영의기도를 숙달해야 합니다.

# 21장 영적으로 변화하는 영성을 개발하는 법

하나님은 크리스천들이 영적으로 변화되기를 소원하십니다. 하나님은 살아서 역사하시는 영이시기 때문입니다. 그런데 우리 한국의 교회들이 너무 공부하고 아는 것에 치중을 하므로 크리스천들이 영적으로 변화되기 어려운 실정입니다. 왜냐하면 말씀을 아는 것 가지고는 살아계신 하나님을 느끼지도 체험하지도 못하므로 하나님께서 원하시는 영적인 크리스천으로 변화하지 못합니다. 반드시 말씀이 생명이 되어 역사해야 성도들의 땅의 것이 떠나가므로 하늘의 사람으로 변화되는 것입니다. 교회가 생명의 말씀과 성령의 역사가 일어나야 세상신이 물러가는데 말씀을 아는 것으로 만족하여 성령의 역사가 일어나지 않으니 여전하게 육체에 역사하는 영들이 주인 행세를 하고 있습니다.

문제는 이렇게 육체에 역사하는 영들이 주인 행세를 하고 있어도 영적으로 변화되지 못하니 알아차리지를 못한다는 것입니다. 그저 말씀을 아는 것으로 만족을 한다는 것입니다. 머리로 말씀을 많이 알고 있으니 자신은 영적인 사람이라고 믿어버리는 것이 더욱 큰 문제입니다. 왜 이렇게 되었는가 하면 크리스천들이나 교역자들이 사람이 만든 신학을 근거로 하여 말씀을 전하고 믿음 생활을 하기 때문입니다. 그래서 보이는 유형 교회는 '은혜'와 '행위'라는 커다란 두 가지 이념으로 구성되어 있습니다. 바울을 대표로 하는 '은혜주의'와 야고보를 대표로 하는 '행위주의'는 서로 갈등하는 구조를 만들어냅니다. 서로를 이해하고 받아들이지 못하고 대립하고 갈등하는 것으로 발전하고 있습니다. 하나님은 한 분이라는 것을 믿으며, 또한 말씀도 하나라는 것은 믿으면서 '은혜주의'와 '행위주의'의 두 골이 깊어져서 하나가 되지 못하는 실정입니다. 고대 교회에서 이 두 사도의 논쟁은 심각한 수준이었습니다. 헬라 기독교라고 불리는 이방인을 대표하는 바울의 '은혜주의'는 율법으로부터 자유롭고자 하는 것을 목적으로 합니다. 이는 이방인들을 선교 대상으로 삼은 바울에게 있어서 이방인들에게 기독교가 유대교로 비추어지는 것은 무척 불리한 것입니다.

한편 이스라엘에서 기독교의 뿌리를 내려야 하는 입장에 서 있는 야고보에게 있어서 율법의 전면 무효화 선언은 유대인들을 적으로 돌리는 결과가 될 것이 분명하기 때문에 행위를 강조하지 않을 수 없었습니다. 이들 두 사도의 신학적 관점은 그 목적이 전도에 있었습니다. 하나님을 전혀 모르는 집단과 하나님을 알고 있는 집단에 대한 선교 전략은 이렇게 다를 수밖에 없었습니다. 기독교가 이스라엘의 영역을 떠나 로마로 들어가면서 자연적으로 바울의 선교전략이 강세를 이루게 된 것은 자연적인 선택입니다. 그러나 세월이 지나면서 로마 교회가 세속화하는 과정에서 야고보의 '행위주의'가 세를 얻게 되었습니다. 물론 로마 교회가 야고보의 유대적 기독교의 신학입장을 따르는 것은 아니지만 자연적으로 세속화 과정에서 행위를 우선하는 경향으로 발전하게 되었습니다. 로마 교회가 가장 우선하는 것은 교회의 권위였는데, 이 권위는 신령한 권위가 아닌 세속화된 권위였으며, 이는 위계(hierarchy)를 공고히 하고자 하는 교회법을 강화함으로써 더욱 심화되었습니다.

로마교회의 행위우선의 입장은 여러 가지 문제를 만들어냈으며, 교회의 타락에 주된 요소 가운데 중심이 되어버렸습니다. 물론 야고보의 행위주의와는 전혀 다른 것입니다. 이런 로마교회의 행위주의는 복음의 순수성을 심각하게 훼손하는 것이었으며, 이에 대한 반동으로 개혁운동이 일어났습니다. 말틴 루터가 주장한 개혁의 요지는 '오직 성경' '오직 은혜' '오직 믿음'이었습니다. 루터의 '오직주의'에는 로마교회가 복음을 훼손하는 것에 대한 반작용에서 비롯되었습니다.

이런 개혁을 지지하는 개신교는 500년간 이 기치(ensign) 아래에서 신앙생활을 유지해왔습니다. 루터의 '오직'(sola)은 로마교회에 대항하기 위한 것이었습니다. 달이 차면 기우는 것처럼 너무 한 쪽으로 치우친 환경을 개선하기 위해서는 반대 방향으로 적극적으로 끌어당기지 않으면 안 되는 것입니다. 500년 전의 상황은 그런 극단을 필요로 했던 분위기였지만 이제는 긴 세월이 지났고 지금 우리에게는 로마교회의 치우친 권위주의에 대항해야 할 환경은 약화되어 있습니다. 우리는 극단적인 갈등 안에 생존하는 것이 아니라 복음의 핵심으로 들어가 더욱 풍성한 영적 삶을 살아야 하는 풍요의 시대에 살고 있습니다. 그러므로 한 때 대결적 국면에서 만들어졌던 교리는 더 이상 유지할 명분이 없습니다. 루터의 '오직주의'에 이제 더 이상 매달릴 이유가 없는 시대에 우리가 살고 있습니다. 우리는 바울과 야고보가 선교대상을 두고 신학적으로 갈등하던 그런 시대도 아니며, 거대한 로마교회의 권위주의에 대항해서 복음의 순수성을 회복하고자 투쟁하는 그런 시대도 아닙니다.

우리는 오늘날 행위와 은혜라는 두 가지 대립적인 가치를 어떻게 복음 안에서 조화를 이루어내야 할 것인가를 고민해야 할 시대입니다. 오늘날도 적지 않은 사람들이 루터의 '오직주의'에 목을 매고 있습니다. 그리고 '칼빈주의'와 '알미니안 주의'신학이 대립을 이루고 있습니다. 사람이 만든 신학이 바른 성령의 역사를 쫓아가는 방해물이 되고 있습니다. '성경' '은혜' '믿음'이 세 가지 이외에는 모든 것을 부정하는 태도를 취하는 사람들이 있습니다. 성경만 읽어야 한다는 주장은 이제 설득력을 잃었습니다. 성경이라고 말할 때 성경주의자들은 KJV이나 개역성경만을 성경으로 간주하지만 성경은 그것만 있는 것이 아닙니다. 셀 수도 없이 많은 필사본이 있으며, 우리말 번역본도 10여 종류가 넘습니다.

다양한 신학적 사조도 알아야 하고 배워야 합니다. 한 가지 성경공부 방식이 아니라 다양한 방식을 알아야 합니다. '은혜' 역시 한 가지가 아닙니다. 셀 수도 없이 많은 방법들이 등장하고 있습니다. 하나님과 친밀함을 누리는 방식이 우리가 미처 알지도 못하는 사이에 다양하게 발전하고 있습니다. 그런 까닭은 오늘날은 다양성이 강조되는 환경이기 때문입니다. 한 가지 가치와 구조로 이루어진 세상이 아닙니다. 수많은 민족의 다양한 문화가 서로 섞여서 또 다른 문화를 만들어내는 퓨전시대를 우리가 살고 있습니다. 영성의 순수성만을 고집한다면 그것은 고립을 자초하게 되고 대립과 갈등을 만들어내며 심하게 되면 분쟁이 되어 서로에게 지울 수 없는 원한을 만들어내게 됩니다. '믿음'역시 다양해지고 있습니다. 한 가지로 정형화할 수 없는 현실을 무시하고 한 가지만 고집하려고 든다면 그런 사람들은 폐쇄되고 말 것입니다. 복음의 다양성을 우리가 제대로 이해하지 못하고 한 가지만 고집한다면 기독교는 머지않아 작은 집단으로 소멸되고 말 것입니다. 고대기독교 안에는 이미 다양성과 통일성이라고 하는 조화하기 쉽지 않은 요소들이 깊이 자리를 잡고 있었습니다. 그러던 것이 로마교회라고 하는 거대한 공교회(catholic church)라는 틀을 만들어가면서 다양성이 축소되어버린 것이지만 오늘날 우리는 다양하지 않으면 생존할 수 없는 가치 시대에 살고 있음을 부인할 수 없습니다. 나와 다른 모습의 다양성이 존재하며 그것을 인정해야 하는 시대입니다. 나와 다르면 이단이라고 배척하는 고립주의는 독선일 뿐입니다.

서로 다른 가치와 방식을 이해할 수 있어야 합니다. 내가 모르는 세계가 있으면 그것을 수용하고 이해할 줄 알아야 합니다. 우리는 이제 다문화 세계를 서서히 접촉하기 시작했습니다.

5000년 동안 단일민족이라는 이데올로기 속에 갇혀 있다가 이제 비로소 그 올무에서 벗어나고 있는 것입니다. 모두가 흰 옷만을 입어야 하고 상투를 틀어야 하던 시대의 극단적인 가치 일방주의에서 아직도 벗어나지 못하는 사람들이 적지 않습니다.

시야를 넓게 가져야 합니다. 기독교가 세상에 가득하기 위해서는 다문화를 이해하지 않으면 안 됩니다. 이제 더 이상 '오직'만 있어서는 안 됩니다. 다양성과 공존하지 않으면 안 되는 시대입니다. 시대의 변화를 읽지 못하고 안으로 빗장을 닫아걸었던 청나라 수구주의를 따랐던 조선의 선비들처럼 된다면 결국 망하고 말 것입니다. 자연의 변화는 우리로 하여금 순응하는 법을 가르칩니다. 독선적 고집은 쇄락의 길을 갈 수밖에 없습니다. 시대에 뒤졌다면 과감히 벗어버리고 새로운 삶의 방식을 추구해야 하지 않겠습니까?

이제 작은 교회들은 깊은 영성으로 변화되지 않으면 살아남을 수가 없습니다. 말씀과 성령으로 변화되어야 합니다. 무엇보다도 깊은 영성으로 성도들의 심령을 변화시켜야 합니다. 세상이 복잡합니다. 스트레스가 심합니다. 복잡하고 스트레스가 심한 세상에서 하나님의 나라를 만드는 성도들이 영성이 깊어야 합니다. 옛날에는 조금만 파도 맑은 물이 나왔지만은 이제 깊게 파야 맑은 물을 얻을 수가 있습니다. 마찬가지로 영성도 깊어야 합니다. 깊어야 세상에서 살면서 하나님의 나라를 건설할 수가 있는 것입니다.

# 22장 감성 훈련을 통해서 영성을 개발하는 법

하나님은 감성이 풍부한 성도를 좋아하십니다. 감성이 풍부한 사람은 영적으로 민감한 사람으로 '마음이 여리다.' '내성적이다.' '감성이 풍부하다.' '은혜를 받으면 울기를 잘한다.' 이런 사람은 대체로 영적으로 민감한 사람들입니다. 우뇌가 발달한 여성들이 많습니다. 감성 훈련을 통해서 능력을 키워야 합니다. 즉 영성은 감성 훈련을 통해서 개발이 된다는 것입니다. 신앙생활의 두 가지 측면을 잘 균형있게 한다는 것은 그리 쉬운 일은 아닐 것입니다. 지성과 감성이라는 이 두 가지 영역은 서로 조화할 수 없는 것처럼 인식되어 왔습니다. 성경공부나 설교를 들으면서 깨닫게 되는 지적인 지식과는 다르게 내면의 영의 소리를 듣고 이해하는 것이 결코 쉬운 일이 아닙니다. 그것은 우리의 신체 구조로 인해서 그렇게 되는 것입니다. 우리 뇌는 지성 작용을 주관하는 영역인 신피질과 감성 작용을 주관하는 변연계가 있습니다. 신피질은 사고 작용을 다루며, 거대한 지식망에 새로운 개념을 저장하여 확장시켜 나가는 구조를 지니고 있습니다.

이 신피질은 빠르고 쉽게 지식을 저장하는 반면에 변연계는 학습속도가 무척 느리며, 한 번 저장된 정보는 다른 것으로 대치되기가 쉽지 않습니다. 정보를 저장하기도 간단하지 않고 저장한 정보를 제거하여 다른 것으로 대치하기도 쉽지 않습니다. 신피질은 듣고 본 것을 그대로 저장하기 때문에 쉽게 저장이 되지만 변연계는 몸이 익힌 것을 저장하기 때문에 시간이 많이 필요합니다. 그러므로 변연계는 다른 정보가 저장되어 있지 않은 어린 시절에는 쉽게 저장이 되지만 이미 저장된 정보가 있는 성인들에게는 이를 다른 것으로 대치하려면 간단하지 않습니다.

어린 시절에는 쉽게 학습되던 것이 나이가 들면서는 어려워지는 것입니다. 단순한 지식은 신피질에서 다루지만 여러 차례 몸으로 익혀서 습관이 되는 것은 변연계에 저장이 됩니다. 컴퓨터에서 예를 찾아보면 간단한 파일은 그냥 저장하면 되지만 복잡하고 용량이 큰 파일은 내려 받기를 해야 합니다. 이렇게 내려 받기를 해서 저장한 파일을 삭제하려면 그냥 휴지통에 버린다고 삭제가 되는 것이 아니라, 프로그램 추가 제거에 들어가서 삭제를 시켜야 합니다. 이런 번거로운 과정이 필요하듯이 변연계에 저장되고 삭제되는 일은 속도가 느립니다.

이 변연계에 저장된 지식을 우리는 습관이라고 부릅니다. 이 습관은 한 번 생기면 쉽게 제거되지 않는 것입니다. 감성은 이 변연계가 주관하기 때문에 감성적인 영역의 지식은 몸으로 익혀야 하며, 시간도 많이 걸리는 것입니다. 제가 영성훈련은 몸의 훈련이라고 정의했는데, 이 변연계는 신피질에 비해서 무척 원시적인 형태를 취합니다. 이런 과학적 증거를 볼 때, 감성작용을 '원초적 본성'이라고 정의한 하비 콕스의 지적은 타당한 것입니다.

　이 원초적 본성은 어린 시절에 이미 만들어지는 것들입니다. 우리가 믿음을 어린 시절에 갖게 하는 것이 중요한 까닭이 여기에 있습니다. 변연계에 아직 뚜렷한 정보가 저장되어 있지 않은 어린 시절에 믿음을 저장시켜줌으로써 그 사람은 일생을 믿음의 사람으로 살아갈 수 있습니다. 어린 시절에 불우한 환경에서 부정적인 조건에 노출되어 온 사람은 그 부정적인 사고구조를 벗어나기가 쉽지 않습니다. 억압과 통제 속에서 살아온 사람은 변연계에 부정적인 감성이 자리를 잡게 되고 따라서 성인이 되어도 부정적 태도에서 벗어나기가 쉽지 않습니다. 이런 사람들은 믿음을 긍정적으로 발전시키지 못하고 부정적인 요소에만 집중하여 비판적이고 자극적인 성향을 보입니다.

　우리 뇌는 밝은 감정을 다루는 부위와 어두운 감정을 다루는 기관이 다릅니다. 전자는 좌측 전전두엽에서 다루며, 후자는 우측 전전두엽에서 주관합니다. 이 뇌의 기관을 어떻게 자극해서 활성화시킬 것인가를 연구한 위스콘신 대학의 학자들은 8주 동안 밝은 감성을 자극하는 내용의 훈련을 시킨 결과 좌측 전전두엽의 활동이 확연하게 증대되었음을 발견하게 되었다고 합니다. 이 연구로 인해서 감정을 통제하는 뇌의 중추기관들은 의도적인 훈련을 통해서 활성화될 수 있음을 밝히게 되었습니다.

　긍정적 사고를 하도록 그런 분위기를 만들고 지속적으로 자극을 가하게 되면 그 부위는 새로운 신경조직을 만들어내어 확장되고 활성화되어 긍정적인 사고 영역이 넓어지는 것입니다. 그렇게 되면 긍정적 사고에 대한 정보가 더 많이 저장되며, 이로써 긍정적인 감성이 작용되게 되는 것입니다. 하나님은 우리에게 정보를 제공할 때 우리 뇌에 이미 저장되어 있는 정보들을 사용한다는 점에 대해서 이미 언급했습니다. 예를 들면 꿈을 통해서 정보를 제공할 경우에 당사자의 부모님이 젊은 나이에 돌아가셨다고 합시다. 40대에 사망하였다면 그 사람의 기억 속에는 40대까지의 부모님에 대한 정보만 있을 뿐입니다. 50대 이후의 나이든 모습은 기억 속에 없기 때문에 꿈에 부모님이 등장할 때 50대 이후의 나이든 모습으로는 나타나지 않습니다.

자신의 기억 정보 속에 있는 것으로 이미지화하기 때문에 저장되어 있지 않은 정보에 대해서는 그 이미지가 제공하는 의미를 파악할 수 없습니다. 그러므로 하나님은 그 사람의 내면에 있는 정보를 우선 사용하며, 마땅한 정보가 없을 경우에는 제대로 의미를 전달할 수 없게 됩니다. 전혀 생소한 이미지를 사용하게 되면 꿈을 꾼 사람이 그 의미를 이해하는데 많은 어려움을 겪게 되기 때문입니다.

서울 시내를 운전하는 택시기사의 경우 처음에는 길을 잘 몰라서 지도로 길을 익히지만 제대로 되지 않습니다. 그러나 여러 해 운전을 하다 보면 서서히 길이 익혀집니다. 이것은 공간 지각을 다루는 뇌가 계속 자극에 노출되어 활성화되었기 때문입니다. 길에 대한 정보가 많이 저장되어 모든 길을 다 알게 되듯이 우리의 감성도 이처럼 일정한 자극을 계속 받으면 그 영역이 확대되는 것입니다.

우리는 오랫동안 지식으로만 하나님을 인식하도록 자극을 받아왔습니다. 그러므로 지식을 다루는 신피질이 활성화되어 있기 때문에 무엇이든지 지적 정보로 이해하고 받아들이려고 합니다. 그러나 성령의 음성을 듣고 그것을 자각하는 영역은 감성을 다루는 변연계가 주관하기 때문에 이 영역이 활성되지 않고서는 성령께서 주시는 계시를 이해하는데 많은 지장을 받습니다. 영적 경험은 하나님으로부터 오는 것이지만 그것은 우리가 지니고 있는 정보의 양에 의해서 영향을 받는다는 사실입니다.

감성 작용이 풍성한 사람은 기름부음을 쉽게 그리고 빈번히 느끼지만 지성 작용이 강한 사람은 거의 느끼지 못합니다. 감성적인 사람은 기도할 때마다 강력한 기름부음에 휩싸이지만 지성적인 사람은 그것을 이해하지 못합니다. 자신에게는 결코 일어나지 않는 현상이 자신에 비해서 지적 수준이 떨어지는 사람에게서 빈번히 일어나는 모습을 보고 오히려 잘못된 일이라고 매도합니다. 지적 수준이 높은 사람은 신피질이 활성화 되었듯이 감성 수준이 높은 사람은 변연계가 활성화되어 있는 것입니다.

이것은 우리 뇌의 역할이 다르게 발전한 결과일 뿐이지 지성이 감성보다 월등이 우월한 것은 아니라는 사실입니다. 계시는 하나님이 우리 뇌의 변연계를 사용해서 그 속에 저장되어 있는 정보를 이끌어내어 그것을 사용해서 우리들에게 의미를 전달해

주는 것이기 때문에 영적 접촉과 계시를 얻기 위해서는 감성의 영역을 주관하는 우뇌를 활성화하는 자극을 줄 필요가 있습니다. 이런 방법으로 효과적인 훈련이 바로 '이미지 그리기'입니다. 기도를 하면서도 우리는 여전히 좌뇌를 활성시키는 훈련을 합니다. 지적으로 기도하려고 하지요. 그래서 기도문을 만들고 정교하게 다듬어진 단어와 문장들을 사용하려고 노력합니다. 기도는 감성의 영역임에도 불구하고 여전히 지성을 다루는 뇌를 활성화시킵니다.

이런 기도 형태로는 성령의 음성을 들을 수 없습니다. 그래서 대부분의 목회자들은 일생동안 환상 한 번 제대로 본 기억이 없을 것입니다. 그것이 당연하다고 생각해온 것입니다. 기도하다가 졸도한다거나 가사상태에 빠지는 경험은 들어보지도 못했을 것입니다. 깊은 영혼의 잠 속으로 빠져 들어가는 경험은 듣도 보도 못했을 것입니다. 우뇌가 거의 고사상태에 이른 좌뇌형 사람들에게 있어서 영적 경험이 전무한 것은 당연한 결과입니다. 우뇌를 활성시키는 자극에 자신을 거의 노출시키지 않기 때문입니다. 기도한다고 해도 피상적이며, 30분을 넘기지 못합니다. 오래 기도한다고 해도 구성기도로 일관합니다. 그래서 이미지를 그리거나 기도제목을 형상화하는 것에 대해서 전혀 알지 못하는 것입니다.

변연계 학습에는 많은 시간과 노력이 필요합니다. 이미 지성적 작용으로 깊이 물들어 있는 기성세대들에게 있어서 이 작업은 거의 불가능에 가까울 정도로 어렵습니다. 그러나 어린 아이들은 무척 쉽고 간단합니다. 초등학생들이 부흥회에서 기름 부음을 받고 환상을 보고 성령의 음성을 듣는 경험을 쉽게 하고 집단적으로 경험하는 까닭이 여기 있는 것입니다. 이들에게 변연계는 아직 순수하며 신피질 못지않게 활성화 되어 있기 때문입니다. 아직 지적 교육에 깊이 물들어있지 않기 때문에 쉽게 활성화가 일어나는 것입니다.

우리가 영적 경험을 하고 난 후에 그 경험이 지속되지 못하고 단절되는 일시적인 경험을 하게 됩니다. 저는 이것을 '맛보기 판'이라고 부릅니다. 이 일시적 경험이 경험으로 끝나고 지속적으로 일어나지 않는 까닭은 그 경험이 몸에 익숙해지지 않았기 때문입니다. 영성 훈련은 몸의 훈련 즉 '습관화 작업'이 되지 않으면 지속적으로 그런 현상을 경험할 수 없다는 사실입니다. 그러므로 영적 현상을 일으키는 자극에 지속적으로 자신을 노출시켜야 합니다. 그렇지 못하면 심리학자들이 일컫는 이른바 '허니문 효과'에 머물고 말 것입니다.

케이스 웨스턴리저브 대학의 웨더헤드 경영대학원에서 1990년부터 학생들의 감성지능능력(인지적 능력)을 평가하고 더욱 향상시키고 싶은 능력들을 선발해서 개별적 학습 계획을 세우도록 했습니다. 그리고 객관적 평가를 과정을 시작할 때와 마칠 때에 각각 실시했습니다. 그리고 몇 년 뒤에 직장 생활을 할 때 다시 한 번 평가를 했는데, 이로써 감성능력이 얼마나 오래 지속되는 지를 점검한 것입니다.

대학원에서 감성지능 개발 과정을 마친 후 2년이 지난 뒤에도 그들은 자기 확신이나 자기 인지능력과 같은 감성 능력을 여전히 47%정도 향상된 수치를 유지하고 있었다고 합니다. 볼링 그리스데이트 대학의 제인 휠러(Jane Wheeler) 교수 역시 이와 같은 감성 개발 교육을 받은 사람들은 졸업하고 난 후 2년이 지나도 여전히 자기 관리능력과 자기 인식능력이 45% 향상된 수준을 보여주었다고 보고합니다.(Daniel Goleman: 『Primal Leadership』 2002)

감성교육은 지식 교육과 달리 한 번 몸에 익히면 쉽게 사라지지 않고 오랫동안 지속되는 경향을 보여줍니다. 그래서 극단적으로 볼 때 능력을 받은 사람이 그릇된 행위를 하고 심지어는 이단적인 태도를 취해도 그 능력이 여전히 나타나는 것이 이런 까닭입니다. 그러나 이것을 몸에 익숙하게 하기까지 많은 시간이 필요하기 때문에 지속적인 훈련이 필요합니다.

인내하면서 전문적인 훈련을 받아 변연계를 활성화시킬 때 영적 능력들은 향상됩니다. 지적 훈련만 받아온 대부분의 기성세대들은 성령의 다양한 경험들을 일상에서 느끼고 그 속에서 주님과 영적 친밀함을 경험하기 위해서는 꾸준한 몸의 훈련이 필요합니다. 이것이 결코 쉬운 일이 아니기 때문에 우리들 대부분은 영적 경험이 '허니문 효과'에 머물고 마는 것이라고 봅니다. 영적 경험을 영적 성숙으로 발전시켜야 합니다.

# 23장 경건과 능력이 같은 영성을 개발하는 법

경경건의 모양은 있으나 능력이 없다면 영성의 균형이 맞지 않는 것입니다. 하나님은 입만 살아있는 성도를 싫어하십니다. 말씀도 많이 알아야 하고 말씀을 아는 만큼 실제 살아있는 성령의 역사도 나타나야 한다는 말입니다. 지금 한국 교회의 성도들이 말씀은 많이 아는데 성령의 실제역사를 일으키지 못합니다.

제가 20여 년 전에 아파트를 하나 분양 받은 적이 있습니다. 아파트 베란다 작업을 하려고 지물포에 갔습니다. 거기 가니 남자 분들이 세 명이 모여 있었습니다. 한 남자가 잠시 들렀다가 나갔습니다. 그 분들이 하는 말이 저놈 아주 나쁜 놈이라는 것입니다. 왜냐하면 전도사인데 부인은 자식들 먹여 살리려고 파출부를 한다는 것입니다.

그런데 저놈은 양복입고 다니면서 말만 번질 하게 하는 나쁜 놈이라는 것입니다. 그러자 한 남자가 하는 말이 그래서 예수를 믿는 사람들이 죽으면 입만 둥둥 뜬다고 한다는 것입니다. 저는 나이 어린 딸이 알아들을 까봐 걱정을 했습니다. 이런 말을 하는 사람들의 모습을 보면서 바리세인들이 생각났습니다. 최근 들어서 손가락 하나 까딱하지 않고 말만 하는 바리세인들(눅 11:46)의 모습이 우리 교회 안에서 너무도 많다는 생각을 하게 됩니다.

말씀이 없는 '은사주의'는 자기를 자랑하는 교만에 빠질 위험이 있고, 능력이 없는 '말씀주의'는 손가락 하나 까딱하지 않는 바리세인이 될 수 있습니다. 실상 우리 교회는 후자에 속하는 사람들이 절대 다수이기에 자신들이 행하는 일이 종교적이고 말씀주의라는 사실을 잘 인식하지 못하고 있습니다. 개신교 100여 년의 역사 속에서 말씀만 강조하다보니 행동은 위축되고 말았습니다. 그것이 오늘날 교회가 세상으로부터 차가운 냉대를 받는 결정적인 원인을 제공하고 있는 것입니다.

머리와 귀만 커져 판단에는 앞섰지만 행동에는 관심이 별로 없습니다. 머리로만 살려고 하고 손과 발로는 살려고 하지 않습니다. 세상에서도 화이트칼라를 지향하고, 불루칼라는 찬밥 신세가 된지 오랩니다. 몸을 움직이지 않고 소득을 올릴 수만 있다면 그 쪽을 택하려고 하기에 요즘 공대(工大)가 푸대접을 받고 있지 않습니까?

교회 역시 마찬가지로 편하게 앉아서 성경공부만 하고 지식만 쌓아가는 쪽을 선택하지, 몸이 힘든 영적 치유사역은 하려고 하지 않습니다. 능력을 행하는 것은 많은 기도와 고난의 터널을 통과해야 하는 일종의 3D에 속한다고 할 것입니다. 따라서 은사보다는 말씀을 아는 것이 더 고상해 보일 것입니다. 그래서 젊은 목사님들이 능력을 행하고 치유하는 것을 멀리하는 것입니다.

말씀이 결여된 은사주의는 불교나 무속과 다를 바가 없는 위험한 일이 될 수 있습니다. 불교 선수행이나 무속의 강무행위와 기독교의 은사를 구분할 수 있는 것은 오로지 말씀뿐입니다. 말

씀에 기초를 두고 행하는 능력 행함은 그래서 불교의 선수행과
는 전혀 다른 차원이 되는 것입니다. 그런데 이토록 중요한 말씀
을 제대로 갖추지 않고 은사를 행한다면 행하는 당사자는 물론
이거니와 그것을 지켜보거나 동참하는 사람들은 혼란스러울 수
밖에 없습니다.

말씀이 진정 살아계신 하나님의 말씀이 되기 위해서는 반드시
능력을 동반해야 할 것입니다. 왜냐하면 하나님의 나라는 말에
있지 않고 능력에 있기 때문입니다. 주의 영이 임하는 곳에는 반
드시 능력이 나타나기 때문이며, 그 능력의 가장 핵심은 병 고침
을 받고, 귀신이 쫓겨나가는 것입니다. 그 다음으로 세대에 따라
서 문화적 배경에 따라서 다양한 능력들이 있을 것입니다.

말씀과 능력은 동전의 양면처럼 하나님 나라의 두 본성이기도
합니다. 즉 말씀이 곧 능력이고, 능력이 곧 말씀인 것입니다. 하
나님이 세상을 창조하실 때 말씀으로 창조했는데, 그 말씀이 바
로 세상의 모든 것들을 존재하게 하는 기본 능력인 것입니다. 우
리는 이 두 가지가 사람을 통해서 통전 적으로 나타날 수도 있
고, 분리 적으로 나타날 수도 있습니다.

통전 적으로든, 분리 적으로든, 하나님의 나라라는 큰 틀에서
보면 모두 하나님께로부터 온 것이며, 하나님 나라를 이루는 초
석들입니다. 하나님은 각 사람에게 나누어주어 균형 잡히게 하여
하나님의 일을 행하시는 것입니다. 따라서 말씀은 능력을 돕는
위치에 서야 하고, 능력 또한 말씀을 돕는 위치에 서야 합니다.

서로가 서로를 지지하고 도움으로써 하나님의 나라가 견고하게 설 수 있는 것인데, 안타깝게도 우리는 이런 하나님의 뜻을 제대로 이해하지 못하고 서로 비판하는 태도를 취해온 것입니다.

절대 다수에 속하는 말씀주의자들이 우선 이 점을 바르게 이해할 필요가 있습니다. 성경공부가 중요한 것 못지않게 기도도 중요합니다. 성경공부에 관심이 많은 사람들은 기도를 피상적으로 하는 경향이 있습니다. 자신들은 이를 부인하려고 할지 모르지만 능력을 행하는 사람들의 기도하는 모습과 견주면 분명한 차이가 납니다. 또 능력을 행하는 사람들은 성경공부를 하기는 하지만 역시 수준의 차이가 납니다.

두 가지를 다 흡족하게 하기란 결코 쉬운 일이 아니지만 그렇다고 해서 어느 한 쪽으로 과도하게 치우치는 것은 바람직하지 못할 것입니다. 영성훈련의 가장 중요한 목적은 그리스도를 닮아가는 것입니다. 말씀 공부를 통해서, 능력을 행하는 과정을 통해서 그리스도를 닮아갈 수 있습니다. 어느 한 쪽만이 절대적으로 유리하거나 올바른 것이 아닙니다. 사람에게는 기질의 차이가 있기 때문에 다양한 방법이 있는 것입니다.

반은 이성적이고 반은 감성적입니다. 보편적으로 남성은 이성이 강하고 여성은 감성이 강합니다. 그렇기 때문에 영성훈련은 말씀훈련과 느낌훈련 두 가지로 구분해서 할 필요가 있는 것입니다. 우리 교회에서 이제까지 무시되어온 감성훈련을 강조하는 까닭이 여기에 있는 것입니다. 저 역시 누구 못지않게 말씀교육을 시킬 수 있겠으나, 제가 하지 않아도 할 사역자가 차고 넘칩니다. 그러나 감성훈련을 제대로 시킬 수 있는 전문 사역자는 눈을 비비고 찾아야 겨우 찾을 정도로 희귀하기에 이에 강조점을 두고 여러분들에게 당부하는 것입니다.

우리가 가치 없다고 생각하고 관심을 두지 않았던 'SQ'(Social Intelligence Quotient)가 요즘 세상에서 관심을 모으고 있는 시대입니다. 서구의 말씀주의가 변화시키지 못했던 아시아를 복음화 시키기 위해서 우리가 들고 가야 할 것이 감성으로 무장된 능력 사역이라고 저는 확신합니다. 왜냐하면 아시아는 교리보다는 현실적인 삶의 문제에 더 관심이 많기 때문입니다. 아시아의 불교는 소승불교입니다. 힌두교 역시 그러합니다. 현실적인 문제에 대한 답을 주지 않으면 그들을 구원할 길이 없습니다.

행함이 없는 한국교회가 세상 사람들로부터 거센 도전을 받고 있습니다. 이제까지 머리와 귀만 가지고 교회에 다녔기 때문입니다. 그래서 "경건의 모양은 있으나 경건의 능력은 부인하는"(딤후 3:5) 태도가 우리들의 모습이 되어버렸습니다. 바울은 제자 디모데에게 이런 사람들을 멀리하라고 당부했습니다. 또한 야고보 사도는 "하나님 아버지 앞에서 정결하고 더러움이 없는 경건은 곧 고아와 과부를 그 환난 중에 돌보고 또 자기를 지켜 세속에 물들지 아니하는 그것이니라"(약 1:27)라고 설명했습니다.

그렇기에 말만 앞세우고 행동하지 않았던 우리의 모습을 회개하자는 소리가 교회 일부에서 일어나고 있습니다. 행함이 없는 믿음에 대한 반성 없이 오랜 세월동안 목회자 일방주의로 인해서 그들이 편하고 유리한 형태로 교회가 발전되어 왔음을 부인해서는 안 됩니다. 이제는 누구를 위해서가 아니라 하나님의 나라를 위해서 우리가 진지한 고민을 해야 할 때입니다.

말씀과 능력의 균형을 되찾는 일이 시급합니다. 일방적으로 말씀주의에만 치우쳐 있는 한국교회를 능력으로 채워서 균형을 이루도록 해야 할 것입니다. 이제는 말씀으로 무장된 능력 사역자가 많아질 수밖에 없는 시대에 들어와 있습니다. 국민 대다수가 고학력을 갖춘 오늘날 말씀과 능력을 조화시킬 수 있는 개인적인 조건들은 다 갖추었다고 봅니다. 이제 지도자들이 이를 제대로 이해하고 앞장서서 제도를 새롭게 할 때입니다. 말씀과 능력이 균형이 이루어질 때 참으로 건강하고 아름다운 교회가 이 땅에 서게 될 것입니다.

충만한 교회는 감성과 지성을 같이 발전하도록 훈련하는 교회입니다. 그래서 지난 십년이 넘도록 매주 집회를 인도하여 왔습니다. 이 집회에 대한 33개 세트의 집회 실황 녹음 CD가 비치되어 있습니다. CD 녹음 내용과 동일한 교재도 준비되어 있습니다. 충만한 교회 홈페이지 www.ka0675.com 에 들어오시면 자세하게 보실 수 있습니다. 지방에 계시는 분들이 주문하여 영성을 개발하고 치유받고 있습니다. 필요한 분은 전화하여 주문하여 활용할 수가 있습니다.

# 24장 자신을 비우는 영성을 개발하는 법

하나님은 크리스천들이 자신을 비우기를 원하십니다. 자신을 비운다는 것은 하나님을 주인으로 모신다는 말입니다. 자신은 십자가 뒤에 감추고 하나님만 나타나게 하는 것이 자신을 비우는 것입니다. 예수님은 사람으로 오시되 가장 낮고 천한 모습으로 낮아지셨습니다. 그리고 마지막 십자가 달려 피 흘려 죽으셨습니다. 오늘 본문 8절입니다. "사람의 모습으로 나타나사 자기를 낮추시고(He humbled himself) 죽기까지 복종하셨으니 곧 십자가에 죽으심이라" 하나님이신 그분이 스스로를 낮추셨습니다. 이를 가리켜 '비하'(卑下, 낮아짐)라고 부릅니다.

예수님은 나사렛 산골의 천한 처녀 마리아의 몸에 성령으로 잉태되셨습니다. 왕족이나 귀족 집안에서 오셔도 시원치 않은데, 목수 요셉의 집안의 족보에 들어가셨습니다. 게다가 나실 때 그럴만한 장소도 없으셔서 마굿간에서 태어나셨고, 누더기 강보에 쌓여 말구유에 나셨습니다. 나사렛으로 돌아간 이후에는 요셉의 목수 일을 도우며 고달픈 세월을 보냅니다. 공생애 중에는 머리 둘 곳도 없는 홈리스(homeless)와 같은 삶을 사셨습니다. 그리고 마침내 자신을 십자가에 내어주셨습니다. 더 이상 낮아질 수 없이 낮아진 주님 앞에 과연 우리는 어떻게 살아야 하겠습니까? 자신을 낮추고 겸손한 영성을 갖추는 게 마땅

합니다. 이 낮아짐의 영성이 바로 예수님을 닮아가는 것이요. 내 안에 예수님의 은혜가 머물게 하는 비결입니다.

내가 없어져야 하나님이 내 안에 들어오셔서 주인 되십니다. 영성이 깊어지려면 자신을 비워야 합니다. 상처를 치유하고 자아를 부수고 혈통으로 내려오는 영적인 것을 몰아내야 합니다. 깊은 영성을 원하십니까? 비우고 말씀과 성령으로 채워야 합니다. 많은 성도들이 세상근심이나 돌아가신 부모나 배우자를 가슴에 두고 계시기 때문에 영성이 깊어지지 못하고 있습니다.

이분들을 볼 때 하나님 나라와 재물을 겸하여 섬길 수 없다는 사실은 우리로 하여금 다소 안타깝게 하곤 합니다(막 10:30, 마 6:24). 육신적으로도 부자가 되고 영적으로도 신령해진다면 더 이상 바랄 것이 없겠는데, 하나님은 공평하셔서 이 두 가지를 한 사람에게 몰아주는 일이 그리 많지 않은 것 같다는 생각을 하게 됩니다. 은혜가 넘치며 영적 경험도 풍성해지는데, 현실적으로는 얻는 것이라고는 별로 없는 경우, 우리는 혼란스러워하게 되기도 합니다. 육신이 죽을 때 영이 살아난다는 사실은 아이러니하기까지 합니다. 우리가 영적 경험을 풍성히 받고 주님과 친밀함을 누리는 삶을 지속적으로 유지하기 위해서는 어느 정도 육신이 바라는 것들을 내려놓을 수 있어야 하는 것은 피할 수 없는 것 같습니다. 우리가 바울처럼 육신의 정욕을 십자가에 못 박을 수 있다면(갈 5:24) 영적인 풍성한 경험들을 얻을 수 있을 것이 분명합니다. 바울은 "오직 주 예수 그리스도로 옷 입고 정욕을 위하여 육신의 일을 도모하지 말라"(롬 13:4)고 가르치고 있지 않습니까? 우리는 육신과 더불어 정욕을 십자가에 못 박고, 그리스도로 옷 입고 육신의 일을 도모하지 않는다는 것이 얼마나 어려운지를 잘 알고 있습니다. 할 수만 있다면 그러고 싶지 않은 사람이 누가 있겠습니까? 하지만 삶을 살아가기 위해서는 이런 요구를 선선히 따를 수 없음도 우리는 잘 알고 있습니다.

정욕을 십자가에 못 박을 수만 있다면 정욕을 위해서 육신의 일을 도모하는 일은 없겠지요. 그렇지만 십자가에 못 박는 일이 좀처럼 쉽게 되지 않는 것이 우리들의 현실입니다. 우선 어디까지가 정욕인지 아닌지조차 가늠하기가 쉽지 않기 때문에 온전히 못 박는다는 일이 어렵습니다. 유대인들은 하나님의 금령을 지키기 위해서 '율법의 울타리치기'라는 수단을 강구해냈습니다. 실제로 안식일이 시작되는 시점 보다 다소 일찍 안식일을 시작하는 것입니다. 그렇게 함으로써 부지중에 범할 수 있는 과오를 막아보려고 했습니다. 이와 같이 우리도 정욕의 울타리치기라도 해야 하는 것이 아닌가 하는 생각을 해보기도 합니다.

분명히 죄가 되는 것인 줄 아는 명백한 것이 있지만 죄가 되는지 아닌지 혼동을 일으키게 하는 회색지대가 있기 때문에 이런 영역마저도 죄로 취급해서 금한다면 이것이 곧 울타리치기가 되는 것입니다. 그러나 이런 행위는 주님이 그토록 미워하신 외식하는 행위가 될 수 있기에 시행할 수도 없습니다. 그렇기에 우리들은 혼란스런 삶을 피할 길이 없는 듯합니다.

영적인 부요함을 원한다면 육신의 부요함을 우선 포기해야 하는데, 우리 본성이 이를 받아들일 수 없기에 하나님이 그 부분을 다루게 되는 것입니다. 영적 부요함을 주시는 대신 육신의 평안함을 거두어 가시는 것입니다. 육신의 평안함이 사라질 때 우리는 부르짖게 되고 그 과정에서 영적 풍요함을 얻게 됩니다.

은혜는 풍성해지는데 생활을 갈수록 어려워지기 때문에 갈등이 이만저만이 아닙니다. 성령의 음성도 더욱 구체적으로 들리기 시작하고, 기름부음도 임해서 갖가지 영적 경험들이 쌓여만 가지만 그에 따라 생활은 나아지지 않고 더욱 어려워져 이런 불안한 삶을 언제까지 계속해야 할지 고민이 됩니다.

남성의 경우, 이럴 때 신학교를 생각하게 되고, 용기를 내어 사역자의 길로 들어서게 됩니다. 생활은 해야 하고, 그렇다고 은혜를 포기할 수도 없기에 이 길을 선택할 수밖에 없는 것입니다. 자신만이 아는 놀라운 하나님의 은혜는 계속 되고 있지만 생활은 어렵기가 마찬가지입니다. 앞이 보이지 않는 막막함 때문에 어떻게 해야 할지 고민이 이만저만이 아닌 것입니다. 장기간 금식을 하게 되면 후각을 비롯해서 오감 기능이 무척 예민해집니다. 평소에 느끼지 못했던 냄새들을 예민하게 느낄 수 있습니다. 저는 개인적으로 가장 오래 한 금식이 20일 정도인데, 모두 교회에서 집회하며 했기 때문에 사람들에서 풍겨 나오는 독한 냄새들을 경험했습니다. 코를 찌르는 역한 냄새가 무척이나 힘들게 했던 기억이 납니다. 평소에는 전혀 냄새가 나지 않던 사람들에게서 지독한 냄새가 났습니다. 이렇듯이 우리가 인식하지 못하던 부분들을 느낄 수 있게 됩니다. 음식을 내려놓음으로써 우리는 감각의 민감성을 얻게 됩니다. 이처럼 육신의 정욕을 내려놓으면 영적 민감성을 얻게 되는 것입니다. 그런데 내려놓았던 것을 다시 취하게 되면 얻었던 민감성은 사라지게 됩니다. 이것이 겸하여 섬길 수 없는 하나님의 정하신 원칙입니다. 명성을 얻은 사역자들이 훗날 그 명성을 잃게 되는 경우가 있는데, 이는 무언가 내려놓았던 것을 다시 취했기 때문일 수 있습니다. 명성을 얻게 되기 위해서 내려놓았던 것들을 자신도 모르게 다시 취하게 될 때 그 얻었던 것들이 사라지게 됩니다.

영적으로 깊은 은혜를 경험하게 되는 과정에서 우리가 내려놓았던 그것들이 무엇인지를 깊이 이해할 필요가 있습니다. 내려놓은 상태를 헬라어로는 '케노스'(kenos)라고 합니다. 이 단어의 뜻은 '빈' '빈손이 되다' '망하다' '어리석은' '둔감한' 등의 의미를 담고 있는 말입니다. 영적으로 민감해지고 은혜가 풍성해지기 위해서 우리가 반드시 각오해야 할 일이 바로 이런 내려놓은 상태를 경험해야 한다는 것입니다. 사람들로부터 망했다는 소리를 듣거나 어리석다는 평가를 받을 것을 각오해야 할 것입니다. 깊은 은혜와 능력을 사모한다면 그럴수록 우리는 이런 평가를 피해갈 길이 없음도 알아야 할 것입니다. 깊은 은혜도 받고 넉넉한 삶도 산다면 얼마나 바람직하겠습니까? 그러나 이런 바람 역시 내려놓아야 할 것 중 하나일 것입니다. 우리는 신령한 은혜를 사모할 때 두 가지 중 하나는 포기해야 하는 기로에 설 수 있습니다. 육신의 것을 포기할 것인가 신령한 것을 포기할 것인가 하는 문제는 엄청난 결단을 필요로 합니다. 이 두 가지는 공존하기가 물과 기름처럼 엄청나게 어렵습니다. 만약 누군가가 이 두 가지를 다 공유하고 있다면 그 사람은 대단한 하나님의 사람이거나 아니면 위선자 중 하나일 것입니다. 마귀는 주님께 다가와 자신에게 경배하면 세상의 부요함을 주겠다고 제의했습니다. 부와 영적 능력 이 둘을 다 겸비한 사람이 있다면 우리는 의심해볼 필요가 있습니다.

영적 능력이 강해지려면 다 내려놓아야 한다면 누가 하나님의 일을 하겠는가 하는 질문을 하게 될 것입니다. 이런 질문은 주님으로부터 가르침을 받던 제자들도 품었던 의문이었습니다. 부자가 하늘나라에 들어가기보다는 낙타가 바늘귀로 통과하는 것이 더 쉽다고 주장하자 제자들은 그렇다면 누가 그에 해당할 수 있겠는가 하는 의문을 품었습니다(막 10:25~26). 이에 대한 실증적 증거로 주님은 삭개오를 준비해두고 있었습니다. 삭개오의 결단이 누가복음 19장 8절에 기록되어 있습니다.

우리에게는 영적 부요함을 취할 것인지 육신적 풍요를 취할 것인지를 결단할 때가 있습니다. 그 시기는 개인에 따라서 다르겠으나 대체로 하나님의 부르심이 있을 때입니다. 그 부르심은 다양한 형태를 취하게 되는데, 영적 은혜가 깊어질 때가 그 한 시기일 수 있습니다. 하나님의 은혜가 깊어지면서 전에 경험하지 못했던 영적 경험들이 빈번이 나타나기 시작할 때 우리는 고개를 들고 십자가를 보아야 합니다.

그 십자가는 자신이 지금까지 얻었던 육신의 것들을 못 박기 위한 것입니다. 그것이 내려놓음이며 비움입니다. 컴퓨터가 보다 더 빠른 속도를 내기 위해서 우리는 디스크 조각모음이나 디스크정리를 하게 됩니다. 저장 공간을 효율적으로 사용하기 위해서 불필요한 파일을 삭제하여 디스크 공간을 정리하고 확장하면 속도가 더 빨라지고 에러도 덜 생기게 되듯이 우리 안에 영의 일을 방해하는 불필요한 것들을 삭제하는 '비움 작업'이 필요합니다. 컴퓨터 성능을 향상시키기 위해서 파일을 삭제할 것인지 보존할 것인지를 판단해야 하듯이 영적 진보를 위해서 육신의 정욕을 못 박을 것인지 아닌지를 결단할 때가 반드시 있습니다.

영적 진보가 더 이상 일어나지 않고 시들해지면서 관심이 서서히 줄어들고 있다면 내려놓음을 제대로 하지 못한 것입니다. 하나님이 원하시는 수준으로 비워내지 못했을 때 그 속에 하나님의 은혜는 채워질 수 없게 됨이 분명하고 따라서 영의 일에 시들해집니다. 하나님으로부터 오는 은혜가 줄어들게 되면 시들해지는 것은 피할 길이 없습니다. 하나님이 은혜를 부어주시면 날마다 신바람이 나지 않을 수 없고 가슴 설레지 않을 수 없습니다. 그런데 그렇지 못하다면 우리는 비움이라는 작업을 제대로 하지 못했음이 분명한 것입니다. 말씀과 성령으로 심령을 비우세요. 그러면 영성으로 채워질 것입니다.

# 25장 삶이 신바람이 나는 영성을 개발하는 법

하나님의 뜻은 우리가 지금 이 땅에서 심령의 천국을 이루고, 아브라함의 축복을 받아 누리면서 하나님의 군사로 쓰임을 받다가 천국에 입성하는 것입니다. 한마디로 지금 이 땅에서 신바람 나는 생활을 하기를 원하시는 것입니다. 그런데 많은 크리스천들이 죽어서 천국 가는 믿음 생활을 합니다. 이는 매사를 육적인 차원으로 생각하고 보기 때문입니다.

필자가 치유와 축사 사역을 하면서 사람들의 어려운 문제를 직접 다루면서 자주 느끼는 것 중에 많은 그리스도인들이 자신의 문제를 육적으로만 보려고 한다는 것입니다. 문제의 핵심을 살피는 방법이 주로 과학적이고 현실적인 안목으로 접근하려고 하는 것입니다. 신앙생활의 기쁨이 사라지고 삭막해진 것을 육체적 기쁨으로 채워보려고 합니다. 신앙생활이 삭막해질수록 세속적인 기쁨을 찾으려 하고 좋은 프로그램이 있는 대형교회로 몰려갑니다.

화려한 프로그램을 통해서 기쁨을 찾아보려고 애를 쓰다가 그런 것도 얼마가지 않아 시큰둥해지면 세속적인 기쁨에 매달립니다. 취미생활로 시작한 일이 이제는 삶의 중심에 들어와 있습니다. 그 일이 없으면 인생 자체가 무의미해질 정도로 취미생활에 집착하게 됩니다. 신앙생활은 그저 구원을 잃지 않을 정도면 됩니다. 교회 생활에 별로 즐거움을 얻지 못하기 때문에 깊은 관심을 두지 않습니다. 기적이나 능력 같은 것은 아예 관심조차 없습니다. 신앙생활도 그저 취미활동 수준입니다. 천국과 지옥이 있다는 것은 아니까 지옥에 가지 않을 정도로 신앙생활을 유지합니다. 기도는 형식이고 문제가 생겨도 세속적인 방법으로 해결하려고 합니다.

모양만 그리스도인이지 속으로는 불신자입니다. 이런 사람들은 교회도 세속적인 잣대로 인식합니다. 영적인 일에는 전혀 관심도 없고 이해하려고도 하지 않습니다. 이런 사람들은 죽을 병이나 극심한 문제가 생겨 세속적인 방법이 더 이상 소용없이 될 때에 주변의 사람들의 권유로 말미암아 할 수 없이 하나님에게 의지하게 됩니다.

이런 사람들을 대하면 영적으로 답답하고 막막하여 어디서부터 접근해야 할지 감이 오지 않습니다. 차라리 불신자이면 예수 그리스도를 증거하고 죄를 회개하고 주님을 영접하도록 하면 되지요. 그리고 그런 불신자 한 사람이 회개하면 천국에서는 하나님이 회개할 것이 없는 사람들의 찬양보다 더 기뻐하시지요. 그러므로 쉽고 즐겁지만, 이렇게 무늬만 그리스도인인 사람들을 상대하면 답답하고 무거운 부담을 느낍니다. 들은 것은 많아서 웬만한 말로는 통하지도 않습니다. 그리고 하나님의 편에서도 이런 사람들에게 긍휼을 베푸시는 것이 어렵습니다.

이러한 사람들이 이렇게 삭막한 상태가 되게 된 배경에는 주님과의 영적 교제가 이루어지지 않았기 때문입니다. 우리 교회의 최대 약점이 이런 부분입니다. 주님과의 영적 만남을 경험하지 못하고 오로지 사변적으로 이해하는 수준의 영성으로 인해서 이론적으로는 그리스도에 대해서는 알지만 능력으로서의 그리스도를 알지 못한다는 점입니다.

영성이 살아야 신앙 생활하는 맛이 나는 법인데 이런 부분에 대해서 교회는 충분한 배려를 하지 못하고 있는 것입니다. 우리 속담에 "등잔 밑이 어둡다"는 말이 있습니다.

지도자의 맹점이 여기에 있습니다. 대통령이 지방 순시를 나가면 그 지방에 있는 관리들이 미리 접견할 사람들을 뽑아서 대통령에게 좋은 말만 합니다. 이런 까닭에 국민들의 생활이 엉망인데도 지도자는 제대로 알지 못합니다. 군대에서도 사령관이 내무반에 들어오면 병사들은 으레 하는 말이 있습니다. "네! 좋습니다."라는 말입니다.

"뭐 불편한 것 없나?"

"예! 없습니다."

"군대 생활이 어떠한가?"

"예! 할만합니다."

"애로 사항 없나?"

"예! 없습니다."

이런 대답을 하는 병사의 생활이 결코 즐겁고 신바람 나는 것은 절대 아닐 것입니다. 교회에도 마찬가지입니다. 담임목사

앞에서는 웃지만 속으로는 우는 성도가 얼마나 많은지 모릅니다. 웃는 얼굴 뒤에 가려있는 본 얼굴을 알아차리는 목회자가 얼마나 있는지요. 문제가 있음에도 불구하고 목회자를 찾지 않는 사람들은 하나 같이 하는 말이 자신의 문제를 목사님이 해결해줄 능력이 없기 때문이라고 말합니다. 그래서 아예 세속적인 방법으로 해결하려고 하는 것이지요.

문제가 생기는 배경에는 신바람 나는 신앙생활을 하지 못하는 영적 침체와 관련이 있다고 봅니다. 이런 문제를 해결하기 위해서 그리고 예방하기 위해서 영성의 개발이 중요한 것입니다. 하나님의 체험은 단회적인 것이 아닙니다. 부흥회에서 영적 체험을 하였지만, 이 체험이 계속 다음 단계로 이어지고 발전하도록 돕는 교회적인 노력이 별로 없습니다.

자신의 문제는 자신이 알아서 하라는 정도입니다. 이렇게 되는 까닭은 목회자 스스로가 영적인 것에 대해 알지 못하기 때문입니다. 영성에 대해서 알고 있다면 왜 그렇게 좋은 것을 성도들에게 가르치고 소개하지 않겠습니까? 부흥회에서는 부흥강사가 핏대를 세우면서 "성령 받아라" "능력 받아라"라고 외치지만, 그런 은혜를 받으면 그 다음이 보장 되지 않는데 받아서 무엇 하겠습니까? 은사 받았다가 은사자라고 멸시 당하고 눈총만 받으면 무슨 유익이 있겠습니까? 차라리 안 받고 말지요. 그저 교회에서 말썽 부리지 않고 조용하고 목회자 눈에 거슬리지 않으면 믿음이 좋은 성도이지요.

이런 행동이 속으로 곪아 들게 하고 병들게 합니다. 무능한 목회자는 어떤 의미에서는 하나님 나라의 훼방꾼이 되기도 합니다. 성경은 "경건의 능력을 부인하는 자들에게서 속히 떠나라"(딤후 3:5)라고 권합니다. 영성은 우리가 알면 더 좋은, 그러나 굳이 알지 않아도 신앙생활을 하는데 별로 지장이 없는 것이 아니라, 모르면 병들고 고통당하고 손해가 막심한 반드시 알아야 하는 필수적인 사항입니다.

영성에 관심을 가지고 영이신 그리스도를 아는 것이 어떤 지식보다 고귀하고 값지다는 것을 알아야 하는 시대에 접어들어 있는 것입니다. 과거에는 말씀만 배우는데도 벅찬 시대였습니다. 그저 교회에 나와 주는 것으로만 고맙던 시대는 이제 사라지고 있습니다. 지금은 그런 과거와는 판이하게 다릅니다. 우리 교회는 우리 민족만의 교회가 아닙니다. 이제는 세계를 감당해야 할 교회로 성장하고 있습니다.

그런 성장에 걸맞게 영적인 능력을 갖추어야 합니다. 거듭 주장하는 것인데 우리 교회가 감당할 민족은 영성의 뿌리가 깊은 나라들입니다. 인도의 영성은 말도 할 수 없을 정도로 깊습니다. 중국의 불교 영성은 대승불교입니다. 법경으로 무장한 집단들입니다. 이들에게 말씀만으로는 제대로 되지 않습니다.

능력 싸움입니다. 능력으로 그들의 기선을 제압하고 나서 말씀으로 채워야 합니다. 좌우의 날선 검을 필요로 하는 시대가 온 것입니다. 저는 이 사역을 "Two Edeged Mission"이라고 부릅니다. 또는 "Two Wings Mission"이라고도 부릅니다.

깊은 영성으로 무장할 때가 된 것입니다. 21세기는 영성의 세기입니다. "말씀이신 그리스도"(logos xristos)의 시대는 이제 "영이신 그리스도"(phnumatos xristos)의 시대를 만남으로서 더욱 힘있고 강력하게 될 것입니다. 이 거대한 흐름을 읽고 한국교회가 일어나 준비해야 합니다.

그렇기 위해서 영으로 무장한 지도자들이 나오기 시작하는 것입니다. 이전 시대까지는 그저 능력만 받은 다소 무식한 능력 사역자들이 나왔지만 이제는 말씀과 능력으로 무장한 주의 군대가 일어서기 시작하고 있습니다.

지금은 자다 깰 때입니다(롬 3:11). 하나님이 우리를 부르신 목적은 오로지 복음을 땅 끝까지 전파하기 위해서 입니다. 서로 지식이나 자랑하고 교회 크기나 자랑하고 설교와 화려한 찬양 대를 자랑하게 하려고 부흥과 축복을 내려주신 것이 아닙니다. 우리의 목표는 땅 끝까지 복음을 전하는 것이며, 이를 위해서 영성도 있고 말씀도 있으며, 부활도 있는 것입니다.

믿는 사람들 속에서 경험된 능력을 가지고 이제 불신자들 속으로 들어가야 하는 것입니다. 불신자들에게 당장에 필요한 요구를 채워주어야 합니다. 배고픈 사람에게는 밥을 주어야 하고, 병든 사람에게는 고침을 주어야 합니다. 영적인 것을 깨달으면 깨달을수록 삶이 기쁩니다. 영의 만족을 누리기 때문입니다. 사람은 영적인 존재이기 때문에 나타나는 현상입니다. 영의 만족을 누리려고 합시다.

충만한 교회는 성도들의 영의 만족을 누리면서 세상을 이기도록 영성훈련을 하고 있습니다. 영성훈련에 사용되는 교재는 총 91종이 있습니다. 충만한 교회 홈페이지 www.ka0675.com 에 들어오시면 자세하게 보실 수 있습니다.

충만한 교회는 말씀과 성령으로 성도들을 치유하여 성령의 인도를 받는 영적인 성도가 되도록 하는 목회를 합니다. 충만한 교회 목회 방향은 성도들을 목회자 그늘에서 믿음 생활을 하는 나약한 성도가 되지 않도록 하는 것입니다. 말씀과 성령으로 치유받아 영의 통로를 열고 하나님과 직접 관계를 열어 교통하면서 세상 어디를 가더라도 자신 안에 임재하신 하나님께 기도하여 응답을 받으면서 세상을 살아가도록 합니다. 악한 영들을 권능으로 대적하여 환경을 변화시킬 수 있는 성도가 되도록 합니다.

영적인 자립을 하는 것을 목표로 훈련합니다. 하나님께서 부여하신 권능을 사용하여 세상을 장악하게 합니다. 그래서 주일날도 강한 성령의 역사가 일어나는 예배를 드립니다. 예배 시간은 1부 11:00-/ 2부 13:30-입니다. 영적인 눈이 열리고 사고가 영적으로 변하는 말씀을 준비하여 교재로 제공하고 설교를 합니다. 기도를 40분 이상 하면서 담임 목사가 일일이 안수하여 성령으로 충만 받도록 합니다. 필요한 성도는 토요일 날 개별집중치유를 하여 문제를 치유하고 영성을 깊게 합니다. 자신의 영을 자신이 지킬 수 있는 강한 성도가 되게 훈련하고 있습니다.

# 26장 어린아이 같은 단순한 영성을 개발하는 법

하나님은 크리스천들이 어린아이와 같이 단순하기를 소원하십니다. 하나님은 어린아이와 같이 약한자를 사용하십니다. 모세를 생각해보면 이해가 갈 것입니다. 바로 궁에서 자라서 힘이 있으니까(어른이니까), 자신이 직접 이스라엘 백성들을 돕겠다고 나섰다고 살인하고 광야로 도망을 갔습니다. 광야에서 40년간 이드로 장인 밑에서 데릴사위노릇을 하다가 하나님은 만났습니다. 하나님께서 자신을 통하여 이스라엘을 구원하시겠다고 할 때 "모세가 여호와께 아뢰되 오~ 주여! 나는 본래 말을 잘 하지 못하는 자니이다. 주께서 주의 종에게 명령하신 후에도 역시 그러하니 나는 입이 뻣뻣하고 혀가 둔한 자니이다."(출 4:10). 이렇게 대답을 합니다. 다시"모세가 이르되 오~ 주여! 보낼 만한 자를 보내소서,"(출 4:13). 라고 말합니다. 하나님께서 결국 "그(아론)가 너를 대신하여 백성에게 말할 것이니 그는 네 입을 대신할 것이요 너는 그에게 하나님 같이 되리라" (출 4:16). 하시면서 어린 아이 같은 모세를 사용하십니다. 하나님은 어린 아이 같은 단순한 영성을 가진자를 사용하십니다. 그래야 하나님께서 말씀하시는 대로 순종하기 때문입니다. 하나님께서 사용하시는 깊은 영성을 소유하기 위하여 어린아이와 같이 단순성이 있어야 합니다.

"너희가 이 어린 아이 같지 않고서는 절대로 하나님의 나라에 들어갈 수 없다"라고 예수께서 사람들에게 말했습니다. 그 "하나님의 나라는 우리 마음속에 있다"고 분명하게 말씀하셨지요. 이 말씀을 이해하기 위해서는 우리가 하나님과 친밀한 관계를 경험해야 합니다. 많은 사람들이 하나님과 친밀하고 싶어 하고 그 음성을 듣고 싶어 하면서도 잘 되지 않아서 괴로워하는 배경에는 이 어린아이의 상태가 이루어지지 않았기 때문입니다. 이미 주님과 친밀함을 경험하면서도 여전히 자신은 하나님과 멀리 떨어져 있다고 생각하는 경우가 의외로 많습니다.

우리가 신앙생활을 하는 중에 반드시 갖추어야 할 것이 있는데 그것은 이중성입니다. 어린아이와 장성한 성인 이 두 가지를 어떻게 유지하는가 하는 문제는 단순하지 않습니다. 지혜를 비롯해서 윤리적이고 지식적인 신앙생활에서는 장성해야 합니다. 그러나 하나님과의 친밀함을 위한 영성에서는 어린아이 같은 순진함이 필요합니다. 하나님의 음성을 듣고 동행하는 삶을 위해서는 반드시 어린아이의 영성이 필요합니다. 순수한 영성으로서 이는 요한 사도가 예수의 품에 기대어 어린아이처럼 그 심장의 고동을 느꼈던 그런 자세를 말합니다.

순수한 영성이란 의심하지 않고 받아들이는 것을 말하며 여기에는 하나님을 전적으로 의뢰하는 믿음의 시험을 반드시 거쳐야 합니다. 주님이 인정하는 시험에서 성공하지 않으면 우리의 믿음은 우리의 수준에 머물게 되고 그런 믿음은 때로는 방종이 되고 때로는 수동이 됩니다. 이런 상태는 마귀의 침입을 불러들이며, 마귀로부터 보호 받을 수 있는 안전장치를 확보하지 못했기 때문에 수동에 빠지게 되어 무기력하고 무능한 그리스도인이 되기 쉬운 것입니다. 수동 또는 피동의 상태는 우리 안에 성령께서 역사하실 바탕이 마련되지 않은 상태에서 지식만 성장해서 이론으로만 하나님을 믿고 따르기 때문에 일방적인 신앙생활이 되며, 하나님의 보호하심을 받을 수 없는 위험한 상태가 되는 것입니다.

어린아이와 같은 순수함은 하나님으로부터 보호하심이 절대로 필요한 것이지요. 모든 것을 주님으로부터 온 은혜로 받아들이는 것은 때로는 위험할 수 있지만 그럼에도 불구하고 그런 믿음을 보여야 하는 경우가 있는 것입니다. 순수한 믿음이 없으면 하나님을 기쁘게 할 수 없을 뿐만 아니라 성령과의 친밀한 교제가 원천적으로 불가능해지는 것입니다.

의심하는 것과 분별하는 것의 차이는 종잇장만큼이나 구분되기 어렵습니다. 우리의 입장에서는 늘 분별하는 행위이지만 하나님의 입장에서는 의심하는 도마 같을 것입니다. 확증을 위해서 신중한 것이 하나님의 편에서는 주저하는 것으로 보일 수 있는 것입니다.

우리는 두 가지 상황에서 머뭇거리는 행위가 신중한 것으로 생각합니다. 이스라엘이 바알과 하나님 사이에서 머뭇거림은 보다 신중하기 위한 것이었음에도 불구하고 하나님은 언제까지 머뭇거릴 것이냐며 책망하십니다. 바알과 하나님의 선택은 아주 간단한 것 같지만 절대로 그렇지 않은 것입니다. 우리는 일상에서 하나님의 뜻을 선택하든지 자신의 뜻을 선택하든지 해야 합니다. 그런데 그 선택이 말처럼 쉽지 않아서 오래도록 머뭇거리지 않습니까? 어느 것이 정말로 하나님의 뜻인지 몰라서 결정하지 못하고 머뭇거릴 경우가 얼마나 많습니까?

우리는 마음에 감동되는 것 모두를 모조건 하나님으로부터 온 것이라고 믿어버리기에는 너무도 많은 실수를 경험했습니다. 그래서 쉽게 결정을 내릴 수 없는 것이지요. 그럼에도 불구하고 하나님의 나라에 들어가기 위해서는 어린아이 같아야 한다고 말씀하십니다. 순수하고 단순한 어린아이의 태도를 우리가 취하기에는 우리는 너무도 많은 것을 배웠고 알고 있습니다. 이것이 영성으로 나아가는 길에 걸림돌이 되는 것은 어쩔 수 없는 필연적 결과입니다.

우리가 이것을 극복하기 위해서 이중성을 어떻게 이해해야 하는가 하는 실질적 질문 앞에 서지 않으면 안 됩니다. 이 과정은 모든 그리스도인이면 누구나 반드시 극복해야 하는 아주 중대한 문제이며, 이 과정을 통과해야만 하나님과의 친밀함이 이루어지고 하나님의 나라에 들어가게 되는 것입니다. 여기서 언급하는 하나님의 나라는 내세로서의 천국이 아니라 지금 우리가 살아가고 있는 이곳에서 하나님과 누리는 관계로서의 나라입니다.

우리가 하나님의 나라의 실질적 백성이 되고 안 되고는 그 능력으로 나타나는 것입니다. 이중성을 극복하기 위해서 우리가 반드시 거쳐야 할 것이 순수함에 대한 시험입니다. 이 과정을 거치기 위해서 여러 가지 모양으로 우리에게 시험이 주어지는 것입니다. 이는 아브라함이 모리아 산에서 이삭을 제물로 바치는 순수한 믿음의 시험처럼 그런 유형의 단순한 믿음을 보여야 하는 시험입니다.

단순함이란 두 가지 극단적 선택 앞에서 어느 쪽을 선택하느냐 하는 믿음의 시험입니다. 그것은 베드로가 물 위로 발을 들여놓느냐 거두느냐의 선택처럼 양자택일의 단순성을 지닌 것입니다. 그러므로 그 선택은 극단적일 수밖에 없으며 그 어느 쪽을 선택하느냐에 따라서 우리의 단순성이 하나님으로부터 인정을 받을 수 있고 받지 못할 수 있는 것입니다.

몇 차례의 극단적 선택에 대한 시험에서 단순성을 보여줌으로써 하나님으로부터 인정을 받은 사람에게 오는 특권은 마귀로부터 자유하게 된다는 것입니다. 그 사람이 이후에 선택하는 단순한 순종은 분별이라는 복잡한 이성적 작용을 필요로 하지 않으며 단순히 믿고 따르는 원론적 신앙의 삶을 살게 되는 것입니다. 이것이 믿음의 사람이 행하는 태도이며, 조지 뮬러는 아동들이 굶주려야 하는 절박한 상황이었음에도 불구하고 기도골방(closet)에 들어갈 수 있었습니다. 그 일을 함으로써 하나님의 기적을 이끌어낼 수 있었고 하나님의 살아계심을 보여줌으로써 주께 영광이 되는 일을 하게 된 것입니다.

하나님과의 친밀함은 이런 능력을 들어내시도록 하나님에게 모든 일을 위임하는 것입니다. 하나님이 우리를 통해서 기사와 이적을 보이심으로써 살아계신 하나님이심을 모든 사람들에게 보여주시기를 원하시는 것입니다. 이 일을 하려면 우리가 단순해져야 하고 순수해야 합니다. 어린아이 같지 않으면 우리는 우리의 지혜를 사용하고, 우리의 경험과 논리로 하나님을 설명하려고 하게 됩니다.

이것은 하나님이 원하시는 바가 아니며, 그렇기 때문에 그런 사람에게서는 하나님의 역사하심이 나타나지 않는 것입니다. 상당수의 그리스도인들 가운데 이미 하나님의 음성을 듣고 친밀한 관계 속에 있으면서도 그것을 인식하지 못하는 경우가 있는데 이는 단순하지 못하기 때문에 하나님의 역사하심을 복잡하게 이해하려고 하는 것입니다.

아주 평범한 것은 하나님의 일로 여기려 하지 않는 기본적인 생각의 오류가 있습니다. 보다 특별하고 이적적인 방법으로 하나님과의 관계를 설정하고 그런 증거만을 추구한다면 우리는 하나님을 경험할 수 없을 것입니다. 아주 단순한 일상의 일로부터 하나님을 인정하는 순수함을 보여야 정말로 원하는 이적적인 하나님을 만나게 되는 것입니다.

우리는 범사에 주님을 인정하는 그런 자세를 항상 유지할 뿐만 아니라 장성한 성인처럼 책임감을 가지고 하나님의 일에 헌신하려는 의지도 보여주어야 합니다. 어떤 경우에 어린아이 같아야 하는지 어떤 경우에 어른 같아야 하는지는 우리 각 사람이 터득해야 할 몫이기도 합니다. 하나님과 자신과의 관계에서는 순수한 어린아이 같아야 하지만 다른 성도들을 섬김에 있어서 어른 같아야 할 것입니다. 이 과제는 참으로 어려운 공과입니다. 그러나 소홀히 해서는 안 되는 주요한 요소이기도 합니다.

제가 지금까지 성령사역을 하면서 체험한 바로는 어린아이같이 순수한 분들이 빨리 변화되더라는 것입니다. 감성적인 우뇌형 이기 때문입니다. 어린아이같이 순수한 분들이 잘 받아들이고 몸으로 느끼기를 잘합니다. 그렇기 때문에 쉽게 변화되지요. 그래서 주님은 어린아이들을 좋아하는 것입니다. 깊은 영성을 개발하기 원하십니까? 어린아이같이 순수해보세요. 그러면 날로 변화하는 자신을 발견하게 될 것입니다.

# 27장 여성적인 영성을 개발하는 비밀

하나님은 영성적인 성향의 사람을 좋아하십니다. 여성들에 대하여 표현하기를 '마음이 여리다.' '내성적이다.' '감성이 풍부하다.' 라고 합니다. 이런 여성적인 사람은 대체로 영적으로 민감한 사람들입니다. 이런 사람들은 상대를 배려하는 사람들이 많고, 많은 사람들 앞에 잘 나서지도 않습니다. 이런 사람들은 청중이나 상대에서 방출되는 영적파동을 강하게 느끼는 사람들입니다. 여성들에게 예언의 은사가 잘 나타나는 것도 감성이 풍부하기 때문입니다.

사람은 누구나 한 가지에 치우치는 경향이 강한 것 같습니다. 그것은 사람이 태어날 때 남성과 여성으로 분리되어 이 세상에 온 것이 한 요인이기도 하겠지만, 그 보다는 이기적인 생각이 더 강하기 때문이라고 봅니다. 남성과 여성으로 태어난 것은 서로 보완적이기 위한 것이며, 사람은 다른 성향의 것을 함께 공유할 수 없는 특성이 있기 때문이기도 할 것입니다. 즉 남성성과 여성성은 대조적인 것이기 때문에 한 몸에 지닐 수 없는 물과 불 같은 요소이며, 어쩔 수 없이 분리되어야 하는 것처럼 영적인 일에도 대조적인 요소들이 있습니다.

논리적이고 이성적인 말씀주의는 남성적이지요. 신비적이고 감성적인 것은 여성적입니다. 그러므로 고대사회에서부터 남성주의는 교회 안에서도 절대적으로 우월했고 따라서 여성적 성향의 영성들은 자연히 무시되었습니다.

　남성주의가 지배하는 고대사회로부터 최근에 이르기까지 여성 영성을 대표하는 요한의 영성은 배척되어 교회 주변을 맴돌게 되었습니다. 머리로 듣는 것과 가슴으로 듣는 것 모두가 중요하고 어느 한 쪽도 소홀히 할 수 없는 것임에도 불구하고 이제까지 가슴으로 듣는 것은 여성적이라는 이유로 배척되었던 것입니다.

　영국을 보더라도 교회가 베드로의 영성을 공인하기 전까지만 해도 남성과 여성은 구분이 없이 교회에서 중요한 역할을 수행했습니다. 선교의 결정적인 갈림길을 만든 664년의 '휘트비 총회'(the Synod of Whitby)에서 영국 교회를 대표하는 사람은 여수도원장 힐다(Hilda)였습니다. 이 총회에서 노섬브리아의 왕인 오스위(Oswy)는 베드로의 영성을 교회의 기본으로 결정하게 됩니다. 사랑과 감성 보다는 권위가 더 중요했던 왕으로서 당연히 선택할 것이었습니다. 이로써 영국 교회는 지금까지 권위를 위한 교회 형태로 발전해 갔고, 사랑으로 역사하시는 '가슴의 영성'은 교회 밖으로 밀려나게 되었습니다.

　가슴으로 듣는 영성은 이후 신비주의로 몰려 이단시되게 되었고 그 결정적인 계시는 스코틀랜드의 펠라기우스였습니다. 펠라기우스는 여성에 대해서 중요하게 여겼고 여성적 영성의 중요함을 교회에 일깨운 사람입니다. 여성에게 성경공부를 시켜야 함을 강조했고 남성적 영성 못지않게 여성적 영성의 중요함을 강조했지만 이 주장은 그와 경쟁하게 되는 다른 사람들 특히 아우구스티누스로부터 집중적으로 비난을 받게 됩니다. 로마의 지도적인 가문의 젊은 여성 드리트리아스(Demetrias)에게 보내는 공개서한이 문제가 되어 마침내 이단으로 정죄되기에 이릅니다. 이로써 우리는 영성적 영성을 대표하는 한 축을 잃게 되었고 남성 지배사회에서 교회는 오로지 남성 편에만 서게 되었습니다.

근래에 들어와 여성적 영성에 대한 눈을 떠가고 있는 실정입니다. '아시아의 모태 신학'으로 유명한 숭첸청(宋泉盛) 등이 대표적인데 아직도 가슴으로 듣는 요한의 영성에까지는 이르지 못한 것 같습니다. 우리 교회는 여전히 여성들에 대한 편견으로 가득합니다. 대부분의 교단이 여성목회자를 부정하고 있는 실정에서 여성적 영성인 감성의 영성은 교회에서 인정을 받을 수 없는 것이 현실입니다. 그리스도를 이해하는 방식을 오로지 말씀 하나로만 국한시켜 버린 교회의 태도는 영국교회가 권위와 사랑 중 권위를 택한 것과 마찬가지입니다. 사랑이란 가슴으로 깨닫는 것이며, 감성으로 느껴지는 것입니다. 이것은 말로 설명할 수도 없고 말로 깨달을 수도 없는 하나님의 본질입니다.

요한 사도는 "하나님은 사랑이시다"라고 설명하고자 했을 때 그는 말로 하려고 하지 않았습니다. 그는 그리스도의 가슴에 머리를 묻고 그 쿵덕거리는 주님의 심장의 박동을 직접 느꼈고 그

따스한 온기를 체험한 사람입니다. 늘 그리스도의 가슴에 비스듬히 기대어 살아온 요한은 스스로를 소개할 때 '주님이 사랑하는 자'라고 표현했으며, 주님의 품에 기대어 있는 모습으로 자신을 설명했습니다. 이로써 그는 그리스도를 가슴으로 느꼈음을 강조한 것입니다. 이 가슴과 가슴으로 전해지는 사랑은 전적으로 여성적입니다. 여성은 사랑하는 자식을 품에 두고 키워냅니다. 가장 따스한 젖가슴으로 안아 길러내는 것이며, 그런 수유과정을 통해서 자신의 전부를 주는 사랑을 직접 경험하는 것입니다. 그래서 그 자식을 자신의 생명으로 인식하고 절대로 포기하지 않습니다.

그러나 이런 경험이 없는 남성은 자식을 이지적으로 생각합니다. 사랑 보다는 책임을 더 중요하게 생각하고 권위를 앞세웁니다. 사랑의 표현도 자연적으로 권위적입니다. 그렇기 때문에 가슴으로 느껴지는 사랑을 알지 못하는 것입니다. 우리가 살아가는 세상은 이 두 가지 요소들이 서로 조화를 이루어야 건강하듯이 영성도 마찬가지입니다. 하나님을 경험하는 두 가지 방법 모두가 존중되어야 하는 것입니다. 즉 지성적 접근과 신비적 접근 모두가 교회 안에서 중요하게 다루어져야 하는 것입니다. 지금까지 우리는 부성적 영성에만 치중해 왔습니다. 권위적 영성은 말씀을 권위로 해석하는 것에서 출발합니다. 그래서 말씀만을 절대적 가치로 여겼습니다. 말로 표현할 수 없는 감성적 영성은 항상 비천한 것이거나 낮은 것으로 취급되어 경시했던 것입니다.

말로 표현할 수 없다고 해서 그것이 가치가 없다는 것은 참으로 어리석은 것입니다. 하나님의 신비는 말로 설명이 될 수 없는 것입니다. 요한이 느꼈던 그 따스한 그리스도의 품은 말로 설명이 되지 않습니다. 그것은 그저 느낄 때 깨달아지는 것입니다. 우리 교회에서 늘 등한시 되고 심지어는 이단으로 정죄되기도 한 신비적 영성은 느낌으로 오는 것입니다.

그리스도를 감성으로 알아가는 것은 말씀으로 알아가는 것 못지않게 소중하며 중요합니다. 어머니의 사랑은 말로 아는 것이 아니라 느낌으로 아는 것입니다. 우리는 하나님을 늘 부성으로만 인식하려고 합니다. 아버지 하나님이라고 부르기 때문에 자연적으로 그렇게 고정된 것입니다. 그러나 하나님의 속성 안에는 모성적인 면이 너무도 많습니다. 주님은 '낳으시는 하나님'이며, 구로하는 하나님으로 표하는 개역성경은 그 의미가 젊은이들에게는 바로 오지 않는데 구로란 '산통을 겪다'라는 뜻입니다. 즉 낳기 위해서 산고를 많이 겪으신다는 뜻이지요.

오랜 세월 가부장적 권위 속에서 살아온 우리 민족도 역시 부성적 영성을 가치 있는 것으로 여기고 감성적 영성은 소홀히 하거나 아예 부인합니다. 중세의 여성적 영성이 자연적으로 수도원을 형성했듯이 지금도 여성적 영성은 기도원이라는 형태로 우리 곁에 다가와 있는 것입니다. 이것은 결코 바람직하지 못합니다. 부성적 권위는 교회 안에서 자리를 잡고 정당한 위치에 있지만 모성적 영성은 그 주변에서 맴돌 뿐입니다.

아직도 여성이 무시되는 사회이기 때문입니다. 오늘날 다양한 부분에서 여성들이 참여하고 있지만 아직도 그 길은 멀기만 합니다. 따라서 영성도 역시 마찬가지라고 봅니다. 절대 다수를 차지하고 있는 여성성도들임에도 불구하고 그들의 성향과는 잘 맞지 않는 말씀주의로 하나님을 이해할 것을 강요당합니다.

여성이 가지고 있는 감성은 하나님을 이해하고 접촉하는 중요한 기능임에도 불구하고 무시되고 심하게는 제제와 압박을 받습니다. 그런 까닭에 여성은 쉽게 주님과 친밀할 수 있는 기능을 가지고 있으면서도 어렵게 하나님을 이해하는 법을 배우게 됩니다. 여성의 본성적 사랑으로 하나님을 이해하기 보다는 논리적이고 이성적인 사랑의 방법을 깨달으려고 합니다.

지식으로 채워지는 하나님과 본성으로 알아지는 하나님이 무엇이 다릅니까? 가슴으로 하나님의 음성을 듣는 것이나 성경에서 깨달아 아는 하나님이나 전혀 다를 바가 없는 것입니다. 하나님은 만물에 그 창조하신 하나님의 뜻을 담았다고 합니다. 만물을 통해서 우리는 하나님을 배우고 느낍니다. 어느 한 쪽도 절대로 소홀히 해서는 안 되지만 우리는 한 쪽을 애써서 외면하려고 합니다. 오로지 권위 때문에 그렇게 합니다.

# 28장 자아가 화합하는 영성을 개발하는 법

하나님은 자아가 하나님의 자아와 화합하는 성도를 통하여 이 땅에 하나님의 나라를 건설하십니다. 누구든지 자신의 자아가 죽지 않으면 하나님이 사용하실 수가 없습니다. 하나님께서는 성도를 불러서 자아를 깨뜨리는 훈련을 하십니다. 연단되고 훈련되어 자신의 자아를 하나님의 뜻에 순종할 때 사용하십니다. 자신의 자아가 하나님의 뜻에 순종하기 위해서는 말씀과 성령으로 치유를 해야 합니다. 자신의 부족을 깨달아야 합니다. 자신의 힘으로는 한 시간도 살아갈 수가 없다는 것을 스스로 체험해야 합니다. 영적 성장은 영성 훈련을 통해서 가능한 것이지만, 단순히 훈련만 한다고 해서 또한 이루어지는 것이 아닙니다. 커리큘럼에 맞추어서 반복하는 훈련을 통해서 어느 정도 향상이 이루어질 수는 있지만 여기에도 한계가 있을 수밖에 없을 것입니다. 영적 능력이나 체험은 일정 부분은 우리의 노력을 필요로 하기 때문에 경험이 많은 지도자를 통해서 지식을 습득함으로써 더 강화되거나 새로운 능력을 받을 수 있습니다. 체험하므로 영적인 성장이 이루어집니다. 영안도 마찬가지로 말씀을 삶에 적용하여 체험함으로 열리는 것입니다.

그러나 이런 문제에 있어서 가장 중요한 것은 본인의 관심과 열정이라고 생각합니다. 이 열정에는 간절한 소망과 그에 따르는 훈련이 어우러질 때 훨씬 더 좋은 결과를 만들어냅니다. 성경은 우리들에게 "신령한 것을 사모하라"고 가르치고 있는데, 이것이 간절한 소망입니다. 신령한 은사들에 대해서 우리가 모르는 것은 바람직하지 못하며, 누구든지 일정 부분 이 은사를 나타내야 할 것입니다. 왜냐하면 하나님의 나라는 영에 속한 것이기 때문입니다.

간절한 소망은 행동을 자극하게 만들며, 영적 훈련을 지속하게 하는 동력이 될 수 있습니다. 영성훈련은 많은 인내를 필요로 하는 쉽지 않은 과제이기 때문에 조금 하다가 포기하려고 한다면 차라리 시작하지 않음만 못한 것입니다. 훈련을 조금 하다가 포기하면 하나님에 대한 불신앙이 생겨 사단의 공격을 받을 빌미를 제공하게 되기도 하기 때문에 위험할 수도 있는 것입니다.

오래 참는 것은 성령의 열매이기 때문에 영성 훈련 과정에서 이 열매가 맺어지는 것입니다. 신비한 경험을 하게 한 후에 그것에 감동되어 모든 것을 바쳐서 훈련을 하지만 머지않아서 삭막함을 경험하게 되기도 합니다. 그렇게 되면 의심도 생기고 갈등도 일어나 더욱 혼란스러워지기까지 합니다. 이렇게 저렇게 해도 삭막하기는 마찬가지이기 때문에 포기하고 싶은 유혹을 심하게 받게 되는 것입니다. 많은 사람들이 성령의 능력 안에서 영적 삶을 살고 싶어 하지만 기대처럼 그렇게 되지 않습니다. 그 이유는 사람마다 다르겠으나 하나님이 원하시는 수준의 어떤 열정이 부족한 경우가 많습니다. 하나님이 주시는 은혜는 우리의 행위에 의한 것이 아니며, 은사 역시 그러하지만 그렇다고 해서 손을 놓고 아무런 행위도 하지 않는다면 우리는 사단이 가장 좋아하는 게으름이나 피동 상태에 빠질 위험이 있습니다.

하나님의 나라의 온갖 좋은 것은 그것을 구하고 찾는 사람에게 주어지는 것이 기본입니다. 성경의 일관된 가르침은 우리의 열성을 보여줄 것을 요구하고 있습니다. 열과 성을 다하여 주 하나님을 사랑해야 하며, 문을 두드리면 주님이 우리 안에 들어오십니다. 행함으로 우리의 믿음을 보여주어야 하기도 합니다. 이렇듯이 우리는 신령한 은사를 사모하여야 합니다. 사모하게 되면 관심이 생기고 그 방향으로 행동이 따라가게 되는 것입니다. 열심히 기도하고 무시로 성령 안에서 기도하게 되며, 따라서 신령한 은사를 받게 됩니다. 우리가 신령한 은혜를 경험하는 것은 하나님의 뜻과 정한 시기에 우리의 열정이 하나님을 감동시킬 때 일어나는 것입니다. 마음이 열려야 영안에 계시는 성령님이 감동을 하신다는 것입니다. 하나님은 우리들에게 각양 좋은 것을 주시고자 하는 뜻이 있습니다. 누구든지 주의 이름을 부르는 자에게 하나님은 가장 좋은 구원의 선물을 주듯이 누구든지 구하는 자에게 성령의 선물을 주시고자 하는 것입니다. 다만 적당한 때에 그렇게 할 것입니다.

이 적당한 하나님의 때는 누구도 알 수 없는 하나님의 고유한 권한입니다. 다만 영적으로 성장하여 하나님의 뜻을 제대로 헤아릴 줄 아는 성숙한 그리스도인에게는 계시적으로 이런 부분에 관한 통찰력을 주셔서 하나님의 때를 알게 하십니다. 이런 경우에도 구체적인 시각(time)이 아니라 포괄적인 징조 (season)를 알게 되는 것입니다. 이런 시기를 아는 지도자는 그 사람에 대해서 적절한 조언을 할 수 있을 것입니다.

적절한 때에 적당한 행동을 한다면 우리는 틀림없이 신령한 은혜를 경험하게 될 것입니다. 이 기회를 놓치지 않으려면 무시로 기도하여야 할 것입니다. 은혜를 사모하는 마음으로 항상 기도하면서 열정적으로 사모할 때 하나님의 때가 이르면 놓치지 않고 받을 수 있습니다. 그러므로 바울은 때를 얻든지 못 얻든지 항상 힘쓰라(딤후 4:2)고 가르치고 있습니다. 물론 이 말씀은 바울이 전도에 관해서 언급할 때 한 말이지만 한 사람의 구원 받을 사람을 얻기 위해서 그렇게 해야 하는 것처럼 우리 자신에게도 그렇게 해야 할 것입니다. 누가 구원 받기로 작정된 사람인지를 알 수 없을 뿐만 아니라 어느 시점에서 구원이 이루어질지도 모릅니다. 이처럼 우리 자신에게 향하신 하나님의 은혜의 때 역시 우리는 잘 알지 못하기 때문에 항상 기도하면서 깨어 있어야 할 것입니다. 하나님이 주시고자 하는 그 때를 잃지 않기 위해서입니다. 이것이 훈련의 열정으로 나타나야 하는 것입니다.

항상 깨어 기도하면서 준비한다는 것은 많은 인내를 필요로 할 뿐만 아니라 믿음도 있어야 합니다. 인내는 곧 믿음을 바탕으로 할 때 가능한 것이기 때문에 우선 믿음이 있어야 하는 것입니다. 하나님이 그 뜻대로 부르심을 받은 자에게는 온갖 좋은 것으로 주시기를 원하고 계신다는 사실을 믿는 믿음으로 인내하면서 구해야 합니다. 이런 인내의 과정에서 우리는 다양한 영적 경험들을 통과하게 됩니다.

다양한 경험은 지식을 만들어내며, 이미 얻은 지식에 대해서 공감하게 되므로 영적 성장에 유익한 것입니다. 이 영적 지식은 원론적인 것과 어긋나서는 안 되기 때문에 공동체 안에서 점검을 받아야 합니다. 영적 경험은 신앙의 선배나 지도자 아래에서 서로 나누는 과정이 필요합니다. 홀로 경험한 것이 공동체에서 공통적인 것임을 확인 받을 필요가 있습니다. 그래야만 개인적인 경험을 통해서 원리를 발견하게 되는 것입니다.

원리는 다른 사람을 위한 것입니다. 영적 경험은 확대되고 증대되어 다른 사람들과 공유할 수 있는 것입니다. 이것은 안수라는 수단을 통해서 다른 사람에게 전이될 수 있는 것입니다. 물론 이 과정에도 역시 하나님의 때에 맞추어야 한다는 부담은 있습니다. 원리의 발견은 그것을 적용할 때 가능성을 높이는 것이 되며, 원리에 따라서 행동할 때 우리가 영적 경험이나 은사를 받을 수 있는 가능성은 더 높아지는 것입니다.

하나님의 은혜를 의도적으로 이끌어낼 수는 없습니다. 그것은 하나님의 주권에 속한 것이기 때문입니다. 그러나 상당 부분은 우리와 맺은 약속이라는 신호에 의해서 작용하는 것입니다. 일시적으로 작용하는 성령의 역사하심은 대부분 우리에게 주어진 약속의 신호에 의해서 작용합니다. 이런 경우 그것을 행하는 사람의 판단에 의한 것인데, 그 책임도 져야 할 것입니다.

이는 주께서 너희가 무엇을 구하면 행하리라고 하신 말씀(요 14:14)에 근거하며, "그를 향하여 우리의 가진바 담대한 것이 이것이니 그의 뜻대로 무엇을 구하면 들으심이라"(요일 5:14)는 말씀에 근거하는 것입니다. 그러므로 영적 작용을 불러일으키는 많은 영적 신호에 관해서 알고자 해야 하며, 그것을 통해서 성령의 역사하심을 이끌어낼 수 있게 되는 것입니다.

성도의 유익을 위해서 이끌어내는 성령의 역사하심은 그것을 판단하는 사람의 영적 성숙에 의해서 좌우될 수 있습니다. 하나님의 뜻을 헤아리되 범사에 좋은 것을 취할 수 있어야 할 것입니다. 유익하지만 다 좋은 것은 아닐 수 있기 때문입니다.

그러므로 경험이 많은 스승을 통해서 이런 부분에 대해서 배울 필요가 있습니다. 경험은 훌륭한 가르침을 우리들에게 제공하는 것입니다. 열정으로 기도하면서 하나님의 때를 기다리는 인내가 필요합니다. 그렇게 해서 우리 모두 신령한 능력으로 충만한 그리스도인이 됩시다.

# 29장 홀로 있기 훈련으로 영성을 개발하는 법

하나님께서 원하시는 성도가 되려면 하나님과 자신과 둘만의 시간을 많이 보내야 합니다. 하나님께 질문하고 답변을 듣고, 기도하는 시간을 많이 가져야 하나님께서 원하시는 영성의 성도가 됩니다. 다윗과 같이 둘만의 시간을 많이 보낼 때 하나님과 교통할 수 있는 성도가 됩니다. 그런데 사람은 사회적인 성향을 가지고 있기 때문에 본능적으로 혼자 있기를 원하지 않습니다. 그러나 성숙한 그리스도인이 되기 위해서는 반드시 이 과정을 거쳐야 합니다.

홀로 있기는 광야 학교의 따돌림이나 배척의 학교에서 우리의 인격을 다듬고 주의 음성을 듣기 위해서 필수적으로 거치는 과정입니다. 사역의 질과 폭이 클수록 긴 세월 동안 격리됩니다. 바울은 14년간의 아라비아 훈련으로 인해서 예루살렘은 물론이거니와 고향 다소에서도 사라진 사람이 되었습니다.

다메섹에서의 극적인 변화를 경험한 뒤에 이 소문으로 인해서 사람들의 관심을 사게 되었고 그는 예루살렘 교회에서 간증을 하였으며, 사람들은 호기심으로 몰려와서 바울을 보았습니다. 그러나 이 일은 곧 시들해지고 그는 사람들의 기억에서 서서히 사라져 갔습니다. 오늘날에도 역시 이와 같이 잠깐 반짝하다가 우리의 시야에서 사라지는 스타들이 많지요. 계속 사람들에게 영향을 줄 수 있는 내용을 보여주지 못하면 사람들은 그들을 더 이상 필요로 하지 않고 외면하게 됩니다. 처음 능력을 받아서 사람들에게 관심을 사던 사역자가 그 능력이 신통하지 않자 사람들은 그를 더 이상 찾지 않게 됩니다. 그렇게 되면 그는 사람들의 기억에서 사라지게 되는 것이지요.

대부분의 사역자는 처음 능력을 받으면 2~3년간의 시험기간이 주어집니다. 이 기간은 사역자가 주어진 능력을 가지고 사역을 계속할 수 있기 위해서 능력을 인식하고 하나님의 뜻을 구별하는 기간입니다. 예외적으로 '복음 전하는 자'로 부르심을 받은 사람은 그 사람이 자신의 역할을 이해하든지 못하든지 상관없이 강력한 능력으로 역사합니다. 앞의 여러 글에서 설명하였듯이 그들의 인격이나 영적 성숙과는 상관없이 강하게 역사하시며 일생 그런 역사가 계속 되는 것입니다.

능력을 받은 사람도 역시 인격이나 영적 성숙과는 상관없이 능력이 주어집니다. 그러나 이런 사람들은 2~3년의 기간 동안 자신에게 주어진 능력이 어떤 의미로 주어진 것이며, 이 능력을 통해서 하나님에게 어떻게 헌신해야 하는지를 파악하여야 하며, 영적으로 성숙하고 인격이 다듬어져서 온전한 사역자로 서가야 합니다. 이런 노력이 없으면 그는 그 능력의 자리에서 유보되며, 심한 경우 취소되기도 합니다.

하나님은 부르심에 후회가 없는 분이십니다. 우리의 연약함과 부족함을 알고 불러내셨고 부르심을 받은 사람에게 그에 합당한 훈련을 시키는 것이지요. 그 훈련의 한 과정으로서 홀로 있기가 있는 것입니다. 홀로 있기 과정에 들어가는 사람은 그의 능력이 점차로 소멸되는 것을 느낍니다. 능력이 점차로 약화됨에 따라 예비 사역자는 심각한 고민을 하게 됩니다. 자신의 죄 때문인지, 불순종한 것이 있지나 않은지 등을 살펴봅니다. 그리고 회개도 하고 부르짖어 능력이 다시 충만해지기를 간구합니다.

받은 능력이 소멸되는 것이 당사자에게는 얼마나 큰 충격인지 모릅니다. 없을 때는 아무렇지도 않지만 있다가 없어지면 마치 하나님으로부터 버려진 것 같은 느낌을 받습니다. 그런데 그 능력이 전혀 없어진 것이 아니라 상당히 약해진 것을 느낍니다. 전 같으면 충분히 처리할 수 있었던 문제인데 제대로 되지 않습니다. 능력이 사라진 것인가 하고 의심하고 있는데 간혹 강력한 능력이 나타납니다.

그래서 혼란스러워집니다. 사라진 것도 아니고 나타나는 것도 아닌 어정쩡한 상태가 계속되면서 차츰 사람들의 관심에서 멀어지게 됩니다. 더 이상 자신을 필요로 하지 않는 것이지요. 물론 자신에게 아직도 능력이 있는데 말입니다.

이렇게 잊어버리는 과정이 홀로 있기의 훈련입니다. 홀로 있게 되면 우리는 하나님을 심각하게 생각하게 되고 자신의 사역을 깊이 있게 돌아보게 되며, 능력이 도대체 무엇인가 라는 철학적인 질문을 하게 됩니다. 이런 질문을 통해서 자신에게 주어진 능력의 의미를 깨닫게 되지요. 이 과정에서 영성 있는 지도자를 만나거나 경건한 서적을 통해서 사역의 의미를 알게 되고 지도도 받게 되는 것입니다. 이런 교육 과정을 교회가 제도적으로 구성하여 능력을 받은 사람이 혼란을 겪지 않고 훌륭한 전문 교육을 받을 수 있도록 해야 하는 데, 우리 현실은 아직 이 부분에 대한 이해가 부족하여 받은 사람이 알아서 하라는 식입니다. 그리고 그들이 잘못하면 핀잔을 주고 비판하며 능력을 싸잡아 폄하합니다.

홀로 있기 과정에서 우리는 하나님의 친밀함을 경험하게 됩니다. 사실 이 과정은 우리가 하나님의 음성을 듣는 귀한 시간입니다. 오로지 하나님 한 분만 간절히 바라보기란 쉬운 일이 아닙니다. 전문 사역자가 되면 사역에 빠져 하나님을 제대로 바라볼 여유가 없이 바쁩니다.

무엇 때문인지도 모르고 그저 바쁩니다. 일이 우리와 하나님 사이를 갈라놓습니다. 예수님은 바쁘신 사역 가운데에도 홀로 한적한 곳에서 오래 머무시면서 하나님과 친밀한 관계를 유지했습니다. 홀로 있기는 이런 친밀함이 얼마나 소중한 것인지를 발견하는 과정이기도 합니다.

하나님의 계시와 환상은 주로 홀로 있을 때 주어지기 때문에 사역자는 홀로 있기에 익숙해야 합니다. 주님도 제자들과 함께 산에 올라 기도하였지만 제자들과는 어느 정도 거리를 두고 홀로 있었습니다. 그러나 이런 홀로 있기를 이해하지 못한 제자들은 산에 올라가서도 뭉쳐있었지요. 영적으로 성숙하지 못한 사역자들은 홀로 있지 못합니다. 기도회에 와서도 삼삼오오 뭉쳐서 잡담을 합니다. 경건한 은혜의 이야기 보다는 세속적인 대화가 많습니다.

홀로 있기를 통해서 말씀을 깊이 묵상하고 자신에게 주어진 소명을 다시 새기는 기간이 되어야 합니다. 홀로 있기를 위해서 잠시 능력이 소강상태에 빠진 것을 하나님이 능력을 거둔 것으로 오해하고 사역을 접는 사람들이 간혹 있습니다. 많은 목회자들 가운데 능력을 받은 것이 계기가 되어 신학을 하고 목회자가 된 사람들이 있습니다. 이런 사람들은 대부분 자신에게 주어진 능력은 자신을 목회자로 세우기 위해서 잠시 주신 은혜일뿐이라고 여깁니다.

소명을 인식하고 그 길로 들어섰기 때문에 이제 더 이상 능력이 필요 없어서 하나님이 거두신 것이라고 말합니다. 그러나 이 말은 절대로 올바른 것이 아닙니다. 이런 말은 성경의 어느 곳에서도 구체적으로 지지하는 부분이 없습니다. 오히려 우리는 권능이 임하면 능력을 받아서 땅 끝까지 복음을 전하게 됩니다.

목회자가 되어도 받은 능력이 소멸되지 않고 오히려 더 강하게 역사하는 분들이 많지 않습니까? 목회자가 된 이후에 능력을 받아 능력사역을 하는 분들도 많습니다. 이런 말은 자신의 불찰과 무지를 변명하는 것에 지나지 않습니다. 하나님은 주신 능력을 좀처럼 거두시는 일이 없습니다. 거듭 실수를 하는데도 좀처럼 거두어들이지 않습니다. 이것은 7번씩 70번이라도 용서하시고 오래 참으시는 하나님의 본성 때문입니다. 사람들이 모두 잘못 됐다고 비난해도 능력은 여전히 나타납니다. 그 사역자에 대해서 하나님은 길이 참으시면서 그가 온전한 사역자로 거듭나기를 기다리고 계시는 것입니다.

2~3년 내에 서서히 능력이 약화하는 것은 그 예비 사역자의 인격을 다루시고 주님의 온전한 능력 사역자로 세워지게 하시는 주님의 훈련으로 들어가는 과정임을 인식하여야 합니다. 이 과정을 올바르게 통과하면 인격이 온전해지고 성숙된 사역자로 세워질 것입니다. 홀로 있는 동안 주의 음성을 들으십시오. 바울은 이런 기간을 통해서 다듬어져 위대한 사도가 된 것입니다. 우리도 이런 과정을 거쳐 온전한 사역자가 되어야 할 것입니다.

홀로 있는 훈련 광야의 학교는 외로움의 학교입니다. 깊이 있는 영성을 소유하기 위해서는 이 외로움이라는 학교에 입학하지 않으면 안 됩니다. 토저는 "이 세상에서 위대한 사람들은 대부분 외로웠다. 외로움이란 성도가 자신의 성스러움을 위해 지불해야 하는 대가인 것 같다"고 말했습니다.

그러면 왜 하나님은 성도에게 외로움을 통과하게 하실까요? 홀로 있을 때 성도는 하나님을 만날 수 있고, 자신을 돌아볼 수 있기 때문입니다. 자신을 성찰하는 것은 아름다운 것입니다.

자신의 성찰을 포기한 사람은 인간됨을 포기한 것입니다. 홀로 있는 시간에 하나님은 하나님 자신을 보여 주시고, 우리 자신을 깊이 성찰하게 하십니다.

헨리 나우웬은 외로움과 고독을 구분했습니다. 단순히 홀로 있음과 고독을 구분했습니다. 외로움을 '광야'로, 고독을 '동산'으로 묘사합니다. 외로움이라는 광야를 아름다운 꽃이 피고 풍성한 열매를 맺는 동산으로 변화시키는 것을 고독으로 보았습니다. 고독은 단순한 외로움이 아닙니다. 고독은 하나님 앞에 있는 것입니다. 고독은 하나님과 함께 있는 것입니다. 외로움은 고통스러운 것입니다. 그러나 고독은 하나님과의 깊은 친교 속에 들어가는 것입니다.

나우웬은 "외로움으로부터 고독으로 가는 움직임이 모든 영적인 삶의 시작이다"라고 말했습니다. 하나님 앞에 홀로 있는 시간을 가져야 합니다. 고독은 축복입니다. 고독은 하나님의 은혜의 시간입니다. 홀로 있음을 두려워 마세요. 토저는 말합니다. "큰 독수리는 홀로 날아간다. 큰 사자는 홀로 사냥한다. 위대한 사람은 홀로 간다." 하나님은 하나님과 함께 가며 홀로 있음을 즐거워하는 사람을 찾으십니다.

하나님은 모세로 하여금 백성들과 함께 있게 하시기 전 광야에서 홀로 있게 하셨습니다. 홀로 있음이 목표가 아닙니다. 함께 있게 하기 위해 홀로 있게 하십니다. 디트리히 본회퍼는 "홀로 있지 못하는 사람은 공동생활을 조심하도록 하라. 공동생활

속에 있지 않은 사람은 홀로 있기를 조심하도록 하라."고 말합니다.

또한 그는 "홀로 있지 못하는 사람과의 친교는 공허한 말과 감정에 빠지게 하고, 친교 없는 홀로 있기를 추구하는 사람은 공허한 깊은 구렁과 자기 도취와 절망에 빠진다."라고 말했습니다. 균형을 이루어야 합니다.

오늘 우리에게 모세와 같은 광야는 없습니다. 광야는 단순히 특정 장소를 의미하는 것은 아닙니다. 홀로 있을 수밖에 없는 고난의 현주소요, 내적 상태일 수 있습니다. 하나님은 바로 그 곳에서 우리를 만나시기 원하십니다. 함께 있기 위해 홀로 있고, 홀로 있기 위해 함께 있어야 합니다.

# 30장 단점을 스스로 처리하며 영성을 개발하는 법

하나님은 자신을 정확하게 볼 줄 아는 영성을 개발하기 원하십니다. 일부 크리스천들이 자신을 정확하게 보지 못해서 고통을 당합니다. 하나님께서 원하시는 영적인 사람으로 바뀌는 시기는 자신을 정확하게 볼 줄 알 때부터 시작이 됩니다. 필자는 성령치유 사역을 합니다. 많은 목회자와 성도가 치유되기 시작하는 것은 자신에게 문제가 있다는 것을 인정할 때부터 치유가 되기 시작을 합니다. 특별하게 말씀을 많이 알고 이곳저곳을 다니면서 성령의 은혜를 체험한 성도나 목회자가 하나님께서 원하시는 사람으로 바뀌는데 시간이 많이 걸립니다.

왜냐하면 많이 알기 때문입니다. 많이 알기 때문에 자신은 다되었다는 교만이 역사하기 때문입니다. 그렇기 때문에 성령의 임재가운데 말씀으로 자신을 들여다보는 시간을 많이 갖아야 합니다. 자신을 정확하게 보지 못하면 영적인 오만함에 빠질 수가 있습니다. 자신의 단점을 보면서 스스로 처리할 줄 알아야 합니다. 자신이 정확하게 보이지 않는다면 성령으로 세례를 받고 내면을 치유 받아야 정확하게 자신이 보입니다. 그리고 자신에게 문제가 있다고 인정해야 합니다.

거듭나거나 획기적인 영적 변화를 경험한 후 3년 내외가 중요하다는 내용을 여러 곳에서 설명하였습니다. 그 기간은 하나님이 원하시는 일꾼으로 살아가는데 필요한 능력과 기능들을 배우고 익히는 기회일 뿐만 아니라, 주어진 일을 행하는데 불필요한 단점들을 제거하는 시기이기도 합니다.

사람들은 누구나 장단점을 지니고 있지만 주의 일을 행하는데 있어서 단점은 많은 문제를 일으키기 때문에 반드시 그 내용을 알고 스스로 경계하든지 가능하다면 제거하는 노력을 해야 합니다. 사람의 단점이란 본성과 같은 것이어서 그것을 제대로 통제하고 제거하기란 그리 쉬운 일이 아닙니다. 우리가 잘 아는 베드로는 성급함 때문에 주님으로부터 많은 책망을 받은 사람이지만 닭 울기 전 세 번 부인하는 사건이 있기 전까지 그리고 갈릴리 바닷가에서 주님을 다시 만나 회복되기 전까지 그는 그런 실수를 계속하였던 사람입니다. 그만큼 자신의 약점을 교정한다는 것은 매우 힘든 일입니다. 그러나 아무리 힘든 일이라고 해도 불가능한 것은 아니며 하나님의 은혜 가운데 자신의 단점이 들어나면 그것을 제거하거나 억제하는 노력을 해야만 합니다. 이 노력을 제대로 하지 않을 경우 하나님이 이 점을 다루시게 됩니다.

스스로 자신의 단점이 무엇인지를 알아서 교정하려는 노력을 하고 실제로 억제하고 제거하여야 하지만, 그런 노력을 하지 않고 지내게 되면 어쩔 수 없이 하나님이 그 일을 대신해 줄 수밖에 없습니다. 자신이 스스로 하는 경우와 하나님이 대신하시는 경우는 그 차이가 많습니다. 스스로 단점을 억제하고 제거하려는 노력을 하는 가운데 하나님의 은혜를 경험하게 되고, 자신의 부족함을 깨달아 감사하게 됩니다. 그러나 하나님이 억지로 간섭하셔서 제거하시기 시작하면 그 작용이 고난과 역경과 아픔이라는 내용으로 다루어지기 때문에 그 당사자는 많은 고통을 당하게 됩니다. 실패를 통해서 자신의 단점이 무엇인지를 깨닫게 됩니다. 베드로가 그랬던 것처럼 비통함을 맛보게 됩니다.

한 두 번이 아니라, 여러 번 그 단점이 억제되고 제거될 때까지 또는 스스로 알아서 고치려는 노력을 진정으로 보일 때까지 그 고통스런 실패는 계속될 수밖에 없는 것입니다. 고난과 실패는 그 사람을 때로는 주눅이 들게 합니다. 마음이 담대하지 못한 사람은 이런 거듭되는 실패로 낙망하기도 하고 자신을 스스로 가치 없는 사람으로 정죄하기도 합니다. 바울은 이런 상태를 심각하게 경험한 사람입니다. 그는 로마서에서 이 부분을 처절하게 증거하고 있습니다. "속사람으로는 하나님의 법을 즐거워하지만 내 지체 속의 다른 법이 나를 죄의 법에다 사로잡아가는 것을 봅니다. 그러므로 나는 비참한 사람입니다."(롬 7:23~24)라고 고백합니다.

우리는 하나님의 빛에 조명을 받으면 우선 죄인임을 느끼지요. 그런데 그 죄가 자신을 하나님과 구체적으로 어떻게 단절시키고 있는지 그리고 그 결과물이 어떻게 자신에게서 들어나고 있는지에 대해서 자세히 그리고 분명히 알고 있는 사람이 그리 많지 못하다는 것이 현실입니다. 그래서 그 죄의 문제를 절실하게 다루려고 하지 않는 것이 일반적이지요. 죄의 문제는 자신의 단점과 연관되어 있기 때문에 이 부분을 더욱 자극시켜 주의 일에 많은 방해를 가하게 되며 이로써 하나님이 자신에게 의도한 부분들이 저해를 받게 되고 이는 심각하게 하나님을 제한하는 일을 하게 되는 것입니다. 하나님의 일을 본격적으로 행하기에 앞서서 이 부분이 제대로 다루어져서 온전하게 처리되어야 하기 때문에 하나님은 본격적으로 역사를 행하게 되며, 하나님이 원하시는 수준에 따라 가혹한 시련으로 우리에게 다가오는 것입니다. 예를 들어 3시간의 기도로 영적 능력과 권능을 채워야 할 필요가 있는 사람에게는 그만큼 심각한 문제를 마주치게 해야만 비로소 그런 기도를 하게 됩니다. 3시간 기도를 하게 하기 위해서는 죽을병이나 심각한 경제적 파탄에 직면해야만 절실하게 부르짖게 되는 것입니다. 저의 경험으로 보아도 전도사들에게 사역에 앞서 3시간 기도로 영적 무장을 갖추자고 권하고 함께 기도를 시작하면 며칠을 그렇게 따라하지만 곧 그럴 필요가 있겠는가 하는 의심이 들어 그만 포기하고 맙니다. 그만큼 절실한 느낌을 갖지 못하고 있기 때문입니다.

자신이 해야 할 주의 일에서 능력과 권능에 대한 절박한 필요를 느끼지 못할 뿐만 아니라, 자신에게 내재되어 있는 단점을 처리해야 한다는 필요도 심각하게 느끼지 못하기 때문이지요. 죄와 단점을 처리하는 것이 사람의 노력으로 가능한 부분이 있겠지만, 영적인 일을 해야 하는 사역자에게 있어서 이 문제는 영적으로 처리되어야만 되기 때문에 그 수단이 기도라는 주님과의 접촉점을 가지고 주님 앞에 나아가 주의 능력과 은혜로 처리되도록 자신을 내어놓아야 하는 것입니다. 크게 쓰임 받고자 할수록 그만큼 철저한 자기 회개와 죄의 처리와 그에 따른 단점의 처리가 먼저 온전히 되어야 하는 것입니다.

저의 경우 부르심을 받은 93년부터 수년간 집중적으로 고통스런 경험 속에 놓이게 되어 날마다 눈물로 기도하고 끝 모를 기도로 밤을 새우는 일이 일상처럼 되어버렸습니다. 그만큼 저에게 당한 절실한 문제로 인해서 기도하지 않고는 도무지 견딜 수 없었고 답답하기가 이루 말로 표현할 수 없었습니다. 이 과정에서 저의 많은 단점들이 제거되거나 교정되었고 그 후 사소한 부분들도 계속 다루어졌지만 2~3년의 집중적인 처리 기간 동안 정말로 가혹한 고통을 경험하게 되었습니다. 주의 일을 열과 성을 다해서 행하는 과정에서도 여전히 하나님은 그 고삐를 늦추지 않았지요. 심지어 4년 동안 교회 뒤에서 살게 하면서 저를 단련하셨습니다. 참으로 사는 것이 말이 아니었습니다. 그러나 가족 전체가 고통을 겪고 살아가는 상황에서 가장으로서의 저의 가슴은 무너지는 것 같았고 그러므로 부르짖을 수밖에 없었습니다. 그것을 마지막으로 그 후 저의 가족은 다시는 기거하는 장소로 인하여 고통을 당하는 일이 없었습니다.

이 과정을 통해서 저는 하나님에게 어떤 상황에서도 불평하지 않는 비결을 깨달았고, 하나님의 일은 대가를 구하여 행하는 일이 아님을 배웠습니다. 하나님의 일을 하기에 앞서서 하나님이 원하시는 모습으로 자신이 갖추어져야 합니다. 스스로 성령의 깨닫게 하심을 받아들여 고치려고 노력하지 않으면 하나님은 가혹한 수단을 사용하여 고치지 않으면 안 될 지경으로 몰아가시는 것입니다. 이런 시련과 역경 그리고 실패를 통해서 모난 부분이 깎여 나가고 스스로 겸비해지는 것이지요. 이런 과정은 하나님이 원하시는 수준만큼 이를 때까지 계속 이어지며, 이런 가혹한 절차를 거치지 않고 스스로 결점을 제거하기 위해서도 지도자의 도움이 필요하고 공동체를 통해서 서로 충돌하여 모난 부분을 다듬어야 합니다. 누구나 단점이 있기 마련이고 그 단점은 스스로 교정하기란 말처럼 쉬운 일이 아님을 우리 모두는 잘 알고 있습니다. 그렇지만 이는 극복하지 않으면 안 되는 것이고 스스로 각오하고 제거하거나 억제하는 노력을 할 때 주의 은혜가 넘치게 되는 것입니다. 하나님에게 크게 쓰이고 싶다면 자신의 약점이 주님의 손 안에서 다루어져야 한다는 사실을 깨닫고 각오를 단단히 하지 않으면 안 됩니다. 이 부분이 제대로 다루어지지 않으면 결국 많은 일을 해 놓고도 주님으로부터 책망을 받는 자리에 서게 됩니다. "나는 너를 도무지 알지 못한다"라는 서글픈 말을 듣지 말아야 할 것입니다.

일부 목회자들이 어려움을 사람들에게 도움을 받아서 해결하려고 합니다. 도와 달라고 편지를 띄우고 찾아가서 사정을 하기도 합니다. 저는 이런 버릇은 빨리 고쳐야 연단의 기간이 단축된다고 생각을 합니다. 어려움은 하나님에게 기도하여 스스로 처리해야 합니다. 단점의 처리는 자신이 깨닫고 스스로 치유하는 것이 제일로 좋은 방법입니다.

# 31장 멘토를 통하여 영성을 개발하는 법

하나님은 하나님의 사람을 통하여 세상에 하나님의 나라를 건설하십니다. 깊은 영성을 개발하려면 멘토를 잘 만나야 합니다. 하나님을 두려워하는 멘토를 찾아야 합니다. 정확한 진리의 말씀을 적용하는 멘토를 만나야 합니다. 성령으로 기도하여 깊은 영성을 유지하는 멘토를 만나야 합니다. 말씀과 체험이 균형 잡힌 멘토를 만나야 합니다. 요즈음 짝퉁들이 너무나 많기 때문에 멘토를 잘 만나는 것은 복중에 복입니다. 적어도 5년 이상 영적인 사역을 했는데 시시비비 없이 바르게 사역하는 멘토를 찾아야 합니다. 멘티는 멘토를 통하여 말씀의 비밀도 깨닫게 되고, 영성도 전이 받을 수 있기 때문입니다.

인생의 본질은 사람과의 접촉이라고 할 것입니다. 무수한 사람과의 만남의 연속이지만 중요한 고비에서 중요한 인물과의 만남은 그 사람의 삶 전체를 바꿀 수도 있는 것입니다. 만남을 갈망해야 합니다. 영적 갈망이 있다고 해서 당장에 되는 것은 아닙니다. 이런 갈망이 끊임없이 자신의 내부에서 샘솟듯 해야 어느 날 그 문을 찾을 수 있게 됩니다. 열망이 때로는 부정적인 형태로 나타나기도 합니다. 하나님에 대한 원망이나 불평으로 나타나기도 합니다. 우리는 사랑과 관심에 대한 표현이 긍정적일 때는 존경과 기쁨으로 표현되지만 부정적일 때는 원망과 불

평으로 나타납니다. 이 모든 것이 관심의 표현입니다. 하나님
에 대한 관심이 없으면 이런 원망과 불평도 생기지 않습니다.

다음은 찾는 일입니다. 이 과정은 영적 여정에 대한 지식을
얻는 것을 의미합니다. 영적 여정은 반드시 올바른 지식을 갖추
어야 합니다. 무지하면 절대로 그 여정에 들어갈 수 없지요. 그
러므로 영적 지식을 얻는 배움의 과정은 필수입니다. 이 배움은
신실한 신앙의 선배나 지도자를 통해서 배우게 됩니다. 영적 여
정을 통과한 증거가 있는 지도자에게서 배워야 합니다. 검증된
영적 서적을 통해서 지식을 얻을 수 있지만 살아있는 사람을 통
해서 배우는 것이 가장 바람직합니다. 영적 맨토를 만나는 것은
그 입구로 들어가는 중요한 포인트입니다. 영적 지식은 자신의
영적 성향과 같아야 쉽게 배우게 되고 이해도 잘 됩니다. 지적
이고 사변적인 성향이 강한 좌뇌형 인간과 감성적이고 즉흥적
인 성향이 강한 우뇌적 인간이 있습니다. 영적 경로를 추구하는
성향이 이와 같이 분명하게 대조됩니다. 그러므로 이런 자신의
성향에 따라서 지도자를 만나야 합니다. 영적 성향을 이해하지
못하면 여러 가지로 어려움을 겪게 됩니다. 영적 지식은 깊이와
폭이 중요합니다. 한쪽으로 치우치는 일은 바람직하지 못합니
다. 깊이와 넓이가 균형을 이루어야 합니다. 그러므로 너무 서
두르는 일은 올바르지 못합니다. 영적 지식의 깊이와 넓이는 그
입구를 찾았을 때 비로소 온전해지는 것입니다. 영적 경로에 들
어간 이후에는 영적 지식이 나침반과 같습니다.

두드리는 일은 매우 중요합니다. 적용이 없는 경험은 아무런 의미가 없습니다. 두드리는 일은 입구를 찾는 일보다는 찾고 난 이후에 더 소중합니다. 영적 여정에서 우리는 계속해서 또 다른 문을 열어야 합니다. 첫 문을 열면 그 이후의 문들은 영적 성장을 위한 문입니다. 이문을 두드리는 일이 곧 적용이며, 수행이며, 실행입니다. 적용하지 않으면 아무런 변화를 얻지 못합니다. 적용은 '프락시스'에서 다루었습니다.

무엇보다 중요한 것은 첫 관문을 발견하고 그 관문을 통과하는 것입니다. 이 관문은 찾기도 어렵지만 통과하기도 어려운 문입니다. 앞에서 언급한 세 가지 과정을 진행하는 가운데 그 문이 찾아지게 됩니다. 이것은 비전을 얻는 일이며, 소명을 확인하는 일입니다. 자신의 길을 찾음으로써 비로서 영적 여정의 길에 들어서게 된 것입니다. 보다 쉬운 것은 영적 지도자를 통해서 개발하는 길입니다. 영적 관문을 찾았지만 그 관문을 확인하여 자신이 들어갈 길로 인식하기까지 어려움이 많습니다. 이 과정에서 신중한 성향을 지닌 사람들은 더 어렵습니다. 믿음이 적은 사람도 어렵습니다. 영적 입구는 획기적인 변화를 의미합니다. 사고의 변화와 가치관의 변화가 영적 여정의 입구입니다. 생각이 바뀜으로써 삶이 바뀌게 됩니다. 새로운 세계로 들어가는 것은 새로운 경험을 얻게 되는 것을 의미합니다. 영적 여정의 입구는 이런 변화를 가져오는 것입니다. 그 변화는 획기적이기 때문에 누구나 의식할 수 있습니다. 사람에 따라서 획기적인 변화를 획기적으로 느끼지 못하는 사람도 있을 것입니다.

획기적인 변화의 시점이 영적 경로로 들어가는 입구입니다. 이 변화는 중요한 인물을 만나는 것을 포함해서 중대한 시련과 삶의 고비일 수도 있고, 환경의 변화와 육체의 질병일 수도 있습니다. 가장 바람직한 것은 중요한 인물과의 만남입니다.

엘리사가 엘리야를 만나고, 여호수아가 모세를 만나고, 디모데가 바울을 만난 것과 같은 영적 지도자를 만나는 것이 가장 이상적인 입구입니다. 사람과의 만남을 통해서 자신의 영적 경로의 입구에 들어서게 되지만 이것을 인식하기까지 거쳐야 하는 몇 가지 단계들이 있습니다. 이 부분에 대해서 다음에 다루겠습니다.

인생의 본질은 사람과의 접촉이라고 할 것입니다. 무수한 사람과의 만남의 연속이지만 중요한 고비에서 중요한 인물과의 만남은 그 사람의 삶 전체를 바꿀 수도 있는 것입니다. 세속적 삶에서도 사람과의 만남은 중대한 영향을 주고받지만 영적인 일에서는 하나님의 인도하심과 계획하심이 있기 때문에 더욱 중요한 것입니다. 영적인 변환의 고비에 사람을 잘못 만나면 좋지 못한 결과를 가지고 올 수도 있습니다. 영적인 일에서 사람의 만남은 반드시 영적 영향을 주거나 받게 됩니다. 이 일은 힘의 법칙이기 때문에 당사자의 의지와는 별로 상관이 없습니다. 물은 높은 곳에서 낮은 곳으로 흐르듯이 영적인 힘 역시 강한 쪽에서 약한 쪽으로 흘러 들어가게 됩니다. 영의 순수함이나 부정함은 상관없이 힘에 의해서 흐르게 되는 것입니다.

우리가 가장 먼저 만나는 상대는 말씀이신 그리스도입니다. 우선 이 만남이 있어야 다음의 만남이 가능해집니다. 예외적으로 영이신 그리스도를 먼저 만나는 사람들도 있기는 하지만 이런 일은 흔하지 않습니다. 우리는 전도를 통해서 말씀이신 예수님을 영접하고 신앙생활을 하기 시작하며, 이어서 영이신 그리스도를 만나게 됩니다. 이로써 영적 여정의 길에 들어서게 되는 것이지요. 이런 만남은 이제 인격이신 그리스도로 이어지기 위해서 부득불 우리는 사람과의 접촉을 이루게 됩니다. 실제로 이런 일들은 담임목사가 행하여야 하지만, 이 일을 제대로 하지 못하는 경우가 많습니다. 여기에는 제도적인 문제를 비롯해서 목회자의 자질 문제까지 다양한 이유들이 있습니다.

우리가 생각하기보다 훨씬 더 많은 사람들이 영적인 지도를 제대로 받지 못해서 방황하는 경우를 볼 수 있습니다. 주님에게 헌신해야 하는 데 어떻게 해야 할지를 몰라 방황합니다. 예언기도도 받기도 하고 상담도 하지만 그 이후에 어떻게 해야 할지를 잘 모릅니다. 신학교에 들어가면 배우는 동안은 그래도 괜찮은 편인데 그 이후에 더 깊은 갈등을 경험하게 됩니다. 담임목사는 자신에게 속한 성도의 영적 변화에 대해서 정확하게 설명할 수 있어야 합니다. 성도들의 영적 경험은 단순한 경험이 아니라 하나님의 뜻이 드러나는 의미 있는 변화입니다. 영적 경험은 그 사람의 영적 상태와 그에 대한 하나님의 인도하심이며, 더욱 구

체적으로 나아가면 그 사람을 이끄시는 하나님의 손길임을 알
게 됩니다.

　구약에 엘리 제사장은 비록 하나님에게는 책망 받을 결점이
많은 사람이었지만 어린 사무엘의 영적 지도를 맡아 그를 잘 양
육한 사람입니다. 사무엘이 중대한 영적 변화의 시기에 엘리는
올바른 지도를 하였습니다. 이런 도움으로 말미암아 사무엘은
선지자로서의 첫 관문인 하나님의 음성을 듣는 법을 깨닫게 되
었습니다. 영적 여정을 시작하는 사람에게 있어서 첫 관문은 지
도자를 제대로 만나는 것으로부터 시작하는 것입니다.

　능력은 주된 것과 부수적인 것이 있는데 지도자의 교육을 받
지 못하면 주된 것은 인식하지만 보조적인 것은 알아차리지 못
하는 경우가 많습니다. 그래서 사역의 폭이 좁고 능력도 한계를
느끼게 됩니다. 예를 들어 '예언자'로 세워질 사람은 단순히 예
언하는 능력뿐만 아니라, '영분별의 능력' '치유의 능력' '지식과
지혜의 말씀' '꿈과 환상을 해석하는 능력' '중보기도의 능력' '축
사의 능력'등의 관련된 능력들이 개발되어야 합니다. 이 부분에
대해서 전문가의 수준으로 향상되어야 예언 사역을 제대로 할
수 있는 것이지요. 그래서 이런 부분에 대해서 지도자가 잠재되
어 있는 기능들을 이끌어내어 인식시키는 것입니다. 지도를 받
는 멘토리는 이런 부수적인 기능의 연관성을 제대로 알지 못하
기 때문에 처음에는 의심하기도 하고 그 많은 것들을 어떻게 감
당할 수 있을까 하는 두려움도 가지게 됩니다. 멘티가 가장 두

려워하는 것은 지도자가 겪은 고난을 자신도 겪어야 할 것이라는 막연한 걱정이 있습니다. 고난을 통과해야 하는 것이지만 엄청난 고난을 감당할 자세가 되어 있지 못하기 때문입니다. 그러나 이것은 기우일 뿐입니다. 바울이 당한 고난은 이루 말할 수 없습니다. 그러나 그의 제자들은 이런 고난을 일시적으로 또는 부분적으로 맛보는 정도로 경험하게 되었습니다. 디모데는 늘 몸이 좋지 않아서 고통을 당했지요. 그러나 바울이 겪는 다양한 고난은 결코 당하지 않았습니다. 그럴 필요가 없었던 것이지요. 지도자를 통해서 배우는 유익이 그런 것입니다. 부분적으로 한두 가지 고난은 경험하게 되지만 그것도 수준이 낮습니다. 그러므로 고난을 걱정할 필요는 없지요. 지도자가 이미 겪은 것이기 때문에 그 의미를 잘 알고 있고 그 바탕에서 가르치기 때문입니다.

스승이 없이 홀로 배우려고 하는 사람들이 있습니다. 고집이 세거나 남에게 배우려고 하지 않는 자존심이 강한 사람이 있는데 이는 실로 어리석은 행동입니다. 배울 수 있는 지도자 없거나 배울 환경이 되어있지 못해서 어쩔 수 없이 홀로 배워나가야 하는 개척자의 경우가 아니라면 훌륭한 지도자를 찾아 배우는 것이 좋습니다. 그 과정에서 겪어야 할 갖가지 고난을 겪지 않고 그 의미하는 바를 바로 깨달을 수 있기 때문이지요. 하나님이 우리에게 고난을 주시는 것은 그 의미를 가슴 깊이 새겨서 제대로 사용할 수 있게 하기 위함입니다. 그러므로 바른 이해가 이루어진다면 굳이 고난을 모두 겪을 필요는 없는 것입니다. 배움에서 오는 위험을 겪지 않아도 좋은 것이지요. 마리 퀴리는 방사능의 위험을 알지 못했기 때문에 방사능에 피폭이 되어 암에 걸려 죽었습니다. 그러나 그의 제자들은 그런 위험을 당하지 않게 되었지요. 스승 때문입니다.

스승은 제자에게 주어진 기능 전부를 이끌어내어 개발할 수 있는 능력이 있는 사람입니다. 자신이 모르는 것을 스승은 알기 때문에 잠재되어 있는 재능을 충분히 개발하여 훌륭한 능력 사역자로 세워주게 됩니다. 헬렌 켈러는 설리반이라는 훌륭한 지도자를 만남으로써 비로소 어두운 터널에서 벗어날 수 있었습니다. 반대로 지도자는 훌륭한 제자를 만남으로써 그 이름이 들어나게 됩니다. 제자와 스승은 독립된 개체이면서도 결코 독립적이지 않습니다. 이 둘은 동전의 양면과 같습니다.

멘토링을 통하여 어느 정도 터득을 하면 이제 성령님과 교통하며 멘토링을 받아 완성해야 합니다. 영성은 전적으로 사람에게만 의지하여 완성할 수가 없기 때문입니다.

# 32장 두 가지 유형의 영성을 개발하는 법

하나님이 세상을 창조하는 원리 가운데 두드러진 것이 쌍으로 창조했다는 것입니다. 한 마디로 지상과 감성이 조화가 되어야 한다는 말입니다. 말씀과 영성이 균형을 잡아야 합니다. 체력과 영성도 균형이 잡혀야 합니다. 영성은 균형이 잡혀야 바른 영성입니다. 만물이 쌍이 없는 것이 없는데 생물은 물론이거니와 무생물도 그렇고 관념적인 것에서도 이 원리가 적용되는 것이 많습니다. 예전에는 유행하는 용어 중에 '아침형 인간'이 있는가 하면 '저녁형 인간'이 있습니다.

이는 서로 보완하기 위해서입니다. 그러므로 이 두 가지 유형이 다 장단점을 지니고 있습니다. 한쪽만 보면 다른 쪽은 부족한 것 같고 온전치 못한 것처럼 보인답니다. 사람은 크게 '좌뇌형 인간'과 '우뇌형 인간'이 있습니다. 하나님은 이 두 가지 유형의 사람을 거의 반반씩 만들었지요. 그러나 모든 것이 그렇듯이 극한으로 치우치는 사람이 있는가 하면 두 가지가 적당이 배합된 경계형 사람(boundary man)이 있습니다. 이는 빛을 스펙트럼에 투과하면 일곱 가지 무지개로 나뉘는데 그 경계에는 모호한 색깔을 보이듯이 양쪽 성향이 뚜렷하지 않은 경계형 인간이 있기 마련이지요. 우리는 이런 사람은 양성인이라고도 부르며, 또는 혼합형이라도 합니다. 실제로 이런 사람들이 무척 많지요. '좌뇌'와 '우뇌'는 그 성향이 뚜렷하게 다릅니다. 그 뇌가 지배하는 영역이 다르기 때문에 뇌의 발달에 따라서 어쩔 수 없이 드러나는 특성이 다르기 마련이지요. '좌뇌'가 주관하는 부분은 이성과 이지이지만 '우뇌'가 주관하는 분야는 감성과 느낌이지요. 모든 일을 분석하고 차분하게 대응하는 사람은 좌뇌가 발달한 사람이고, 생각보다는 감정이 이끄는 대로 행동하는 사람은 우뇌가 발달한 사람입니다. 뇌의 발달이 어느 부분이 더 강하느냐에 따라서 그 사람의 행동양식이 결정되며, 이는 아주 자연적인 것이므로 서로를 이해하고 존중해야 하지만 우리는 오랫동안 이런 신체적 특성을 제대로 알지 못해서 많은 오해를 만들었습니다.

좌뇌가 지배하는 부분은 지능(知能)과 연관되어 있으며, 우뇌가 지배하는 부분은 감성(感性)과 연관되어 있습니다. 그런데 학문은 지적 작용을 바탕으로 구성합니다. 수리 과학 등의 영역은 학문의 중추적인 분야인데 이것을 다루는 데는 좌뇌가 절대적입니다. 그리고 우뇌는 감성적인 분야인 예술에 탁월한 기능을 발휘하게 됩니다. 그러나 이것은 구조상 그렇게 만든 것이지요. 이성적인 사람이라도 예술에 무능한 것은 아닙니다. 과거 순수 예술만을 고집하던 시절에는 그렇습니다만 오늘날 다양한 구성으로 독창적인 부분을 강조하는 현대 예술에서는 이지적인 사고구조를 가진 예술인들이 비구상이나 초현실적 기법 등을 사용하여 예술을 과학적이고 논리적인 영역으로 끌어들이고 있습니다. 소설 작품에서도 지성적인 구성으로 다룬 문학작품이 많지요.

예술이 다양한 장르로 발전하면서 좌뇌형 인간들이 이 분야에서 성공하기 시작합니다. 반면에 예술적 감각으로 이지적 분야에서 성공하는 우뇌형 인간들이 나타납니다. 특히 요즘 컴퓨터 분야에서 그렇지 않습니까? 기본은 과학이지만 소프트웨어를 만들어내는 바탕은 감성이지요. 이것은 서로의 장단점이 맞물려 새로운 영역을 만들어내고 있는 것이지요. 그만큼 사회가 다양한 구성들을 받아들이기 시작한 것입니다. 교회 안에서도 이 두 가지 유형의 사람들이 차지하는 영역이 다릅니다.

**첫째, 좌뇌형은 '목사' '교사' '사도'에 적합합니다.** 이들 영역은 감성 보다는 이성이 더 많은 역할을 하는 분야입니다. 교회를 구성하고 행정하며, 성도를 가르치는 일이 이들의 역할입니다. 이들은 기록된 말씀을 사모하며, 성경공부를 더 중요하게 여깁니다. 이들은 이루어진 체제를 유지하면서 발전시키기를 원하고 공동체가 공유할 수 있는 최대 공약적 요소들을 찾아내려고 노력합니다. 이들은 이성과 합리를 원칙으로 움직이며, 구조를 만들고 그것을 소중하게 여기는 체제 지향적 인간들입니다. 그러므로 사람들을 더 중요하게 여기며, 사람들을 구성하고 조직하며 통제하려고 합니다. 이들이 꾸미는 교회의 모습만 보아도 강대상을 앞자리에 놓습니다. 모든 회중이 그것을 바라보도록 만듭니다. 이것은 학교 강단과 다를 바가 없습니다.

감성의 교류 보다는 가르치는 것에 더 중요한 가치를 두기 때문입니다. 이들은 기존의 질서와 전통을 중요하게 여기며, 기록된 말씀에서 모든 것을 해결하려고 하며, 현실적이고 체제 지향적입니다.

둘째, 우뇌형은 '중보기도자' '예언자' '선지자'로 이어집니다. 이들은 이성 보다는 감성에 기대며, 즉흥성을 좋아합니다. 그러므로 항상 새로운 것에 도전하며, 그것을 찾아 모험을 길을 마다하지 않습니다. 기존의 틀에 만족하지 않고 보다 새로운 것을 찾으려고 늘 움직이며, 체제 유지 보다는 그것에서 오는 단점이 더 잘 보이며, 따라서 새로운 틀을 구상하게 되며, 집단을 새로운 영역으로 이끌어가려고 합니다. 이들은 조직력이 약한 반면에 구상력이 강해서 항상 엉뚱한 일을 잘 만들어내기 때문에 좌뇌형 인간의 측면에서 볼 때 이들은 모험가이며, 불안한 사람들입니다. '목사'나 '교사'는 틀에 박힌 것을 계속 반복하는 것이 즐겁고 안전하게 여겨지지만, '예언자'와 '선지자'는 이런 것이 답답하게 느껴지기만 합니다. 그래서 무언가 새로운 돌파구를 찾으려 하게 되며, 그 수단을 감성에 의존하기 때문에 이성적이고 합리적인 사도 집단의 좌뇌형 인간들에게는 무척 위험하고 무책임한 사람들처럼 여겨지는 것입니다. 이들은 체제 보다는 사람을 더 소중하게 여기기 때문에 원형의 구조를 선호합니다. 둘러앉아서 서로의 얼굴을 마주 보는 것을 좋아합니다. 감성적이기 때문입니다. 학교 강단 같은 구조를 하고 있는 오늘날의 교회 배치는 이들에게 맞지 않습니다.

사회는 오랫동안 안정을 추구하며 기존에 만들어진 구조를 바꿀 생각을 하지 않습니다. 이미 얻어진 행복의 틀을 바꾸고 싶지 않으며, 따라서 그것을 다음 세대에 그대로 전하려는 노력을 많이 하게 되지요. 이것이 학문의 틀에서 그대로 나타나며, 오랫동안 지식 체계는 이미 얻은 것을 그대로 전하는 것에 더 가치를 두었습니다. 이런 보수적인 태도는 좌뇌형 인간의 특성이며, 이들이 원하는 구조로 이어져야 하기 때문에 모든 사람들을 그 특성과는 상관없이 일괄적으로 다루어 통일성을 취하려고 했습니다. 좌뇌형은 통일성을 지향하는 집단이지만, 우뇌형은 이런 것을 받아들이지 못하는 성향을 가지고 있습니다. 항상 새로운 것에 목말라 하며 다양성을 추구하는 이들에게는 기존에 만들어진 것은 더 이상 흥미를 주지 못하며, 답답하고 숨 막히는 것일 뿐입니다. 좌뇌형 인간은 현실 지향적이라면 우뇌형 인간은 비전 지향적입니다.

이들은 성경에서 여실히 드러납니다. 체제를 유지해야 하는 제사장과 율법학자들은 현실적이며, 기록된 말씀에 의지하지만, 새로운 도전을 만들어내야 하는 선지자들은 하나님이 주시는 환상에 의존해야 했습니다. 성경은 통일성과 다양성을 동시에 보여주고 있음을 우리는 다 잘 알고 있습니다. 복음서가 한 권이 아니고 네 권으로 이루어진 것도 다양성을 위해서입니다. 그런데 이 각각의 복음서는 놀라우리만큼 통일성을 보입니다.

인간의 사회는 이처럼 다양하면서도 통일된 구조를 형성해야 합니다.

그러나 아직까지 오랫동안 사회 구조는 좌뇌형 인간에게 더 유리하게 만들어졌으며, 교회 역시 그렇습니다. 목회자가 되는 길도 여전히 좌뇌형에게 더 유리하게 되어있습니다. 모든 것이 학문적 성취도에 따라서 판정되는 그런 구조입니다. 이 구조에서 감성을 우선하는 우뇌형 인간은 설 자리가 좁아집니다. 극단적 우뇌형은 완전히 배제될 수밖에 없습니다. 이들은 공부가 전혀 적성에 맞지 않기 때문입니다. 이런 구조에서 성공하는 사람은 극단적 좌뇌형 인간들입니다.

사회에서는 이런 사람들이 출세할 수 있는 우선권이 주어집니다. 모든 고시는 지적 능력이 우수한 사람이 차지하게 됩니다. 즉 공부를 잘 하는 사람들이 우선하는데 그 공부란 것이 감성을 완전히 배제시킨 내용들이지요. 즉 무조건 외우기만 하면 되는 것입니다. 암기력이 강한 사람이 성공하도록 구조적으로 만들어놓은 것이지요. 그래서 고시를 통과한 사람은 오로지 기억력 하나만 특별나면 되는 것입니다. 교회 안에서도 역시 마찬가지로 세상의 구조를 그대로 반영해서 기억력이 좋은 사람이 성공하게 됩니다. 감성적인 사람은 열 시간 공부해야 하는 것을 기억력이 좋은 사람은 단 한 시간 정도만 하면 됩니다. 이것은 완전히 불평등 경쟁인 것이지요. 그러면서도 이것이 절대적 판단 기준인 것처럼 여기면서 오늘날까지 이 불합리한 구조를 그대로 유지하고 있는 것입니다.

이렇게 출발부터 불평등한 구조는 모든 사회 구조에서 다 적용됩니다. 그러나 하나님은 인간의 불합리한 구조를 그대로 두지 않습니다. 다수의 피해자의 위치에 있는 우뇌형 인간들에게 삶에서 성취할 수 있는 길을 열어두었습니다. 인생은 계산이나 조직으로 성취되는 것이 아님을 알아야 합니다. 겉으로는 화려한 성공을 거둔 것 같은 좌뇌형 인간들이지만 그들이 살아가는 삶에서 겪는 무수한 갈등들은 결코 구조로만 해결 될 수 없는 것이 있음을 알게 합니다. 삶은 조직(system)이 아니라 이야기(narration)입니다. 성경은 학구적이고 조직적인 원리를 제공하는 것이 아니라 믿음의 사람들이 살아간 이야기입니다. 삶에는 정답이 없습니다. 그리고 고정된 길도 없습니다. 모두가 초행길이며, 낯선 길을 가는 나그네입니다. 이 낯선 길을 가려면 믿음으로 가야 하는 것입니다.

좌뇌형 인간들은 이 삶의 여정을 조직하려고 하고 틀을 만들어서 안전하게 가려고 합니다. 그러나 우뇌형 인간들은 그냥 가려고 합니다. 마음이 이끌고 생각이 미는 데로 그냥 가려고 합니다. 이것이 다릅니다. 서로의 입장에서 보면 서로 어리석은 것 같습니다. 그러나 정답은 없으며, 또 모두가 정답입니다. 성경은 이런 두 가지 태도를 다 용납하기 때문입니다. 안전한 것 같았던 제사장들이 제시하는 길도 결국은 안전하지 않았으며, 무모하고 앞이 보이지 않는 것 같은 모호한 선지자들이 제시한 길도 결국은 따르는 사람이 없어서 현실에서는 성취되지 못한 이상일 뿐이었습니다. 우리는 지금 이런 두 가지 유형의 인간들이 만들어내는 갈등 속에 있습니다. 교회는 이 두 가지를 다 귀중하게 여겨야 하지만 그렇지 못합니다. 절대적 우위에 있는 좌뇌형 구조로 인해서 우뇌형은 언제나 배제됩니다. 그러므로 주님은 선지자가 환영을 받지 못한다고 말씀하셨고 그런 사회를 악하다고 정의합니다.

선지자를 돌로 치는 사회가 좌뇌형 인간들이 이끄는 현실적인 사회입니다. 교회는 기록된 말씀이 언제나 우선되었고 감성을 통해서 주어지는 '레마'는 항상 찬밥 취급을 당했습니다. 좌뇌형을 대표하는 것이 기록된 성경 말씀이고, 우뇌형을 대표하는 것이 '예언'입니다. 이것은 구약에서 '율법'과 '예언'으로 대비되는 것입니다. 제사장들은 항상 예언을 무시했습니다. 이미 모세의 율법이 그들에게 있었기 때문이 다른 말씀은 필요하지 않았을 뿐만 아니라 예언자들은 그들이 구축한 구조를 허물려는 체제 도전자들로 비추어졌습니다. 그래서 예언자들은 체제를 허물려는 위험한 사람들로 받아들여질 뿐이었습니다. 이들은 항상 갈등 관계였고 서로를 죽이는 극한 상태에까지 가기도 했습니다. 항상 피해를 당하는 쪽은 절대 소수인 예언자들이었습니다. 주님은 이스라엘을 향해서 "예언자들을 죽이는 자들"이라고 선언하였습니다. 예언자는 암탉이 병아리를 품듯이 그렇게 이스라엘을 품으려는 주님의 마음을 보여준 사람들입니다.

이성은 남성적이라면 감성은 여성적이라고 봅니다. 그래서 다수의 남성들은 감성을 못마땅하게 여기고 열등한 것으로 취급합니다. 따라서 어릴 적부터 감성보다는 이성을 더 키웁니다. 남자 아이는 울고 싶어도 참아야 합니다. 감정을 드러내지 않는 법을 철저하게 배우면서 자랍니다. 그렇기 때문에 남성에게서는 감성이란 억제해야 하는 것으로만 여겨집니다. 특히 경상도 지방에서는 이런 부분이 격렬합니다. 감성은 작용하지만 이성으로 짓눌러야 하는 교육을 오랫동안 받아왔습니다. 이제는 그런 모순을 제거해야 하며 두 가지 특성이 서로 어우러져야 하는 세대로 접어든 것입니다. 특히 교회는 감성을 키워야 합니다. 하나님의 나라는 어쩌면 감성이 풍부한 우뇌형 인간들을 위한 나라일 것입니다. 이들은 세상에서 멸시를 받으나 하나님의 나라에서는 귀한 존재들입니다.

주님은 자신의 나라가 이 세상에 속해있지 않다고 선언하였지만, 주님은 이 두 가지를 다 지지하십니다. 주님은 제사장이었을 뿐만 아니라 선지자였습니다. 우리는 비록 어느 한 쪽으로 치우치는 육체적 한계를 가지고 태어납니다. 남성 또는 여성으로, 좌뇌형 또는 우뇌형으로 말입니다. 그러나 주님을 본 받아 양쪽의 장단점을 배워서 균형을 이루어야 할 것입니다. 우리 서로 사랑해야 합니다. 서로의 입장을 제대로 이해할 때 사랑이 생긴답니다. 그래서 성경은 짝이 있는 것입니다. 장점과 단점이 잘 융화되어야 완전한 사람이 될 수가 있습니다.

# 33장 안전장치를 하며 영성을 개발하는 법

하나님이 우리에게 다양한 영적 경험을 시키시는 이유는 우리의 영성이 성장해서 그리스도를 닮아가게 하려는 것입니다. 하나님의 나라는 이중성을 지니고 있다는 사실은 앞서서 설명했습니다. 우리는 이 이중성을 제대로 이해해야만 어느 한 쪽으로 극단적으로 치우치는 일이 없이 균형이 잡힐 것입니다. 말씀을 아는 것과 체험이 같이 가야 바른 영성을 유지할 수 있습니다. 말씀 안에서 영성이 개발되어야 한다는 말입니다. 말씀은 우리를 보호하는 울타리입니다.

말씀과 성령의 역사가 조화를 이룬 영성이 되어야 합니다. 우리나라 교회들은 사실 오늘날까지 한 쪽으로만 편향되어 왔고 그런 사실조차 제대로 알지 못했기 때문에 반성이 거의 없었던 것입니다. 2000년 교회사를 돌아보아도 지루한 교리 논쟁과 권력 다툼의 연속이었습니다. 종교개혁 역시 이런 차원을 벗어날 수 없었음을 우리는 잘 압니다. 기록된 말씀과 그리스도 중심의 틀에서 한 발짝도 벗어날 수 없었습니다.

육체의 예수 즉 '역사적인 예수'와 영이신 예수 즉 '영광의 예수'라는 이중 구조를 제대로 알지 못했고 따라서 영이신 예수에 대한 연구는 거의 손도 대지 못했습니다. 영광의 예수를 이해하기 위해서는 필연적으로 성령에 대해서 연구하지 않으면 안 됩니다. 이 성령을 연구하기 위해서는 반드시 경험이라는 과정을 거쳐야 합니다. 사변적인 성령 연구는 학문에 지나지 않습니다. 성령은 현존하시는 실체이므로 그 실체는 그 어떤 것으로도 대신할 수 없으며, 그 성령께로 나가면 되는 것입니다. 컴퓨터가 있는데 굳이 책을 보면서 연구할 필요가 있겠습니까? 컴퓨터 앞에 앉기만 하면 되는 것이지요. 실체가 없다면 우리는 책을 통해서 배울 수밖에 없을 것이지만, 실체가 있는데 다른 무엇이 필요하겠습니다. 그 모든 것은 부차적인 것입니다.

예수께서 이스라엘에 오셨을 때 그들은 예수께 나가면 되었습니다. 더 이상 성경을 들고 앉아서 살필 필요가 없었던 것처럼 우리는 성령께 나아가 배우면 됩니다. 그 배움이 바로 경험이지요. 이 경험을 통해서 우리는 화려한 예수를 알게 되고 영이신 예수를 만나게 되는 것입니다. 성령의 경험은 우리를 영이신 예수께로 인도합니다. 이 과정에서 우리는 초보의 단계를 벗어나 성숙하여야 하며, 그래야 하나님이 우리에게 경험시키시는 이유를 알게 되는 것이지요. 영적 경험은 수단이지 목적이 될 수 없습니다. 그럼에도 불구하고 우리는 자칫 수단을 목적으로 착각할 수 있습니다. 드러나는 증거와 역사를 바라보다가 예수를 잃어버린 사람들이 적지 않습니다. 엄청난 능력을 군중들에게 보이면서 등장했다가 지금은 이단이라는 굴레를 쓰고 사라져간 사람들을 우리는 잘 압니다.

성숙이 없으면 우리는 언제든지 무너질 위험이 있습니다. 두각을 드러낸 사람들만 위험한 것이 아닙니다. 규모가 적게 사역하는 일부 능력 사역자들 가운데에도 예수를 잃어버린 사람들이 적지 않습니다. 이들은 수단이 목적이 되어 그것으로 자신을 돋보이고 그것으로 얻는 유익에 매달려 더욱 극적으로 보이게 하려고 온갖 방법을 다 만들어냅니다. 이런 사람들은 성숙이라는 과정을 거치지 않았기 때문입니다. 영적 경험을 하기 시작한지 2~3년이 지나면 영적 성숙으로 들어가야 할 시기가 됩니다. 이 무렵에 흔히 나타나던 영적 현상들이 서서히 희미해지고 뜸해지기 시작합니다. 특히 영적 능력들을 경험한 사람들, 예를 들면 신유, 예언, 축사 등과 같은 신령한 은사를 받아서 병도 고치고 귀신도 쫓았던 사람들에게 능력이 서서히 줄어들고 역사가 잘 나타나지 않게 되면 문제가 간단하지 않습니다. 능력을 한 번 맛본 사람은 그 능력으로 인해서 얻게 되는 이익을 잊지 못하는 것입니다. 큰 능력의 사역자가 되어 군중 앞에서 화려하게 사역할 수 있겠다는 꿈을 꾸고 있었는데 어느 날부터 그 능력이 슬그머니 사라지기 시작하면 견딜 수 없습니다.

이렇게 되면 산으로 기도원으로 가서 회개도 하고 금식도 하고 온갖 수단을 다 동원해서 그 능력이 다시 임하기를 간구합니다. 그러나 능력은 좀처럼 다시 되 살아나지 않습니다. 적어도 2~3년간 능력에 힘입어서 사역도 했고, 작은 집회소도 만들어서 사람들이 찾아오고 지금도 찾아오고 있는데 능력이 나타나지 않으니 속이 탈 노릇입니다. 그렇다고 능력이 없으니 이제부터는 사역을 하지 않겠다고 선언하고 모든 것을 접을 용기도 없습니다. 그래서 이 무렵부터 서서히 관록으로 사역을 대신하기 시작하는 것입니다. 눈치로 사역을 행하는 것입니다. 이렇게 되면 사단이 그 마음의 욕심을 읽고 서서히 접근하기 시작하며, 거짓 능력을 부어주기 시작합니다. 사단이 주는 능력으로 사역이 시작됩니다. 그렇게 하면서 사단의 유혹과 가르침을 따르게 됩니다.

예언을 예로 들면 그런 사람들의 예언은 항상 '조급하고' '충동적이며' '단정적이고' '책망이 많으며' '강압적이며' 때로는 '저주'가 포함 됩니다. 예언을 받으려고 온 사람을 속박하고 자신의 밑에 두려고 합니다. 강력한 솔타이(영의 묶임)를 의도적으로 만들어 자신의 집회에 계속 참석하도록 요구하며, 과도한 헌금을 요구하기도 합니다. 적당한 구실을 붙여서 빠져 나가지 못하게 만듭니다. 이런 일들을 행하는 사람들을 우리는 주변에서 어렵지 않게 볼 수 있습니다. 이 모든 것이 성숙해야 할 단계에서 제대로 반응하지 못한 무지 때문에 빚어진 서글픈 일들입니다.

영적 경험과 능력은 수단일 뿐입니다. 우리가 궁극적으로 추구해야 할 것은 하나님의 나라이며, 그 나라의 왕이신 예수를 제대로 이해하고 아는 것입니다. 낮은 차원으로 아는 것이 아니라 높은 품격으로 알아야 하는 것이지요. 영적 성숙은 높은 차원의 예수를 경험하는 것을 의미합니다. 이것은 바울이 경험한 것과 같은 것인데 저는 이 예수를 '화려한 예수'라고 표현합니다. 이 분을 우리가 만나야 하고 알아야 하기 때문에 영의 세계에 관심을 가지고 접근하게 하려고 때로는 환상을 보게 하고 때로는 귀신을 쫓게 하며, 때로는 병자를 고치게 하는 것입니다. 이 모든 것은 우리가 도전을 받아서 영의 눈을 뜨고 주님 안에 거하기를 원하시는 하나님의 부르심입니다.

그리스도 안에 우리가 거하기 위해서는 두 가지가 통로가 있습니다. 하나는 말씀 안에 거하는 것이며 하나는 영안에 거하는 것입니다. 이 두 가지가 다 필요하며 어느 한 쪽 만으로는 부족한 것입니다. 말씀 안에 거하는 것이 실제가 되기 위해서는 반드시 영안에 거해야 합니다. 말씀 안에 거하는 것과 영안에 거하는 것은 두 가지이지만 실제는 하나입니다. 말씀과 영은 분리할 수 있는 것이 아닙니다. 주님은 자신이 가르치는 말씀이 곧 영이라고 설명했습니다. 우리는 말씀이 실체적으로 살아서 역사하는 것을 육체의 예수를 통해서 확인했습니다. 이 말씀이 지금도 역시 실질적으로 살아서 역사하는 것이 바로 영이신 예수입니다. 우리는 이 사실을 제대로 인식할 때 우리가 그리스도 안에 거하게 됨을 알게 되는 것입니다. 그 외적 증거가 능력으로 나타나는 것입니다. 그러므로 우리가 추구해야 할 본질은 영이신 예수이며, 그 수단이 영적 경험과 능력인 것입니다.

주님은 우리가 그 분 안에 거하기를 소망하며, 그래야만 하나님의 나라를 이루어낼 수 있기 때문에 연약하고 미숙한 우리에게 영적 자극을 주기 시작하는 것입니다. 이것이 다양한 영적 현상들이며, 이 과정을 통과해야만 영적 성숙으로 나갈 수 있기 때문입니다. 영적 성숙은 이론이나 설명으로 이루어지는 것이 아니라 반드시 과정을 통과해야 하는 실질적인 것입니다. 영적 경험이 없으면 그리스도도 없는 것입니다. 이것이 없으면 우리는 여전히 예수를 육체로만 아는 것입니다. 따라서 우리는 부족한 상태에 있으며, 온전하지 못한 것입니다. 성경은 자주 우리에게 온전할 것을 요구합니다. '온전함'이란 어느 한 쪽으로만 치우치지 않는 상태를 말합니다. 우리는 육과 영을 공유한 존재입니다. 그러므로 이 두 가지를 다 소중하게 여기고 조화를 이루어야 합니다. 육이신 예수와 영이신 예수를 다 소유할 수 있어야 합니다.

영의 모든 일은 맛보기 판이 있는 것입니다. 그것을 받았을 때 우리는 황홀해합니다. 그러나 그것은 잠깐이고 그 다음은 성숙으로 나가는 과정이 다가옵니다. 맛보기 판을 경험했다면 그 다음은 우리의 노력으로 높은 차원의 영적 능력을 갖추도록 힘써야 합니다. 여기부터 많은 노력이 필요합니다. 성령이 이끄는 과정을 통해서 우리는 온전함으로 나아가게 되며, 하나님 나라를 우선하는 생각으로 바뀌게 됩니다. 이 과정은 필수적이지만 온전히 통과하기가 쉽지 않습니다. 그 동안 우리에게 주어진 능력들은 잠정적으로 거두어지며 약화됩니다. 그러나 결코 사라지지 않습니다. 우리가 보다 더 성숙하여 수단을 목적으로 오해하지 않을 때까지 유보하는 것이지요. 예외적으로 능력 행하는 사람의 경우에는 거의 이런 과정이 없습니다. 그들은 처음부터 강력한 능력을 받고 지속적으로 그 사역을 행하게 됩니다. 그래서 성숙할 여유가 별로 없기 때문에 무척 위험하다고 볼 수 있습니다.

사전에 가혹한 훈련을 받지 않은 사람은 대부분이 실족하게 됩니다. 유명한 복음 전도자 빌리 그래함의 경우 그는 전도자의 일로 부르심을 받기 전에 그의 딸이 자살하는 아픈 경험을 가지고 있습니다. 이 경험을 통해서 그가 주님 앞으로 나왔고 그는 겸손할 수 있었습니다. 이 가슴 아픈 사건이 그를 지켜준 것이지요. 그러나 대부분의 복음 전하는 자들은 그들에게서 나타나는 엄청난 능력 때문에 교만해지는 경우를 봅니다. 우리에게 이런 위험에 빠지지 않도록 안전장치를 두고 성숙할 수 있는 여유를 주신 하나님께 감사해야 할 것입니다. 그리고 주신 분의 의도를 제대로 알고 성숙한 일꾼으로 성장하려는 노력이 필요합니다.

영성과 능력을 소멸하지 않기 위하여 지속적인 깊은 영의기도가 필요합니다. 하나님과 지속적으로 친밀하게 지내라는 뜻도 되지요. 내가 한시라도 하나님을 찾지 않으면 능력이 약해질 수 있다는 의식이 중요합니다. 영성은 하나님과 영의 통로가 뚫렸을 때 심령에서 흘러나오기 때문입니다.

그러므로 깊은 영성을 유지하기 위하여 깊은 영의 기도로 하나님과 친밀하게 지내야 합니다. 영성은 하나님과 통로가 열려 있으면 소멸되지 않습니다.

# 34장 성령의 인도를 통해 영성전문가가 되는 법

하나님은 예수를 믿는 하나님의 자녀들이 영적인 분야에 전문가가 되기를 소원하십니다. 필자는 전문성을 아주 많이 강조합니다. 특별하게 영적인 전문성은 중요합니다. 왜냐하면 영적인 역사는 비슷하기 때문입니다. 말씀도 전문적으로 알아야 합니다. 대충 알아서는 귀신에게 속을 수가 있습니다. 하나님은 성령으로 성도들과 영적인 지도자들을 인도하시면서 전문성을 개발하게 하십니다.

하나님은 성도가 예수를 믿고 교회에 들어오면 성령을 체험하게 하십니다. 성령을 체험하면서 영적인 면에 관심이 많아집니다. 예수를 믿고 교회에 들어오면 성령께서 축복을 받는 것에 관심을 갖는 것에 앞서서 영적인 면에 관심을 갖도록 인도하시는 것입니다. 영적인 눈이 열려서 하늘나라 사람으로 변해야 아브라함의 복을 받을 수 있기 때문입니다. 아브라함의 복을 받으려면 영적인 눈이 열려서 영의 사람이 되어야 하기 때문입니다. 영적인 세계에 관심을 가짐과 동시에 영적인 궁금증이 생깁니다. 능력은 어떻게 받을까? 환상은 어떻게 열릴까? 영적인 세계에 무엇이 존재할까? 영안은 어떻게 열릴까? 성령은사는 어떻게 해야 받을 수 있을까? 영들은 어떻게 분별할까? 방언 기도는 어떻게 받게 될까? 이런 궁금증을 해결하기 위하여 책도 읽고 집회도 참석하여 영의 눈이 뜨이게 됩니다.

세상에서 불신자로 살아갈 때는 영이 육에 눌려서 기능을 제대로 발휘하지 못합니다. 한마디로 갑갑한 인생입니다. 복음을 전도 받고 교회에 나와 예수 믿고 성령으로 세례를 받으면서 처음으로 느끼는 영적인 체험을 하는 것입니다. 인간이 본능적으로 세상을 살아가다가 말씀을 통하여 성령이 운행하시어 빛이 비치고 영적인 눈이 열리며 깨닫기 시작하는 것입니다.

성령님은 성도를 하나님이 원하시는 영적인 수준이 되게 하려고, 영적인 일에 관심을 갖도록 인도합니다. 필자의 경우 성령께서 영적인 궁금증을 주셨습니다. 영적세계를 알아야 한다는 성령의 감동이 저를 주장했습니다. 영적세계에 대하여 연구하고 몰입을 하다가 보니 영적인 세계에 대한 이론이 정립되고 영적세계가 열렸습니다. 영분별을 어떻게 할까! 영분별을 할 수 있도록 하기 위하여 기도했습니다. 영분별 세미나도 참석했습니다. 이렇게 영분별을 하려고 몰입하고 집중하다가 보니 영을 분별할 수 있게 되었습니다.

영안은 어떻게 하면 열릴 수가 있을까 고민하면서 기도하다가 보니 영안의 이론이 깨달아지고 영안이 서서히 열어졌습니다. 깨달은 것으로 책을 집필하여 두 권을 출간했습니다. 어느 날 기도하니까, 내 마음 속에서 영들의 전이가 어떻게 이루어질까! 잘못된 영의 전이가 이루어지면 무슨 현상이 나타날까! 하는 감동이 저를 주장했습니다. 영들의 전이에 대하여 관심을 갖다가 보니까, 영적전이에 대한 이론이 정립되고 영들의 전이에 대하여 깨달아지기 시작했습니다.

우리는 성령께서 관심을 갖도록 인도하시는 분야에 전문가가 되려고 의지적인 노력을 해야 합니다. 그 분야에 대한 책도 읽고 체험도 하면서 성령의 인도에 적극성을 보여야 합니다. 성령은 자신의 인도에 적극성을 보이면 전문가가 되도록 감동하시고 훈련을 하십니다. 성령의 인도로 차츰 하나님이 원하시는 수준에 도달하게 되는 것입니다. 성령의 인도하시는 분야에 적극적인 관심을 같다가 보면 생명의 말씀과 성령으로 영적 민감성이 개발되기 시작을 합니다.

영적 민감성(spiritual sensibility)은 영안을 열고 영적 성장을 이루는데 매우 중요한 요소입니다. 영적으로 민감하다는 것은 영적인 일에 관심이 남다르게 많다는 것을 의미합니다. 관심이 많아야 발전이 있는 법입니다. 세상의 일에도 관심과 흥미를 가지고 있어야 성공할 수 있는 것입니다. 관심과 흥미가 있으면 그 일에 깊이 관여하게 되고 그에 따라서 여러 형태의 도움을 받을 수 있게 됩니다. 무슨 일이든 전문가가 되기 위해서는 먼저 관심과 흥미로부터 시작하는 것처럼 영적 성장 역시 관심과 흥미로부터 시작하는 것입니다.

관심이 있게 되면 그 일에 모든 것을 걸게 됩니다. 관심과 흥미가 있게 되면 오로지 그 일만 생각하게 됩니다. 세상에서도 관심과 흥미가 그 일에 깊이 빠지게 만들고, 그렇게 해서 해당

분야 전문가가 되는 것입니다. 이처럼 영적인 일에도 마찬가지로 관심과 흥미가 있어야 영적 발전이 이루어지는 것입니다.

문제는 성령께서 감동하시면 무슨 일이 있더라도 순종해야 영적인 전문성을 개발할 수가 있습니다. 필자는 주중에 집회할 때 훈련하시는 분들에게 이렇게 말합니다. 성령께서 감동하시면 물질이 얼마가 들어가더라도 성령의 감동에 순종하라는 것입니다. 성령의 감동에 순종할 때 그 분야가 열리는 것이기 때문입니다. 성령의 감동은 무슨 일이 있어도 순종해야 영적인 전문가가 될 것입니다. 하나님은 성령으로 인도하시면서 성도들과 사역자를 영적인 전문가를 만들어 가시기 때문입니다.

전문가는 항상 일류를 지향합니다. 자신이 맡은 일을 세계에서 가장 좋은 것으로 인정을 받기 위해서 온 몸을 다 바칩니다. 오로지 정상만을 향해서 달립니다. 그 분야에서 세계 제일을 목표로 뛰는 사람입니다. 이는 자신으로 인해서 사람들이 세계 제일의 서비스를 받게 하기 위해서입니다. 사람들이 자신으로 인해서 세계에서 가장 좋은 것을 얻을 수 있다면 그것으로 만족할 줄 아는 사람입니다. 전문가는 자신을 사는 사람이 아니라 다른 사람을 위해서 사는 봉사자입니다.

자신으로 인해서 기뻐하는 사람들로 인해서 삶의 가치를 느끼는 그런 사람이 전문가입니다. 우리 사회에 이런 전문가가 과연 얼마나 있습니까? 한 우물을 파는 그런 사람으로 인해서 사회는 유지되고 성장하는 것입니다. 우리 사회의 전문가는 전문가라고 드러내고 자랑하는 그런 사람들 가운데 있지 않습니다. 비록 다른 사람들의 눈에는 드러나지 않지만 한 자리를 계속 지키는 아주 보잘 것 없어 보이는 그런 사람들 가운데 있습니다.

저는 성령치유의 전문가가 되겠다는 꿈을 가지고 있습니다. 올해(2012년)까지 만으로 십이 년을 했습니다. 오년을 하니까, 조금 자신이 있었습니다. 7년이 되니까, 영적인 것들이 궁금해졌습니다. 그래서 영감과 영성에 대한 교제를 만들었습니다. 조금 지나니 영적세계와 영안이 궁금해졌습니다.

그래서 영적세계와 영안에 대한 교재를 만들었습니다. 십년이 넘으니까, 책을 쓸 수가 있었습니다. 저는 TV에 나오는 달인에 대하여 관심이 아주 많습니다. 저도 영성과 성령치유에 달인이 되기를 사모하고 있습니다. 한 분야에 오래 사역을 감당하다가 보니 이제 환자를 보면 진단이 가능합니다. 어떤 환자가 오더라도 안수할 수가 있습니다.

본인들이 치유를 사모하고 제가 하라는 대로 순종하면 어떠한 질병이라도 치유가 되고 있습니다. 지금은 전문화 시대입니다. 목회자도 전문화 되어야 합니다. 전문화된 목회자들을 통하여 영성과 같은 전문문야가 발전이 되는 것입니다. 그래서 저는 영성과 치유에 대한 책을 쓰고 있습니다. 후대의 목회자들이 읽어 터득하여 사용하다가 더 깊은 진리를 터득하여 발전을 시키라고 말입니다. 무엇이든지 처음에 시도하는 사람이 제일로 힘이 듭니다.

그러나 그것을 가지고 적용하여 부족한 부분을 발전시키는 일은 좀 쉽습니다. 처음 것을 가지고 발전시키면 되기 때문입니다. 영성의 전문가가 되려면 영성의 원리를 정리한 텍스트가 있어야 합니다. 그래서 저는 텍스트를 준비하기 위하여 책을 쓰는 것입니다. 무슨 일이든지 텍스트가 없으면 자신의 대에서 끝이 납니다. 그러나 텍스트를 준비하면 대대로 사용할 수가 있는 것입니다.

전문가가 되어야 하지만 자신이 터득하고 발전시킨 내용을 가지고 텍스트를 준비해야 할 것입니다. 여성목회자들이 영성과 은사분야에 쓰임을 받은 분들이 많습니다. 그런데 이분들이 텍스트를 준비하지 못했기 때문에 모두 하나같이 자기 대에서 사역이 끝이 나고 만 것입니다. 많은 영성 사역자들이 전문가가 되어야 하되, 자신이 발전시킨 분야에 텍스트를 준비해야 합니다.

후대가 사용하며 발전시키도록 텍스트를 준비하는 것이 무엇보다 중요합니다. 자신이 터득한 분야를 정리하는 습관이 되어야 합니다. 그래야 영성분야의 발전이 있을 것입니다. 영성은 전문분야에 속한 것입니다. 전문 분야는 적어도 십년을 해야 제대로 사명을 감당할 수가 있습니다. 전문화가 되도록 인내하며 사모하며 감당을 하여 이 땅에 전문화된 많은 영성과 성령치유 사역자들이 있기를 소원합니다.

# 35장 꾸준한 영성훈련 통해 영성을 개발하는 법

하나님께서 원하시는 영성에 도달하기 위해서는 꾸준해야 합니다. 하나님은 성령으로 거듭난 성도들이 꾸준하게 영성을 개발하기를 원하십니다. 필자가 성령치유 사역을 하면서 체험한 것은 많은 사역자들과 성도들이 빨리 능력을 받으려고 합니다. 빨리 영성을 깊게 하려고 합니다. 하나님은 그렇게 순간 적인 영성을 개발하게 하지 않습니다. 지속하면서 예수님을 닮아가게 하십니다. 영적인 문제나 질병을 치유 받으면서 하나님께서 원하시는 영적인 수준에 도달하도록 인도하십니다. 우리 성도들은 이렇게 순간적으로 치유 받아 영적인 사람이 되려는 생각을 버리는 것이 좋습니다. 구약에 보면 아브라함은 25년이 걸렸습니다. 야곱은 20년이 걸렸습니다. 요셉도 13년이 걸렸습니다. 자신이 변하여 하나님의 원하시는 수준이 되려면 부단한 노력과 꾸준함이 필수입니다.

이렇게 하나님께서 원하시는 수준으로 변화되는데 시간이 소요되기 때문입니다. 우리 성도들이나 사역자들은 급하게 마음먹지 말고 느긋하게 성령의 인도를 따라야 합니다. 절대로 영성은 급하게 생각하면 더 시간이 걸립니다. 급하게 생각하므로 육적인 역사가 일어나기 때문입니다. 필자는 항상 이렇게 강조합니다. 급하게 마음먹지 말고 느긋하게 성령의 인도에 순종해야 빨리 치유가 되어 영성 깊은 사역자와 성도가 되기 때문입니다. 많은 성도들과 사역자가 처음 성령을 체험하면서 영적인면에 관심을 가지기 시작합니다. 어떤 계기가 있어서 시작하거나 호기심으로 하기 시작하지만 얼마 가지 않아서 회의가 밀려오기 시작합니다. 꼭 이럴 필요가 있겠는가 하는 나약한 생각이 들기 시작하면 하고 싶은 마음이 사라집니다. 다른 사람들도 그렇게 저렇게 살아가는데 자신이 유별난 것 같다는 생각이 들고 영성 훈련을 해서 무엇을 하겠는가 하는 생각이 들기 시작합니다.

전문 사역자도 아니고 평범한 성도로서 이런 깊이 있는 영성 훈련이 필요할까 하는 의심도 드는 것입니다. 목적이 분명하지 않기 때문에 곧 힘을 잃게 됩니다. 그리고 무엇보다도 생각한 것만큼 효과가 즉시 나타나지 않기 때문에 흥미를 잃게 되는 것입니다. 기대한 것을 얻지 못하면 낙망하게 되고 의심하게 되며, 자신은 이 방면에 소명이 없는 것이라고 단정하게 됩니다. 그러면서 지속하지 못하고 중도에 포기하거나 그만 두는 것이 보통입니다.

그리고 그럴듯한 구실을 찾아서 포기하게 됩니다. 이런 사고와 생각을 가지고는 하나님께서 원하시는 영성에 도달할 수가 없습니다. 이렇게 나름대로의 이유를 찾아서 포기하게 되면 양심의 가책이나 성령의 책망도 느끼지 못하게 됩니다. 정당한 이유를 찾았기 때문입니다. 그러나 이것은 스스로를 속이는 것이라는 사실을 부인하는 것이며, 대부분의 실패한 사람들이 걸어

가는 길에 자신도 들어서고 있다는 사실을 알려고 하지 않는 것입니다. 영성은 꾸준해야 합니다. 천국에 갈 때까지 관심을 가지고 지속해야 합니다.

하나님과 친밀함을 얻고 삶 속에서 늘 인도하심을 확인하고 능력을 갖추어서 살아간다는 것이 쉬운 일이 결코 아닙니다. 그런 길을 가려면 당연히 거쳐야 할 다양한 시험이 있는 것이며, 그 시험을 통과하기란 생각보다 훨씬 어려울 수 있다는 것입니다. 영적으로 능력 있는 삶을 살고 있는 사람들은 그냥 되어진 것이 결코 아닙니다. 세상에서도 성공하기 위해서는 남다른 노력과 지혜가 필요하듯이 영적인 일에도 예외가 없이 많은 노력과 가르침이 필요한 것입니다. 무엇보다도 인내가 필요합니다. 영성훈련은 운동과 같은 훈련입니다. 그 과정에서 때로는 하고 싶지 않을 수도 있고, 여러 가지로 환경적 방해가 따르기도 합니다. 기분대로 이끌려 하고 싶으면 하고 하기 싫으면 하지 않아도 되는 것이 아닙니다. 영성훈련은 우리 영의 삶을 위해서 반드시 해야 하는 필수적인 것이지요.

육체적으로 건강하게 살기 위해서 날마다 꾸준하게 운동을 해야 하는 것처럼 주님과 친밀한 가운데 능력 있는 삶을 살기 위해서는 영성 훈련이 반드시 필요한 것입니다. 보다 높은 수준의 영적 삶에서 오는 즐거움과 하나님의 위로하심을 경험하기 위해서 우리는 고단한 훈련을 계속해야 하는 것입니다.

하고 싶을 때 하고 하기 싫어지면 하지 않는 것은 유치한 수준의 사람들이 행하는 태도입니다. 프로는 그 일이 직업이 되어 하기 싫어도 해야 합니다. 그 일을 통해서 사람들에게 봉사하고 그 대가로 수익을 얻는 것입니다. 다른 사람들 보다 더 나은 서비스를 제공하기 위해서 피나는 노력을 하는 것입니다.

영적으로 성숙한 것은 다른 사람들을 섬기기 위한 것이며, 그 섬김을 통해서 자신에게 하나님의 크신 위로와 상급이 주어지는 것입니다. 이것이 우리를 더욱 더 영적인 성장과 능력을 강하게 하는 일로 나아갈 필요를 찾게 하는 것입니다. 많은 사람들에게 영적 섬김을 행하기 위해서는 자신에게 주어진 능력을 최대한으로 성장시키고 강화해야 할 책임이 자신에게 있는 것입니다. 우리에게 몸이 주어졌고 그 몸으로 다른 사람들을 즐겁게 해야 할 의무가 있으며, 그렇게 함으로써 자신의 삶이 풍성해지는 것처럼 말입니다. 그러기 위해서 배우고 익히고 경쟁하지 않습니까? 우리의 영적 삶은 경주하는 것과 같은 것입니다. 면류관을 얻기 위한 경주입니다. 그 경주는 인내하지 않으면 절대로 승리할 수 없는 것입니다.

모든 것은 고비가 있습니다. 그 고비를 잘 넘기면 다음 고비가 올 때까지 잘 나갈 수 있습니다. 이렇게 몇 차례의 고비를 겪고 나면 성공이 눈앞에 다가오는 것입니다. 영적 삶에서도 이와 같아서 고비가 있기 마련입니다. 우리는 이것을 시험이라고 부르지요. 이 고비를 넘기지 않으면 실패할 수 있으며, 더 나은 발전을 이룰 수 없다는 생각을 가진다면 절대로 포기하거나 뒤로 물러서지 않을 것입니다. 그런데 영적인 일은 눈에 보이는 것이 아니고 안 한다고 해서 누가 책망하거나 재촉하는 것도 아니기 때문에 쉽게 포기하는 것입니다. 육체의 삶은 현실적이고 즉각 눈에 드러나기 때문에 어쩔 수 없이 하게 되지만 영적인 일은 육적인 눈에 쉽게 드러나는 것이 아니기 때문에 의미를 찾지 못하는 것입니다.

그리스도를 믿는 것은 영의 일의 가치를 아는 것을 의미합니다. 보이는 것으로 사는 것이 아니라 보이지 않는 것의 가치를 알고 사는 것이기 때문이지요. 그런데 과연 그럴까요? 여전히 보이는 것만을 가치 있게 여기기 때문에 육체적인 일에서 벗어나지 못할 뿐만 아니라 그런 것만 추구합니다. 보이는 것은 한시적이고 이 세상을 살아가는 데에만 필요한 것이지요. 그러나 보이지 않는 것은 영원한 것이며, 천국에서 영원히 누릴 분복입니다. 그런데 이것을 소중하게 생각하지 못하는 것입니다. 당장에 보이는 것이 더 중요하다고 생각하기 때문에 영의 일을 소홀히 하는 것입니다.

영의 일을 소홀히 하는 까닭 중에는 그 가치가 귀한 것이라는 사실을 경험하지 못하였기 때문입니다. 자신이 경험하지 못했다면 그 가치를 아는 지도자의 설득으로 그 일을 하게 됩니다. 우리가 어릴 때에는 공부하는 의미를 모릅니다. 그러나 그것이 중요하다는 것을 아는 어른들의 도움으로 공부를 열심히 하게 되지요. 이처럼 자신의 주위에 그 가치를 제대로 일깨워주는 지도자가 있다는 것이 얼마나 행복한 일인지 모릅니다.

똑똑한 지도자 밑에 있어야 훌륭한 사람이 될 가능성이 높아집니다. 그래서 좋은 학교에 가려고 하는 것이 아닙니까? 능력 있는 지도자를 만나야 더 나은 교육을 받는 것이 당연한 이치이지요. 그렇다면 영의 일도 역시 똑똑한 지도자를 만나는 것이 중요한 것입니다. 능력을 많이 가진 지도자가 능력이 부족한 지도자보다 여러 면에서 다릅니다.

탁월한 영성은 탁월한 영성을 지닌 지도자 아래에서 만들어지는 것입니다. 영성훈련이란 그런 지도자 아래에서 분명한 목적을 발견하는 것입니다. 다른 사람들이 모르는 것을 알게 되면 그만큼 더 앞서 나아가게 되는 것입니다. 알게 되면 헌신할 기회가 더 많아지고 그러면 자연적으로 상급이 더 많아질 것이 분명합니다. 특히 성령께서 주시는 직임을 따라서 행할 때 그 열매를 맺게 되고 이것이 바로 상급이 되는 것입니다.

육체적인 인식으로 행하는 일은 육체의 열매를 맺게 되며, 영을 따라 행하는 일에는 영의 열매를 맺으며, 성령을 따라 행하는 일에는 성령의 열매를 맺는 것입니다. 우리는 썩어질 육체의 열매를 위해서 일하는 사람이 아니라 썩지 않을 성령의 열매를 위해서 힘쓰는 사람들이 되어야 하는 것입니다.

영성 훈련은 고단하고 때로는 의미 없는 것으로 여겨지기도 합니다. 보이지 않기 때문이지요. 또한 전혀 성장하지 않고 날마다 제자리걸음만 하는 것처럼 느껴지는 지루함도 있습니다.

이 모든 것이 성장을 위한 과정이랍니다. 영의 일에는 결코 무의미한 것이 없습니다. 우리가 무의미하게 느낄 뿐이지요. 하나님에게 드려지는 일체의 시간은 결코 흘러 사라져가는 것이 아닙니다. 잠잠히 앉아서 기다리는 시간이 있었기에 엘리야는 갈멜산으로 나아갈 수 있었습니다. 무의미하고 아무런 변화도 없는 것 같은 지루함도 영성 훈련에서는 빼놓을 수 없는 귀중한 공과랍니다. 우리는 이것을 제대로 이해하지 못하면 제대로 성장할 수 없습니다.

바울이 에베소에서 3년이나 고립되어 있었습니다. 두란노에서 날마다 반복되는 일과만을 행하면서 지루한 세월을 보냈습니다. 로마 감옥에 갇혀서 성경만 묵상하는 의미없어 보이는 시간들을 보냈습니다. 아라비아에서 14년을 보냈습니다. 지루하고 아무런 변화도 없는 세월들 속에는 하나님의 놀라운 계획들이 성숙되어 가는 과정이 포함되어 있을 수 있습니다. 의미가 없다고 생각하여 시작한 일을 포기하는 사람들은 하나님에게서 어떤 것도 얻어낼 수 없답니다.

# 4부 영적성숙으로 눈이 열리는 영성

## 36장 세 가지 요소를 통해 영성을 개발하는 법

하나님은 예수님의 보혈과 생명의 말씀과 성령의 역사로 성도들의 영이 성결하게 되기를 소원하십니다. 우리가 하나님과 교통하는 것은 첫째, 예수님의 보혈의 은혜가 있기 때문입니다. 우리 인간은 아담의 원죄로 인하여 하나님과 원수가 되었습니다. 하나님과 인간의 원수 된 관계를 예수님께서 십자가에서 피를 흘리고 죽으셨기 때문에 회복이 되었습니다. 죄는 죽어야 해결이 됩니다. 그런데 인류의 죄를 속죄하기 위하여 예수님이 죽으셨습니다. 그래서 하나님과 인간이 화목하게 된 것입니다. 둘째, 생명의 말씀으로 거룩하게 됩니다. "이는 곧 물로 씻어 말씀으로 깨끗하게 하사 거룩하게 하시고"(엡 5:26). 셋째, 이 모든 것을 성령으로 깨닫고 알게 하십니다. "오직 하나님이 성령으로 이것을 우리에게 보이셨으니 성령은 모든 것 곧 하나님의 깊은 것까지도 통달하시느니라"(고전 2:10). 그렇기 때문에 영을 성결하게 하려면 반드시 예수님의 보혈과 생명의 말씀과 성령의 역사가 있어야 합니다. 영이 성결하게 되어야 하나님과 교통하면서 음성을 듣고 순종할 수가 있는 것입니다.

그래서 모든 그리스도인의 한결 같은 소망은 주님과 친밀함을 유지하면서 주의 음성을 잘 듣고 싶어할 것입니다. 구약의 선지자들처럼, 그리고 신약의 사도들처럼 주님의 음성을 듣고 그 가르침을 따르기를 원합니다. 그러나 이런 관계가 쉽게 이루어지지 않아서 고민도 많이 하고 여러 가지 생각이 스쳐가게 됩니다. 어떤 성도는 믿음을 가진지 얼마 되지도 않았는데 주의 음성을 잘 듣습니다. 이런 모습을 보는 연륜이 많은 성도들은 갈등하게 됩니다. 주의 음성을 잘 듣게 되는 이유가 도대체 무엇일까요? 여러 가지 원인이 있을 것입니다.

주님의 특별한 뜻이 있을 것이고, 은사와 연관이 있을 것입니다. 그러나 이것은 예외적인 것이고, 일반적으로 모든 성도들은 기본적인 음성 듣기를 해야 합니다. 예언자가 듣는 계시적인 음성과 은사를 받은 사람이 듣는 지식과 지혜의 말씀 등과 같은 기능적인 음성은 일반적인 하나님의 음성 듣기와는 차원이 다르기 때문에 이 글에서는 제외하고 일반적으로 우리가 주님과 친밀함을 누리는 수단으로서의 하나님의 음성 듣기에 연관된 중요한 요인은 바로 영의 순수함의 정도가 그 주요 원인입니다.

주님은 우리의 영적 상태가 어린 아이처럼 순수해야 함을 가르치고 있습니다. 어린 아이를 바라보면 모든 것이 깨끗합니다. 피부도 그렇고 눈동자도 해맑습니다. 어느 하나 깨끗하지 않은 것이 없지요. 어린 아이의 그 맑은 피부와 눈동자를 바라보면 푸른 하늘을 보는 듯합니다. 이와 같이 우리의 영혼이 티없이 순수하고 맑아야 하지만 우리는 죄로 인해서 그렇지 못합니다.

이 순수하지 못하고 더러운 우리의 영혼을 깨끗하게 하는 중요한 재료가 있습니다. 레위기 14장에는 문둥병을 깨끗하게 하는 정결의식이 소개됩니다. 문둥병은 이스라엘에서 가장 심각한 질병으로 취급되었습니다. 이 병에 걸리면 이스라엘 공동체에서 추방당하며 정상적인 사회활동을 할 수 없으며, 불결한 사람으로 취급당합니다. 문둥병이 고침을 받고 그 죄를 정결하게 하는 예식에 사용되는 3가지 재료는 '기름' '피' '물'입니다.

기름과 피와 물은 이스라엘의 정결의식에서 빠져서는 안 되는 주요한 재료이며, 이 3가지를 가지고 제사장은 정결의식을 하게 되며, 이로써 문둥병자는 여드레째 되는 날에 모든 것이 회복됩니다. 이 3가지 재료는 유월절과 연관이 있습니다. 주님께서 유월절을 지키기 위해서 예루살렘에 들어가셨을 때 마리아는 옥합을 깨어 기름을 예수의 머리에 붓습니다. 이 기름은 예수의 장례를 준비하기 위한 것이었습니다. 그리고 주님은 십자가에서 물과 피를 쏟으면서 죽음을 맞이합니다. 이 3가지는 예수의 죽음과 직접 연관이 있으며, 구약 시대에 제사장이 행한 정결례는 주님의 희생을 상징하는 것입니다. 정결의식을 위해서 2마리의 비둘기와 숫양이 필요합니다. 비둘기는 물이 흐르는 곳에 가서 잡습니다. 그리고 그 피를 뿌리고 살아있는 비둘기를 광야로 날립니다.

기름과 피와 물은 죽음과 연관이 되어 있으며, 정결해지기 위해서는 반드시 희생이 전제되어야 합니다. 그 죽음은 그리스도의 죽음이며, 이것을 우리는 세례를 통해서 그 죽으심에 동참하게 되며, 그 죽음이 우리 자신의 것이 됩니다. 이 3가지 재료는 제사장이 바르거나 뿌리는 데 사용합니다. 생수에 피를 섞어서 환자에게 7번 뿌립니다. 이것은 나아만이 문둥병이 들었을 때 요단강에 7번 몸을 담그는 침례(immersion)를 상징합니다.

이것은 이스라엘이 홍해를 건널 때 물 가운데를 지나게 되는데 이것이 세례를 상징하는 것으로 성경은 해석합니다. 이 세례라는 말은 헬라어 '밥티조'를 번역한 말인데 이 단어가 지닌 의미는 '뿌리거나 붓거나 잠기는 것'을 의미합니다. 예수께서 요단강에 들어가셨을 때 요한은 그의 머리에 세 번 물을 붓습니다. 이것이 밥티조입니다. 제사장은 정결하게 하기 위해서 이미 발라놓은 속건제물의 피 위에 기름을 덧바릅니다.(레 14:17) 그리고 기름을 7번 뿌립니다. 바르고 뿌리는 행위를 통해서 정결해지는데 이는 우리가 세례를 통해서 정결해지고 모든 죄가 사함을 받는 것을 상징합니다. 유월절의 어린 양이신 주님의 물과 피 그리고 부어졌던 기름은 우리 영혼을 정결하게 하는 3가지 중요한 요소를 의미합니다. 에스겔서는 신약시대를 살아갈 우리들을 향한 예언을 담고 있는데 36:25에 "내가 너희에게 맑은 물을 뿌려서 너희를 정결하게 하며, 너희의 온갖 더러움과 너희 우상을 섬긴 모든 더러움을 깨끗하게 씻어주며"라고 기록하고 있습니다. 그리고 이어서 26절에 "너희에게 새로운 마음을 주고 너희 속에 새로운 영을 넣어주며, 너희 몸에서 돌같이 굳은 마음을 없애고 살갗처럼 부드러운 마음을 주며, 너희 속에 내 영을 두어, 너희가 나의 모든 율례대로 행동하게 하겠다."우리는 이 말씀이 우리들에게 주신 말씀임을 너무도 잘 압니다.

요한계시록 19:13에는 "그는 피로 물든 옷을 입으셨고, 그의 이름은 '하나님의 말씀'이라고 하였습니다." 16절에는 "그의 옷과 넓적다리에는 '왕들의 왕' '군주들의 군주'라는 이름이 적혀 있었습니다." '피로 물든'이라고 하는 말에 사용된 단어는 '밥티조'입니다. 즉 세례라고 하는 말로 번역되는 단어지요. 즉 피가 뿌려졌거나 담겨서 물이 든 것을 의미합니다. 피로 물든 옷을 입으신 분이 곧 하나님의 말씀입니다. 맑은 물을 뿌리고 피를 뿌리고 기름을 뿌려서 우리를 정결하게 하시는 것입니다.

물과 피와 기름은 신약시대에는 이 모든 것이 우리를 정결하게 할 뿐만 아니라 새 영을 받고 새 마음을 받는 재료가 됩니다. 물과 피는 하나님의 말씀과 직접 연관이 되며, 기름은 성령의 능력과 연관됩니다. 우리의 영이 정결해지기 위해서는 말씀과 능력으로 충만해져야 합니다. 이것은 그리스도의 죽으심을 통해서 뿐만 아니라 부활을 통해서 가능한 것입니다. 2마리 가운데 하나는 죽임을 당하지만 하나는 산채로 광야로 보내집니다. 이는 주님이 세례를 받은 직후 광야로 나가심을 상징합니다. 우리는 세례를 통해서 주의 죽으심과 연합함으로써 옛 본성이 죽었습니다. 그리고 주님이 광야로 나가셨던 것처럼 우리 역시 광야로 나가야 합니다. 이것은 우리로 하여금 죄에서 완전히 정결해지는 온전한 절차입니다. 광야로 방출되는 과정이 없이는 우리는 온전히 정결해질 수 없습니다. 정결해지는 희생제는 피 뿌림과 방출이라는 이 2가지를 다 행할 때에 비로소 완전히 이루어지는 것입니다. 그러므로 우리는 세례뿐만 아니라, 광야의 방출까지 치러야 하는 것입니다. 신약성경은 2가지 세례를 가르치고 있습니다. 물과 불의 세례입니다. 물은 우리가 교회에서 상징적으로 행하는 의식적 세례(the ceremonial baptism)이며, 불은 성령께서 각 사람에게 행하시는 영적 세례입니다. 이것은 한 순간 불을 받은 것 같은 뜨거움을 맛보았다고 해서 되어지는 것이 아니라 광야의 오랜 세월을 거치면서 이루어지는 정결례입니다. 이 과정은 개인적이고 복잡하며, 성령께서 직접 베푸시는 것입니다. 이 광야의 방출을 통해서 우리의 영이 순수해집니다. 이 과정을 성경은 불로 연단하는 풀무라고 표현합니다. 이것을 통해서 그리스도인은 정금처럼 순수해지며 그래야 주님의 음성을 잘 들을 수 있는 귀를 갖추게 됩니다.

물과 불로 거듭나는 것은 긴 성화의 과정을 의미합니다. 육신이 태어나기 위해서는 열 달이 필요합니다. 그러나 영이 거듭나기 위해서는 오랜 세월의 연단이 필요합니다. 성결의 과정은 길고도 험합니다. 그렇게 해서 거듭난 사람만이 주님의 나라의 참된 백성이 되며 이기는 자가 되는 것입니다. 주님은 "내 양은 내 음성을 듣는다"라고 말씀하셨습니다. 이 말씀이 완전하게 의미하는 바는 주님으로부터 직접 말씀을 들을 수 있음을 말합니다.

직접적이라는 점이 중요합니다. 간접적으로 듣는 것은 음성이 아니라 소문입니다. 우리는 소문을 전해 듣는 사람이 아닙니다. 주님으로부터 직접 들을 수 있어야 하며, 그렇기 위해서는 영이 정결해져야 합니다. 죄로부터 깨끗해지기 위해서 우리는 2가지 세례를 통과해야 하며, 그 수단이 물과 피와 기름입니다.

우리는 즐거운 마음으로 광야로 나가야 합니다. 이것이 없으면 참 자녀가 아니기 때문입니다. 주님도 성령에 이끌리어 광야로 나가셨듯이 우리 역시 그곳으로 가야만 합니다. 그래야 우리의 죄가 씻어지고 정결하게 됩니다. 피로 물든 옷을 입으신 분이 하나님의 말씀입니다. 우리는 그 피로 정결해집니다.

그리고 주님은 우리 배에 생수의 강이 넘쳐 나오게 하십니다. 이것이 예언입니다. 이것으로 우리는 정결해집니다. 주님은 우리 머리에 기름을 부으십니다. 이것이 은사와 직임입니다. 이것으로 정결해집니다. 성경말씀과 계시와 능력 이 3가지는 우리를 정결하게 하기 위해서 제사장이 사용한 재료입니다.

지금 대 제사장이신 주님이 우리를 정결하게 하기 위해서 이 3가지를 사용하고 계십니다. 우리는 비둘기처럼 수양처럼 그렇게 제사장 앞에 나와야 합니다. 그리고 죽고 다시 사는 영적 경험을 통해서 비로소 진정한 주의 백성이 되고 친 자녀가 되는 것입니다.

# 37장 영으로 사는 삶을 통해 열리는 영성개발

하나님은 예수를 믿어 성령으로 거듭난 성도가 영의 역사와 육의 역사를 구분할 줄 알기를 원하십니다. 영과 육을 구분하는 것은 성도의 기본이기 때문입니다. 영과 육을 구분하지 못하면 예수를 믿으면서 예수님이 주시는 영적인 것을 하나도 누릴 수가 없습니다. 하나님은 영이시기 때문입니다. 반드시 성령으로 충만한 영적인 상태가 되어야 하나님으로부터 주어지는 각종 신호를 알아차릴 수가 있습니다.

번드시 성도는 성령으로 충만한 영적이 되어야 하나님과 교통할 수가 있습니다. 우리는 육신과 영을 함께 가지고 있기 때문에 이 두 가지 인격으로부터 오는 다양한 내용들을 경험하게 됩니다. 영적으로 예민한 사람이든지 그렇지 못한 사람이든지 상관없이 이 두 가지 인격으로부터 오는 반응에 따라서 행동하며 살아가게 됩니다. 주로 육신적(지식) 신호에 의존해서 살아가는 사람을 우리는 "육적 그리스도인"(canal christian)이라고 부르고, 영적 신호에 의해서 살아가는 사람을 "영적 그리스도인"(또는 "영에 속한 그리스도인"(이라고 부르며, 우리는 후자가 되기를 소망합니다.

영적인 일에 관심을 가지면서 우리가 지향하는 바는 오로지 영적인 삶만 살아야 하겠다는 생각으로 치달아갑니다. 그리고 많은 경건서적들에서 우리는 이런 도전을 받습니다. 특히 영적인 책을 읽다보면 영에 속한 사람이 되어야 하겠다는 강한 도전을 받게 되지만 현실적으로 그것이 제대로 되지 않아서 갈등이 커집니다.

성경 역시 "육신적인 것은 무익하며, 때로는 하나님과 원수가 되기도 하며, 육신으로는 하나님을 알 수도 없다"(고 정의합니다. 여러 부분에서 육신은 영의 일을 방해하고 나아가 하나님에게 대적하는 위치에 놓일 수도 있음을 지적하고 있습니다. 그럼에도 불구하고 우리는 여전히 육신적인 삶에서 벗어날 수 없습니다. 성인들처럼 육신을 초월해서 오로지 영적인 삶으로만 살아간다는 것이 어쩌면 불가능할 것입니다. 그렇습니다. 우리 모두는 육신을 지니고 있기 때문에 육신의 지배에서 완전히 벗어날 수 없는 것이 진실입니다.

그럼에도 불구하고 성경은 육신을 따라 살아가면 죽을 것이라고 경고합니다. 성경이 우리가 할 수 없는 일에 대해서 그렇게 언급하고 있다고 볼 수는 없으며, 성경에서 언급하고 있는 육신적 삶이란 우리가 생각하는 그런 이원론적 구분과는 다소 다른 의미를 지니고 있다고 생각할 수 있을 것입니다.

영적 삶이란 영의 신호를 따라서 행동하며 사는 것을 의미하며, 그 구체적인 삶이 바로 하나님의 뜻을 확인하고 그 속에서 살아가는 것을 의미한다고 봅니다. 주님은 육신으로 살아가고 계셨지만 그 삶은 육신을 따라 사는 삶이 아니라 영을 따라 사는 삶이였습니다. 하나님의 뜻에 철저히 순종했고 그 뜻을 확실하게 알았습니다.

항상 육신으로부터 나오는 뜻을 배제하고 하나님의 뜻을 따를 수 있었던 것은 하나님과의 친밀함이었고, 영으로부터 나오는 신호에 대한 확실한 구분을 해낼 수 있었던 능력이 있었기 때문입니다. 주님은 우리가 영을 따라서 살아갈 수 있기 위해서 몸소 본을 보여주신 것입니다. 우리는 주님이 보여주신 그 모범을 따라서 한 걸음씩 나아갈 때 우리의 삶은 영을 따라 가는 삶이 될 것입니다.

우리가 그리스도 안에 거하기 위해서는 주님이 주신 계명 안에 거해야 하는 것입니다. 각 사람에게 맡겨진 직무 안에 거할 때 우리는 하나님이 원하시는 일을 이 땅에서 성취시킬 수 있게 되며, 그것이 바로 주 안에 거하는 확실한 방법이 되는 것입니다. 주님은 이 땅에 오셔서 육신의 삶을 30년간 살았습니다. 그런 다음에 부르심에 따르는 삶을 살기 시작했습니다.

우리 역시 이 땅에 태어날 때 하나님으로부터 자신이 해야 하는 몫을 천부적으로 부여받았지만 그 일을 이루기 전에 먼저 육신의 삶을 살면서 그 정한 때가 오기까지 세상의 방법을 좇아 살아갑니다. 그러다가 때가 이르면 성령을 받게 되고 그리고 광야로 나가게 되며, 그 다음에 주님의 권능을 받아 주의 일을 하게 되는 것입니다. 이것이 주님이 우리에게 보여주신 모범을 따르는 삶인 것입니다.

우리도 이런 과정을 거쳐서 영적 삶을 시작해야 합니다. 육신의 삶을 위해서 우리는 세상에서 교육을 받고 성장합니다. 그런 다음에 성령으로부터 기름부음을 받습니다. 이 내용은 세 가지 요소 즉 '물'과 '피'와 '기름'으로 뿌려짐을 통해서 정결해지는 예식을 거치게 되며, 이 과정에서 비로소 우리는 영적 삶으로 살아갈 수 있는 토대를 얻게 되는 것입니다. 광야의 초대를 거치고 난 후에 자신에게 주어진 소명 즉 부르심이 무엇인지를 알게 되는 것입니다. 주님이 광야에서 40일간 금식하며 기도하면서 시험을 통과한 후 사역을 시작했습니다. 우리 역시 광야의 시험을 통해서 자신에게 주어진 부르심의 소명이 무엇인지를 확인 받게 됩니다.

이것이 은사를 깨닫고 자신의 직임이 무엇인지를 확인하는 것을 의미합니다. 우리 각 사람이 주의 나라의 어떤 군사로 어떤 역할을 해야 하는 사람인지 그 배역을 제대로 알아야만 그 다음부터 역할에 맞는 위치에 서게 되고, 그 역할에 따르는 자원을 공급 받아서 열매를 맺게 되는 것입니다.

하나님으로부터 주어진 역할이 무엇인지를 알고 행할 때 우리의 삶은 영적 삶이 되는 것입니다. 육적인 그리스도인은 아직 자신이 무엇을 해야 할지를 모르는 사람이며, 따라서 그의 행위는 전적으로 육신의 요구를 따르는 것이 됩니다. 그의 삶에 있어서 모든 것은 육신의 제도와 관습을 따르게 됩니다. 설령 종교적인 일을 할지라도 그 일은 육을 따라 행하는 것이 됩니다. 그런 일은 하나님의 구체적인 뜻을 따르는 것이 아니기 때문입니다.

따라서 열매를 맺지 못할 뿐만 아니라 자신이 해야 할 일을 하지 못하고 엉뚱한 일만 하는 꼴이기 때문에 결과적으로 하나님과 원수가 되는 것입니다. 하나님이 원하시는 바는 행하지 못하고 오히려 원하지 않는 것을 하게 되는 까닭은 자신의 부르심이 무엇인지를 모르기 때문입니다. 이것이 육신을 따르는 삶의 결과를 만들어낼 뿐입니다.

육신을 따라 살아가는 사람에게는 하나님으로부터 정보를 얻지 못합니다. 왜냐하면 하나님의 일을 하고 있지 않기 때문입니다. 우리는 광의로 해석하면 세상의 모든 일이 하나님의 섭리 안에서 이루어지는 하나님의 일입니다. 그러나 이런 광의의 해석은 우리에게는 아무런 유익이 없습니다.

하나님은 이스라엘을 포로로 잡아갈 느브갓네살 왕을 자신의 종이라고 말씀하십니다. 김일성도 김정일도 김정은도 하나님의 종입니다. 빈 라덴도 역시 하나님의 종입니다. 사단도 하나님의 종입니다. 이것이 광의의 의미입니다.

그러나 우리에게는 그런 것이 별로 의미를 지니지 못합니다. 세상은 주님의 발등상이지 우리의 발등상은 아닙니다. 이것이 분명한 차이입니다. 그러므로 주님의 것과 우리의 것이 다르기 때문에 우리는 우리의 것에 관심을 가져야 하고 그 일을 해야 하는 것입니다.

우리는 주의 음성을 듣는 문제에 있어서 예언자들과 같은 그런 음성을 듣고 싶어합니다. 그리고 그런 음성을 듣지 못하는 자신에게 무언가 문제가 있지 않은가 하고 생각합니다. 주님과의 친밀함을 누리는 수준의 영적 삶에서 오는 신호는 아주 단순하며, 누구나 쉽게 얻을 수 있는 것입니다. 눈을 감고 가만히 주님을 묵상만 해도 마음속에 잔잔히 스며드는 감동이 있기 마련입니다. 그것으로 인해서 마음이 평안해지고 하나님의 위로와 안위가 넘칩니다. 그러면 나름대로 이렇게 저렇게 느끼고 생각하게 됩니다.

그것이 주님으로부터 오는 일상적인 음성입니다. 이것은 하나님의 자녀가 되면 누구든지 누릴 수 있는 주님과의 친밀함에서 오는 음성입니다. 이것이 소중합니다. 기본이니까요. 그러나 이것은 개인을 함양하기 위한 음성이며, 우리가 흔히 하는 방언기도라든가 묵상기도를 통해서 얻는 유익입니다.

그러나 이런 음성은 어떤 능력을 드러내지는 못합니다. 즉 개인적인 함양을 위한 것이지 그 음성으로 예언하거나 치유하는 것은 아니며, 더욱이 자신에게 주어진 부르심의 직무를 감당하기 위한 음성도 아닙니다. 주님은 병자를 고치고 귀신을 쫓으며, 각종 이적을 행하실 때 스스로 한 것이 아니라 하나님이 하시는 것을 보고 따라 한 것입니다. 지식의 말씀과 지혜의 말씀과 계시의 말씀을 듣고 보면서 행하시는 것입니다.

이런 차원의 음성은 개인을 함양하기 위한 음성과는 다릅니다. 이런 음성은 직무와 연관되어질 때 얻어지는 특별한 음성입니다. 이것이 없이는 아무도 주의 일을 할 수 없습니다. 우리는 육신을 지니고 있기 때문에 대부분의 시간을 육신의 요구를 이루기 위해서 생각하고 행동합니다. 이것은 우리에게 향하신 부르심의 직무를 모를 때에 그렇게 하는 것입니다. 그러나 자신이 어떤 일을 해야 할지를 알게 된다면 그 다음에는 더 이상 육신의 요구를 이루려는 생각은 하지 않게 됩니다.

저를 예로 소개하면 90년 이전에는 저의 부르심에 대한 분명한 뜻을 몰랐기 때문에 저는 오로지 육신의 생각에 따라서 모든 것을 결정하려고 했습니다. 군대에서 나가면 어떤 사업을 할 것인지 어떻게 돈을 벌어서 하고자 하는 일을 해야 할 지를 고민했습니다. 목회를 허락하시면 어떤 목회를 해야 할지를 고민했습니다. 이 모든 것이 내 육신을 따라서 온 생각들입니다.

그런데 주님으로부터 어떤 일을 해야 할지를 분명하게 듣고 난 다음에는 이 모든 육신을 따라서 온 생각들은 쓸모가 없어졌습니다. 그리고 긴 세월동안 영적 지식을 갖추는 훈련을 받게 되었고 많은 지식을 얻게 되었습니다. 이 기간의 삶은 영을 따르는 삶이었습니다. 이 기간 동안에 저는 여전히 육신을 따라 생각도 하고 행동도 했습니다.

그러나 내가 살아가는 방향은 오로지 한 길 소명을 따르는 삶이었고 그 방향으로만 달려가게 되었습니다. 여러 가지 육신적인 생각을 하고 행동도 하지만 결국 주의 부르심의 범위를 벗어날 수 없었습니다. 이것이 영을 따르는 삶이며, 저는 결국 주께서 제게 맡겨주신 소명을 이루어낼 것이 분명합니다. 왜냐하면 주의 영이 저를 그 방향으로 이끌기 때문입니다.

바울을 예를 들어봅시다. 그 역시 여러 가지 육신적인 생각을 합니다. 자신의 고향인 아시아로 복음을 전하러 가고 싶었습니다. 그 방향이 복음을 전하는데 더 유리했기 때문입니다. 그러나 여러 달 그 방향으로 문이 열려지지 않아 어려움을 많이 겪었습니다. 그리고 마침내 주의 영이 주시는 환상으로 인해서 그는 유럽으로 향하게 됩니다.

이와 같이 우리는 수시로 육신적인 생각을 하게 됩니다. 그러나 그런 생각을 이루지 못하게 하고 결국 하나님의 뜻을 이루도록 우리를 이끄는 배경은 그에게 주어진 소명 때문입니다. 바울은 자신이 무엇을 해야 하는지에 대해서 기본적인 것은 잘 알고 있습니다. 그것은 다메섹에서 일부 그리고 직가에서 아나니아로부터 확실하게 그 내용의 대강을 알게 되었습니다. 이것이 큰 줄기이며, 그것을 이루어내는 세부적이고 현실적인 것은 닥쳤을 때 알게 되는 것입니다. 이것이 영의 인도를 받는 삶의 중요한 내용입니다.

저 역시 93년도에 무엇을 위해서 주님이 저를 구별해서 불러내셨는지를 알게 되었습니다. 그리고 저의 신분이 선지자라는 사실도 이후에 알게 되었습니다. 그러나 그 일을 이루어내는 세부적인 내용은 닥쳐야만 알게 됩니다. 그래서 상황이 이르기까지는 알지도 못하고 알 수도 없기 때문에 바울이 문이 열려지지 않아 고통스러워했던 것과 같은 갈등을 겪고 있는 것입니다. 이때 저 역시 바울처럼 육신을 따라 생각하지 않을 수 없습니다. 왜냐하면 주님으로부터 어떤 정보도 받지 못하기 때문입니다.

그렇다고 해서 멍청이처럼 가만히 있을 수 없습니다. 이것은 바울 역시 아시아로 가고자 열심히 구하면서 그 때를 기다렸던 것과 같습니다. 영으로 인도함을 받는 삶이란 결국 자신에게 주어진 직무를 이루어내는 과정에서 오는 것입니다. 그리고 우리는 그 방향으로 이끌려갈 것이며, 결국에는 열매를 맺게 될 것입니다. 이것이 주님이 우리에게 "너희는 가지니 가지가 나무에 붙어만 있으면 저절로 열매를 맺는다"라는 말씀이 의미하는 바입니다.

영적 그리스도인이란 자신에게 주어진 직무를 따라서 사는 사람을 일컫는 말임을 알 수 있습니다. 하나님은 하나님의 일을 이루기 위해서 우리에게 계시를 주시고 비밀을 알게 하십니다. 개인적인 유익을 위한 친밀함으로서의 음성은 단순하며, 그 내용은 부모와 자식 사이에 또는 아내와 남편 사이에 이루어지는 대화와 같습니다. 서로 사랑한다느니, 염려말라느니, 도와주겠다느니 그런 내용이지요.

시시콜콜한 개인적인 내용들입니다. 부모와 자식 그리고 아내와 남편 사이의 대화에 국제정세와 세계 평화와 국가 건설과

국가간 외교현안 등과 같은 내용이 무슨 필요가 있겠습니까? 이런 내용은 이들 관계에서는 다룰 내용이 아닙니다. 그러므로 이런 주제의 음성은 개인적으로는 들을 수 없는 것입니다. 그러나 자신에게 주어진 직무를 감당하려고 할 때 듣게 되는 것은 이런 차원입니다. 자신에게 주어진 일이 하나님 나라의 어떤 부분을 이루는 일이며, 그것으로 어떤 효과가 나타날 것인지를 듣게 되는 것입니다. 이런 음성을 듣게 되면 그 다음부터 우리의 생각은 여기에 초점이 맞추어집니다.

주님은 우리에게 분명히 "내가 이르는 말이 영이다"라고 언급했습니다(요 6:63). 주님의 부르심이 영으로 우리를 이끄시는 확실한 길잡이입니다. 우리는 여전히 육신을 가지고 살아갑니다. 그리고 끊임없이 육신의 요구를 이루려는 생각에서 벗어날 수 없습니다.

우리 스스로는 그것으로부터 자유로워질 수 없습니다. 오로지 주의 영이 우리를 이끌어주실 때 가능합니다. 그러나 주의 영은 우리에게 주어진 영의 일을 행할 때 우리를 한 걸음씩 이끌어 가시는 것입니다. 주의 음성을 기본적인 것 이상으로 듣고자 한다면 자신에게 주어진 직분이 무엇인지를 어서 알아야 합니다.

# 38장 새로운 일을 과감하게 하는 영성 개발

영성을 깊게 하려면 성령에 감동에 순종하는 것입니다. 하나님은 성령의 감동에 순종하며 도전하는 성도를 사용하십니다. 성령께서 성도를 인도하시면서 담대함을 기르십니다. 그러므로 성령께서 감동하시면 자신이 한다고 생각하지 말고 과감하게 순종하시기를 바랍니다. 감동에 순종하시면 믿음을 보시고 역사는 성령께서 하십니다. 성령이 감동하시면 과감하게 도전하세요. 성령님이 하십니다.

성령의 감동을 받고 도전하지 못하는 성도는 믿음이 없다는 것입니다. 믿음이 없다는 것은 성령의 지배를 받지 않는 다는 말입니다. 쉽게 설명하면 이성과 육체가 성령의 지배를 받지 않은 육신에 속한 그리스도인으로 하나님께서 주시는 전인적인 복을 받아 누릴 수가 없습니다. 예수를 믿지만 하나님과 상관이 없는 사람이라고 해도 과언이 아닐 것입니다.

바울이 갈라디아서를 기록할 때만 해도 그의 영성은 아직 성숙하지 못한 것 같습니다. 바울이 전도여행을 진행하는 과정에서 그는 격분할만한 이야기를 듣게 되는데, 자신이 개척한 지역에 예루살렘 교회에서 파송된 교사들이 다녀가면서 바울과 다른 이야기를 전합니다. 이들은 야고보로부터 파송된 사람들인데 유대 기독교의 체제 안에 있는 사람들이므로 유대의 전통도 지킬 것을 가르쳤습니다. 그것이 할례의 문제였지요. 우리가 잘 알듯이 바울은 이방인들에게는 유대인들도 지기 힘든 율법의 멍에로부터 자유하게 하려는 생각이었지만 야고보의 제자들은 이를 강요하였습니다.

바울의 가르침과 정면으로 배치되는 이 교리를 그냥 둘 수 없었으며, 그래서 써 보낸 편지가 갈라디아서인데 이 글에서 바울은 야고보의 제자들에게 극심한 표현을 씁니다. 저들은 사단의 무리라는 것입니다. 그만큼 바울은 자신의 감정을 주체할 수 없었던 것이지요. 이에 대해서 야고보도 가만히 있을 수 없었을 것입니다. 야고보서를 읽어보면 믿음에 대한 주제에 대해서 바울과 함께 아브라함의 사건을 예로 설명하는데 그 주장이 정 반대입니다. 오늘날 우리 교회가 흔히 취하는 태도로서 판단해 볼 때 어느 한 쪽은 분명히 이단입니다. 그러나 성경은 이 두 주장을 우리에게 소개하고 있는데, 우리는 하나님이 이 두 견해를 모두 우리에게 주신 그 배경을 이해해야 합니다.

우리 교회는 오랫동안 독단이라는 심각한 위험에 빠져 있으면서도 그것이 잘못인줄 모르고 지내온 경향이 있었고 지금도 그렇습니다. 자신과 조금 다르면 경계하거나 배척하려는 태도는 여전한데 이는 자신만을 신뢰하려는 이기심과 타인을 용납하려 하지 않는 오만에 기인합니다. 그래서 우리 교회는 온통 한 가지 구조와 틀만을 유지해왔고, 따라서 다양성이란 찾아보기 힘든 천편일률적인 틀에 박힌 교회가 되고 말았습니다.

최근에 들어와서 젊은 목회자들이 서서히 그 틀을 깨려고 하지만 여전히 한계를 극복하지 못하고 있습니다. 교단의 눈치를 보지 않을 수 없고 자칫 이단으로 정죄되어 배척 될 것을 두려워합니다. 이런 구조는 영의 새로운 것을 받아들이는데 엄청난 장애가 되어왔고 남과 다른 일을 행한다는 것이 얼마나 힘들고 어려운 일인지를 절실하게 느낍니다.

새로운 것에 도전하지 않고서는 발전이 없고 발전이 없으면 성장이 없습니다. 말틴 루터의 '오직'(sola)이라는 극단적 슬로건은 당시 경직된 가톨릭 구조 속에서 벗어나기 위한 몸부림이었으며, 그러한 극단적 태도를 취하지 않고는 그 구조에서 벗어날 길이 없었던 절박함의 표현이었을 것입니다. '오직 성경' '오직 믿음' '오직 은혜'라는 이 구호는 그것만을 추구하려고 하는 뜻은 아닐 것입니다.

그런데 이후에 등장하는 그의 제자들은 그 뜻을 제대로 이해하지 못하고 오직 말씀 이외에는 모든 것을 버리는 실수를 범하고 있습니다. '말씀주의'는 우리가 안고 있는 중대한 병증임을 제대로 이해하지 못하는 것입니다. 수많은 그리스도인을 무력하게 만들고 다시금 바리세인들처럼 형식적이고 교리적인 신앙생활의 굴레를 씌웁니다. 교회 안에는 오로지 귀만 가지고 찾아오는 '어른 아이'(adult kid)들로만 가득 채워지고 있습니다.

몸은 교회 안에 묶어두고 그 속에서만 지내도록 가르치는 교회주의는 분명히 유아적인 생각을 벗어나지 못한 증거입니다.

오랫동안 우리는 그런 주조의 틀 속에서 벗어나지 못하고 서로 무력해지고 있는 것입니다. 교회는 가르침과 학습이라는 학문적인 상아탑처럼 되어져 있고 영의 새로운 것을 배격하는 수구의 높은 담을 두르고 있는 것입니다. 새로운 것을 볼 때마다 항상 색안경을 끼고 봅니다. 언제나 수세적인 태도를 취하며 집안 단속에 여념이 없는 것이 현실입니다.

우리는 과감할 필요가 있습니다. 하나님의 음성을 듣기 원하는 성도들이 두려워하는 것은 마귀의 음성을 듣고 그것에 휘말려버리지나 않을까 하는 걱정을 합니다. 하나님의 음성조차도 제대로 구분하지 못하는 초보적인 수준에서 마귀부터 걱정합니다. 하나님이 바보입니까? 하나님이 무책임합니까? 하나님이 여러분을 방임합니까?

어린 아이는 보호가 필요한 존재입니다. 우리 육체의 부모도 아이가 성장하기까지는 후견인이 되어서 여러 가지 안전장치를 해 둡니다. 그리고 철저하게 보호하지 않습니까? 하물며 영의 아버지이신 전능하신 하나님이 우리의 영이 성장하지도 않았는데 늑대와 같은 마귀 세상에 아무런 보호 장구도 갖추지 않고 내보내겠습니까? 마귀가 사랑하는 주의 자녀를 함부로 해치도록 방임하겠습니까? 절대로 그런 일은 있을 수 없습니다.

마귀가 우리에게 접근할 수 있는 권리를 획득하기 위해서는 여러 가지 조건이 합당해야 합니다. 즉 우리가 심각한 범죄에 빠져 있을 경우와 같은 부정적 상황과 하나님이 영의 실체를 깨닫게 하기 위한 교육적인 상황이 주어질 때입니다.

우리의 영이 어느 정도 성장하고 하나님의 음성을 제대로 듣는다고 생각할 즈음에 우리는 본성의 악한 생각이 고개를 듭니다. 즉 자신이 다른 사람들보다 더 월등하다는 교만이 일어나는 것입니다. 이것이 고린도 교인들이 경험한 실수인데 자칫 우리도 그런 실수를 하게 되는 경우 하나님은 마귀를 허락하시며 그 쓴 경험을 통해서 자신을 겸손케 하며 아울러 마귀의 속삭임을 깨닫게 되는 것입니다.

하나님의 나라의 보다 나은 헌신을 위해서 도전하는 자에게 하나님은 힘을 주시는 분입니다. 그리고 그런 사람들을 통해서 새 일을 행하시는 분이기도 합니다. 용기 있는 헌신된 사람을 통해서 역사하시는 것이 원칙이므로 우리는 이런 원리를 따라서 용기 있는 도전을 해야 합니다.

특히 영적 지도자가 되고자 하는 사람들은 반드시 도전하려는 용기를 보여주어야 합니다. 교회가 박해를 당할 때 빌립은 과감히 자리를 박차고 사마리아로 나아갔고 그곳에서 놀라운 기적이 일어났습니다. 능력을 행하기 위해서는 얼마나 많은 용기가 필요한지 모릅니다. 무모하다고 생각될 정도의 담력과 하나님을 신뢰하는 믿음이 있어야 합니다.

'믿음의 조상'이라는 이름을 얻은 아브라함은 그 독자 이삭을 제단에 바치고 산제사를 드리려는 무모함을 보였습니다. 우리의 지식으로 볼 때, 그의 행위는 전적으로 하나님의 방식이 아니었습니다. 이방신들에게나 있었던 인신공양(人身供養)은 위험한 행위이며 하나님의 방식이 절대로 아닙니다. 그런 이교적인 행위를 아브라함은 과감하게 할 수 있었던 것은 그가 들은 음성을 신실하게 따랐기 때문입니다. 우리 역시 이와 유사한 내용의 음성을 듣게 될 것입니다.

오늘날 우리가 유지하는 교회의 틀 속에서는 전혀 이해될 수도 없고 받아들여질 수도 없는 그런 음성을 하나님으로부터 듣게 될 경우 우리는 십중팔구는 마귀의 소리로 일축할 것이 분명합니다. 노아도 예외가 아닙니다. 그가 들었던 하나님의 음성은 당시의 기준으로 판단하면 절대로 받아들이기 쉽지 않은 내용이었습니다. 이처럼 새로운 일을 행하는 데에는 남다른 도전과 용기가 필요했으며 이런 행동을 하나님은 '믿음'이라고 정의합니다. 하나님의 음성을 조건 없이 편견 없이 받아들이는 배경에는 하나님을 지극히 사랑하는 순종이 항상 그 바탕에 깔려 있기 때문입니다. 혹 잘못 들었다고 해도 하나님은 자신의 실수를 결코 그대로 내버려 두지 않을 것임을 신뢰합니다. 아브라함은 이삭이 설령 죽을 지라도 다시 살리실 분이심을 믿었습니다. 그래서 그 무모한 일을 행동으로 옮긴 것입니다.

사도행전에는 아볼로라는 이름을 가진 유대 교사가 소개됩니다. 그는 유대인으로서 복음을 들었고 신학에 박식했습니다. 그가 에베소에 내려와 복음을 전하는데 오로지 역사적 사실만 증거합니다. 그는 성령이라는 말도 들어보지 못했지만 홀류한 설교자였고 박식한 신학자였습니다.

우리 가운데는 이런 아볼로와 같은 사람들이 많습니다. 예수께서 사역하실 때에 유대인들은 성경은 알았지만 지금 자신들 가운데 오신 분에 대해서는 전혀 알지 못했습니다. 그들은 메시아에 대한 확고한 지식을 가지고 있었고, 그 누구도 이들의 지식에 대해서 의심하지 않았습니다.

그들은 날마다 모세의 가르침을 배우고 익히는 일에 최선을 다했지만 현재의 하나님에 대해서는 전혀 알지 못했습니다. 이와 같이 우리 가운데에도 과거의 하나님에 대해서는 잘 알지만 현재의 하나님이신 성령과 미래의 하나님이신 영이신 예수를 제대로 충분하게 알지 못합니다.

과거는 역사적인 증거가 있기 때문에 사람들을 통해서 문서를 통해서 배우면 알 수 있습니다. 그러나 현재의 일은 목격해야 하며 동행해야만 배울 수 있는 부분입니다. 그리고 미래의 일은 믿음의 눈을 얻어야 가능한 일입니다. 우리는 과거에 대한 것에는 확신을 가지고 배워 익히지만 오늘에 관해서는 잘 모릅니다. 지금 일어나는 일은 불확실하고 위험이 너무 크기 때문입니다.

검증 되지 않았기 때문에 안정성에 문제가 있는 것입니다. 그래서 받아들이고 적용하는 일에 신중하려고 할 뿐만 아니라 때로는 부정적인 눈으로 보게 되는 것입니다. 하나님의 일은 성경에 기록되었듯이 언제나 확증은 없습니다. 다만 믿음으로 그 일을 행할 뿐입니다. 하나님의 생각과 우리의 생각은 대부분 다릅니다. 이것을 받아들이는 데는 우리의 믿음과 담력이 필요합니다.

젊은 목회자들은 자신의 목회가 부흥하기를 소망합니다. 그러려면 도전이 필요합니다. 도전이란 실패를 항상 달고 다닙니다. 그래서 사람들은 도전하기를 두려워하고 안전한 길을 택하려고 하며, 때로는 자신이 못한 일을 하는 사람을 시기하게 됩니다. 그러나 새로운 일이라고 해서 모두 불확실하고 위험만 있는 것이 아니며, 그 일에는 하나님의 위로와 인도하심이 있습니다. 이것은 누구도 알 수 없는 신비이며, 하나님과 동행하는 자에게 주시는 능력입니다. 새로운 일을 위해서 헌신하고자 하는 젊은이들은 먼저 하나님을 기쁘시게 하는 일부터 해야 합니다. 에녹이 들림을 받는 놀라운 일을 이루어내기 전에 그는 먼저 하나님을 기쁘시게 하는 자라는 이름을 얻었습니다.

우리가 새로운 일을 성공시키고 사람들에게 충격을 주어 그 길로 인도하기 위해서는 먼저 하나님을 기쁘게 하는 일부터 해야 합니다. 저 역시 선지자의 소명으로 부르심을 받기 전에 수년간 안산과 시화에서 병원,곳곳을 찾아다니며 복음을 전하는 능력 전도자의 일을 했습니다.

어느 때는 전도지를 들고 하루 종일 가가호호를 방문하면서 복음을 전했지요. 그 때는 아무런 능력도 없었지만 주님을 전해야 한다는 열정 하나만은 누구 못지않았습니다.

하나님을 기쁘시게 하려는 순수함이 있다면 그 어떤 것도 두려워할 것이 없습니다. 하나님의 음성은 우리의 생각과 다릅니다. 이 말은 우리가 이해할 수 없는 요구 앞에 서게 될 수도 있다는 뜻입니다. 상식을 벗어난 일에도 충성해야만 합니다.

기드온이 전쟁에 나갈 때 그랬고 여호수아가 여리고를 정복할 때도 그랬습니다. 성경은 우리에게 수도 없이 많은 이와 같은 일들을 전해주고 있습니다. 그 까닭은 바로 새로운 일을 위해서입니다.

용기 있는 사람만이 새로운 일에 주역으로 쓰임을 받습니다. 그 길로 나아가기 위해서는 우리는 많은 것을 잃을지도 모릅니다. 그리고 아무도 알아주지 않을 뿐만 아니라 심각한 오해에 직면할 수도 있습니다. 다 이루기까지 그렇습니다. 주님이 십자가 위에서 "다 이루었다"고 말씀하신 후 숨을 거두었습니다. 그 과정이 얼마나 힘들고 어려운 길이었는지를 우리는 잘 압니다. 그러면서 우리는 그 길로 가려고 하지 않습니다.

입으로는 주님을 닮고자 말하면서도 몸은 바리세인을 쫓아갑니다. 좁은 길을 가야 하는지를 알면서도 늘 큰 길만 찾습니다. 마음 따로 몸 따로 인데, 이것은 성령을 얼마나 제한하는지를 제대로 인식하지 못하는 무지함 때문입니다. 주님은 때가 이르면 너희는 고개를 들라고 명령하십니다. 새로운 기운이 교회를 덮는 지금 여러분은 고개를 들 때입니다. 그리고 과감한 결단과 도전하는 태도를 보여야 할 것입니다.

과거 10여 년 전과는 비교도 되지 않을 정도로 영의 지식이 풍성하게 우리 곁에 개방되고 있습니다. 아볼로처럼 오로지 역사적 예수만을 알고 그것이 전부인줄로만 아는 무지에서 벗어날 때입니다. 영이신 그리스도를 아는 지식이 충만해지는 이때에도 여전히 그리스도의 초보에만 집착하는 사람들이 있습니다. 물세례가 전부인줄로만 안 아볼로가 성령 세례라는 말을 들었을 때 그 충격이 어떠했을 지를 상상하기란 어려운 일이 아닙니다.

교리만 전부인줄로만 알던 사람들에게 성령의 다양한 역사하심과 그 깊이를 알게 될 때 받게 되는 충격은 엄청난 일이 될 것입니다. 영의 일을 사모하는 분들은 이 일에 힘을 내어야 합니다. 제가 쓴 이런 영적인 글들을 통하여 읽는 분들의 영적 삶에 확증을 얻어야 하는 책임이 있습니다. 모든 분이 공감할 때 나아가 교회가 공감하게 되고 이것이 지식이 되어 새로운 시대를 여는 힘이 될 것입니다.

두려워하지 말고 성령의 감동에 순종하여 보세요. 여러분도 기적을 체험하실 것입니다. 무엇보다도 하나님이 기뻐하시는 일을 해야 합니다. 하나님이 기뻐하시는 일은 성령으로 치유하며 전도하는 일입니다. 이 영의 새로운 일에 여러분의 시간과 물질을 투자하여 보세요. 하나님은 결코 여러분을 그냥 두지 않으시고 반드시 기적을 체험하게 하며 사용하실 것입니다.

# 39장 영의 에너지를 충만하게 하는 영성 개발

하나님은 성도들이 마음 안에 계신 하나님으로부터 영적인 에너지를 받은 만큼 사용하기를 원하십니다. 하나님의 영적인 에너지는 우리의 마음 안에 있는 영에서 올라옵니다. 영안에 하나님이 임재 하여 계시기 때문입니다. 영에서 에너지가 올라오려면 영의 통로가 열려야 합니다. 영의 통로를 열려면 먼저 성령으로 세례를 받아야 합니다. 성령으로 기도하면서 마음의 상처를 치유해야 합니다. 마음의 상처가 치유되면서 자아를 말씀으로 부수어야 합니다.

그러면서 귀신을 축귀해야 하나님과 막혔던 영의 통로가 열리는 것입니다. 많은 성도들과 목회자들이 영의 에너지가 하늘에서 내려오는 줄로 착각하고 있습니다. 그래서 '능력을 받는다.' '성령의 불을 받는다.' '성령의 은사를 받는다.'고 합니다. 그런데 영의 에너지는 자신의 마음 안에 영에서 올라옵니다. 자신 안에 계신 하나님으로부터 영의 에너지가 올라오는 것입니다.

우리 몸의 구조들 가운데 한 가지가 여러 가지 기능을 하는 것들이 있습니다. 세상의 이치도 그렇습니다. 예를 들어보면, 입은 음식을 먹는 기능과 말을 하는 기능을 가지고 있지요. 이처럼 기도에도 '간구' '교제' '응답' 등과 같은 여러 가지 기능을 가지고 있습니다. 그 가운데 중요한 것이 영적 에너지를 채워 넣는 통로가 된다는 것입니다. 기도는 '영의 호흡'이라고 부르는 것이 이런 까닭이지요. 호흡은 단순히 공기의 흡입과 배출만이 아니라 영을 받아들이고 내 보내는 통로가 되기도 합니다.

영을 히브리말로 '루아흐'라고 표현했는데 바람과 같아서 바람이라고 부른 것입니다. 즉 대기의 흐름과 같다는 뜻이지요. 그래서 그 루아흐를 받아들이기 위해서 바른 호흡을 해야 한다고 생각한 것입니다. 그리고 실제로 그렇습니다. 올바른 호흡은 우리의 영을 강하게 만들 수 있습니다.

기도를 해야 하는 줄은 알면서도 기도가 되지 않고 기도하려고 하면 잡스런 생각이 가로막고 힘이 드는 까닭은 영의 에너지가 부족하기 때문이지요. 이 말은 다른 표현을 빌리면 성령 충만하지 못한 것입니다. 성령은 인격의 하나님이지만 그 실체는 영이지요. 영은 다양한 속성들을 가지고 있는 데 그 가운데 하나가 불입니다. 불은 에너지의 덩어리이지요. 만물은 불에 의해서 그 생명력을 이어가고 있지 않습니까? 에너지의 근원인 태양은 불덩이지요. 그 불이 모자라면 에너지가 고갈된 증거입니다. 즉 뜨거움이 사라지면 우리에게서 영의 충만이 사라진 것이지요. 따라서 영적 에너지를 어떤 방법을 통해서든지 다시 채워 넣어야만 합니다. 이것이 영적 에너지의 보전(補電, energizer)입니다.

영의 에너지를 채워 넣는 가장 강력한 수단이 기도입니다. 기도는 호흡이기 때문에 고갈된 영적 에너지를 다시 채워 넣기 위해서는 신선한 공기를 마음껏 호흡하듯이 기도의 호흡을 해야 합니다. 에너지가 고갈 되는 이유가 여러 가지일 것입니다. 우리의 영적 에너지는 아무런 일도 하지 않아도 자연적으로 소모되는 소모품과 같습니다.

베터리가 사용하지 않아도 시간이 지나면 자연적으로 방전되듯이 우리의 영의 에너지도 그렇게 소멸되어가는 것입니다. 그러므로 기도를 하지 않고 그냥 지내기만 해도 점점 무기력해지고 나태해지게 됩니다. 이런 경우 서서히 소멸되기 때문에 자연인은 그 증상을 느끼지 못하다가 거의 바닥이 날 무렵에야 무언가 잘못되었다고 느낍니다. 그러나 그 이유가 무엇인지 몰라 다시 보전하는 일을 하지 않다가 결국에는 영적 탈진에 빠지게 되는 것입니다.

영적 에너지가 소멸되는 가장 큰 이유는 영적 전쟁을 치르는 과정에서 많은 양의 영적 에너지를 사용하였기 때문입니다. 우리는 일상의 삶 속에서 끊임없는 영적 전쟁을 치릅니다. 그 사실을 인식하는 사람이 별로 많지 않은 듯합니다. 영적 전쟁은 악령의 실체를 인식하면서 싸우는 축사(exorcism)가 있지만 이런 경우를 제외하면 우리의 영적 싸움의 대부분은 인식하지 못하는 가운데 일어납니다. 우리 몸이 끊임없는 병균과 싸우는데도 불구하고 우리가 인식하지 못하는 것처럼 영적 전쟁은 인식하지 못하는 가운데 벌어지고 있는 것입니다. 이 과정에서 우리는 날마다 상당량의 영적 에너지를 사용하는 것입니다.

실체적 영적 싸움인 축사를 하고 나면 속사람이 피곤한 것을 느낍니다. 자신의 내면에 허전함을 느끼고 무언가가 몸에서 빠져나간 것 같은 허탈감을 느낍니다.

그리고 기도를 하면 새로운 힘이 외부로부터 들어와 채워지는 신선함을 느끼지요. 이것이 영의 보전인데 예민하지 못한 사람은 느끼지 못할 수도 있습니다.

그러나 신경 쓰이고 어려운 일을 만나면 영적으로 피곤함을 느끼며, 여러 날 또는 여러 달 동안 하고자 하는 의욕이 생기지 않고 매사가 귀찮아지고 의미가 없는 것 같은 무력감을 경험하게 됩니다. 흥미도 없어지고 관심도 사라지며 모든 것이 귀찮아지기만 하는 이런 증상을 우리는 정신적인 것으로만 이해하고 그렇게 다루어왔습니다. 병적으로 극심한 증상을 '우울증'이라고 하는데 이것은 영적 에너지가 극도로 고갈된 상태가 계속 이어질 때 영적 탈진을 넘어서 심각한 상태에 이른 것입니다. 이런 증상은 그 시작이 영적 에너지의 보전이 제대로 되지 않는 에너지 부족에서부터 비롯되는 것입니다.

영적 에너지를 보충하기 위해서 기도는 필수입니다. 기도는 호흡이고 심호흡은 신선한 공기를 폐 깊숙이 흡입하여 폐 속에 남아있는 나쁜 공기를 제거하여 건강하게 만들어줍니다. 심호흡은 폐를 건강하게 하듯이 깊은 기도는 우리의 영적 건강을 좋게 합니다. 깊은 기도란 하나님의 영을 우리의 심령 깊숙이 받아들이는 것을 말합니다. 영적 에너지가 고갈된 사람은 답답하고 무기력한 증상을 경험하게 됩니다.

　내면에 에너지가 없기 때문에 열을 내지 못하는 것이지요. 그래서 기도하려고 해도 힘이 없기 때문에 알면서도 기도를 제대로 하지 못하게 됩니다. 이런 경우 기도를 해야겠다는 강박감으로 인해서 더 탈진하게 됩니다. 무언가 기도해야 하겠는데 생각도 나지 않고 할 말도 없고 기도할 염치도 없어서 기도하려고 하다가 결국에는 기도를 하지 못하고 맙니다. 이런 일을 반복하게 되면 결국에는 깊은 영적 침체에 빠져들게 되는 것이지요.

　깊은 영의기도는 '침묵기도(silent prayer)' '호흡기도(breathing prayer)' '관상기도(meditation prayer)' '집중기도(centering prayer)'등으로 불립니다. 저는 쉽게 깊은 영의기도라고 합니다. 이 모든 기도는 수동적 기도입니다. 수동적 기도란 자신이 적극적으로 무언가를 하는 기도가 아니라, 하나님의 임재 앞에서 자신을 내려놓고 하나님을 바라보는 기도입니다.

　탈진한 사람에게는 쉼이 필요하듯이 영의 재충전을 위해서는 쉼이 필요한 것입니다. 영을 하나님 앞에서 쉬게 하는 것이 이런 유형의 기도입니다. 자신의 분주함을 내려놓고 잠잠히 하나님을 바라보면서 기다리는 것입니다. 영의 에너지가 보전되기를 기다리는 것입니다. 기다림의 기도는 자신을 주님 앞에 내려놓는 것으로부터 시작합니다. 그러므로 기도할 때 무언가 하려고 할 것이 아니라 하지 않는 것입니다.

주님 앞에서 잠잠하게 기다리는 것입니다. 30분 이상 때로는 몇 시간을 잠잠히 기다리면서 주님이 자신에게 새로운 힘을 넣어 주시기를 사모하는 것입니다. 호흡을 가지런히 하면서 깊은 호흡을 합니다. 이것은 호흡기도에서 설명한 것이지요. 호흡을 고르게 함으로써 흩어졌던 정신과 마음을 가다듬는 것입니다. 마음을 한 곳에 집중시킵니다. 하나님의 은혜를 사모하는 마음만 가지고 가만히 기다림으로써 기도할 힘이 생기기 시작하는 것입니다.

영의 에너지가 많이 고갈되었을수록 보전하는 시간이 많이 필요합니다. 영적 전쟁에서는 많은 양의 에너지를 한 순간에 사용하기 때문에 우리는 그 증상을 바로 느낍니다. 축사를 끝내고 돌아오면 심한 탈진을 느낍니다. 마귀에게 점령당한 사람과 접촉하고 나면 힘이 소진된 것을 느낍니다. 기도가 되지 않고 눌리는 느낌을 받았다면 영적 에너지가 많이 소모된 것입니다. 그러므로 반드시 보전하는 기도의 시간을 가져야 합니다.

에너지가 빠져 나가는 것을 느끼는 사람은 보전의 기도를 할 경우 에너지가 다시 채워지는 느낌도 받게 됩니다. 새로운 힘이 솟아나고 정신도 맑아지고 기분도 좋아집니다. 기도가 전보다 더 강해진 것을 느끼지요. 속에서 힘이 솟아나 즐거워집니다. 마음이 평안하고 든든해지는 것을 경험하게 되지요. 기분이 상승되어 능동적이고 긍정적인 생각으로 바뀌게 되는 것입니다. 영적 전쟁으로 소모된 에너지를 보충하기 위해서 보전의 기도를 하면 전 보다 더 많은 양의 에너지를 공급 받게 됩니다. 승리한 자에게 주시는 하나님의 선물인 것이지요. 우리는 이 땅에서 영적 전쟁을 하도록 부르심을 받은 사람들이고 하나님의 아들이 나타남은 마귀의 일을 멸하기 위한 것인 것처럼 그 대리자인 우리가 이제 그 일을 하도록 위임을 받은 것입니다.

영적 에너지는 소멸되면 그 즉시 보충해야 합니다. 에너지가 빠져 나간 것을 느끼면서도 보충하지 않으면 더욱 나약해져서 무기력해집니다. 건강한 사람은 피곤하면 몸이 먼저 느끼지요. 그래서 쉬거나 영양을 보충하지 않습니까? 그런데 건강하지 못한 사람은 그걸 제대로 느끼지 못해서 무리하다가 큰 병을 얻게 되지요. 우리 몸의 신호는 건강할 때 제대로 작동하듯이 우리 영의 신호 역시 그렇습니다. 그러므로 그 때 그 때 적절한 대응을 해야 합니다.

우리는 알게 모르게 영적 전쟁을 치르고 있습니다. 악한 영의 조정을 받는 세속적인 사람들과 접촉함으로써 우리 영은 끊임없이 우리를 지키기 위해서 내면에서 싸웁니다. 그래서 영이 피곤하고 지쳐갑니다. 그렇기 때문에 보전의 기도는 날마다 해야 하는 일상이지요. 쉬지 말고 기도해야 하는 까닭이 여기에 있는 것입니다. 우리 원수 마귀가 우는 사자처럼 삼킬 자를 찾아다니지 않습니까? 이 삭막한 영적 전쟁터에서 날마다 승리하기 위해서는 주님이 주시는 영적 에너지를 매일 보충해야만 합니다. 우리 모두 영적 전쟁에서 승리합시다.

# 40장 영의 원리를 삶의 기본으로 적용하는 영성

하나님은 성도들이 세상에서 살아가면서 말씀과 영성을 적용하기를 원하십니다. 성경에 나오는 영의 원리를 삶에 적용하면서 살아가기를 원하십니다. 그런데 우리는 성경에서 기록된 하나님의 뜻을 삶에 잘 적용하여 풍성한 열매를 맺고 살아가고 있는가? 솔직히 말해보자는 것입니다. 교회에서 설교할 때 듣는 성경의 인물이나 사건들은 죄다 이미 아는 것일 정도로 성경지식은 풍부하지만, 그 지식을 삶에 적용하지 않는다면 아무짝에도 쓸모가 없을 것입니다.

그러나 아쉽게도 우리는 성경지식이나 영성을 훈련하는 데는 열심이지만, 정작 그 말씀을 삶에 적용하는 데에는 미숙한 것이 사실입니다. 그래서 성도들은 교회에서 성경지식을 배우고, 영성훈련은 하고 있지만, 세상에 나가면 하나님의 뜻이 아니라, 세상의 지식이나 지혜로 살아가고 있다는 것을 부인하지 못할 사실입니다. 말하자면 세상을 본받아 살아간다는 뜻입니다.

우리는 이를 방지하기 위하여 성령으로 살아가야 합니다. 성령은 하나님의 영이자 예수 그리스도의 영으로, 자녀인 우리로 하여금 예수님의 말씀을 생각나게 하고 진리로 인도하여주시기 때문입니다. 삶에 적용하지 못한 성경 지식이나 영성은 아무 짝에도 쓸모없는 죽은 것입니다. 그 이유는 성령과 동행하는 기도의 습관이 없어 성령이 주시는 지혜를 받지 못하였기 때문입니다. 하나님을 만나는 통로는 기도와 말씀입니다. 그렇기에 성령이 충만하면, 하나님의 지혜가 자신을 통해 역사하는 탁월한 능력의 성도로 쓰임을 받게 될 것입니다. 성령은 악습을 버리게 합니다. 고질병을 치유하려면 성령으로 충만해야 합니다.

치료해도 다시 재발하는 병을 우리는 고질병이라고 부르는데 그 원인이 최근에 유전자 분석을 통해서 밝혀지기 시작했습니다. 유전자란 우리 몸을 유지하는 생명 코드인데 이는 태어나면서부터 부모로부터 물려받게 됩니다. 물려받은 유전자의 배열에 따라서 몸이나 정신적인 특성이 나타나게 되며, 이것은 평생 변함없이 유지되지만 여러 가지 이유로 인해서 이 유전자가 변형을 일으키며 따라서 그 변형에 의해서 몸은 다른 모양을 드러냅니다. 우리 몸의 기능을 주장하는 유전자가 정상적인 모양을 갖추지 못하거나 소실되면 그 부분에서 몸은 이상을 나타내게 되며, 이것이 기능적 질병입니다. 유전자를 변형시키는 요인으로서 현재 밝혀진 이론은 계속되는 자극이나 약물의 투여 또는 특별히 유전자를 쉽게 변형시키는 물질의 투여 등이 있습니다.

이런 물질을 우리는 통칭해서 '환경물질'이라고 부르는데, 이런 자극에 오랫동안 노출되면 유전자가 변형을 일으키지요. 이런 원리를 식물이나 동물에 적용해서 유전자 변형 식품을 만들어내지 않습니까? 부패하지 않는다든가, 크게 만든다든가, 세균에 강하거나 질병에 견디는 품종을 인위적으로 조작해서 만들어냅니다. 식물은 유전자가 단순하기 때문에 조작이 가능하지만 동물은 더 복잡하고 특히 인간은 매우 복잡하기 때문에 이제 겨우 유전자에 대한 염기 서열 정도만 알아냈을 뿐이지요.

그러므로 인위적으로 유전자를 조작해서 우성 유전자만을 유지하고 열성을 제거하는 기술은 아직 까마득합니다. 어쨌든 질병 중 특히 고질병은 유전자의 변형으로 인한 것이라는 사실을 밝혀낸 것만으로도 대단한 결과이지요. 질병만이 아니라 행동양식에도 이와 같은 악습이 유전자에 의한 것임은 두말할 나위가 없겠는데 그 배경에는 마귀의 역할도 무시할 수 없는 것입니다.

사람은 동물과 다른 점이 바로 영적 존재라는 사실이며, 우리의 삶의 상당 부분이 영의 작용으로 인해서 영향을 받는다는 것입니다. 과학자들은 염색체를 분석하고 유전인자를 연구하는 눈에 보이는 것을 대상으로 이상을 살피기 때문에 일정한 수준 이상은 접근이 불가능한 단점을 지니고 있습니다. 즉 육신의 한계를 절대로 벗어날 수 없다는 것입니다. 과학적 사고는 실험과 증거를 통해서 그 증상이 보편적으로 그리고 주기적으로 나타날 때 그것을 증거로 받아들이고 과학적으로 인정하게 됩니다. 따라서 증거주의는 과학의 생명과 같은 것입니다. 그러나 영의 일은 증거가 아니라 믿음이기 때문에 과학적 사고와는 거리가 있는 것입니다. 영적 증거란 과학적 사고구조가 정의한 것에 구속되는 것이 아니며, 여기에는 또 다른 원리들이 있는 것입니다. 즉 육신의 원리가 있듯이 영의 원리가 있으며, 이는 어떤 부분은 공통적이지만 어떤 부분은 전혀 별개이므로 영의 작용을 이해하기 위해서는 이 원리들을 받아들여야만 하는 것이며, 영을 인식하는 그리스도인들은 이 점을 사회 일반에게 가르치고 인식시키는 노력을 해야 합니다.

과학의 영역만이 절대라고 주장하는 과학일방주의의 오류로 인해서 영의 원리들이 무시되어 왔던 것입니다. 사람은 영적 존재이므로 영의 원리가 우선되는 것이며, 질병과 고통의 문제에도 영의 일이 우선되는 것임에도 불구하고 그렇게 인식하지 못하는 까닭은 영의 일을 다루려면 영의 창조주이신 하나님을 반드시 언급하지 않으면 안 되기 때문이지요. 영의 일이란 하나님과 그 대적 마귀가 전부입니다. 즉 하나님을 중심으로 하지 않으면 절대로 이 문제가 해결될 수 없으며, 세상의 모든 질병과 고통스런 삶의 원천에는 반드시 하나님과 그에 대항하는 죄의 문제로부터 비롯되는 것이라는 사실을 사람들은 알지 못할 뿐만 아니라 알려고도 하지 않는 것입니다. 그래서 그들은 영의 원리로부터 시작해야 하는 모든 것들을 단순히 육체적인 것으로만 축소시키고, 그것으로만 해결하려는 과학지상주의라는 허상을 사람들 앞에 내어놓고 있을 뿐만 아니라, 그리스도인조차도 이 속임수를 곧이 듣고 영을 무시하고 오로지 육신적으로만 모든 것을 풀어나가는 법을 개발하려고 애쓰고 있습니다.

조세형 씨 같은 문제는 그 배경에 악습이 자리 잡고 있으며,

그 근본적인 원인은 죄와 이에 얽힌 마귀의 끈질긴 충동 때문입니다. 약물은 사람의 의지가 약해서 그 행위를 끊지 못할 때 도움을 줄 수 있습니다. 일정기간동안 격리시켜 그런 환경과 차단하면 가능할 것이라는 생각으로 교정시설을 만들어 격리합니다. 그러나 오랜 수형생활을 했고 그 속에서 신앙을 받아들여 새로운 삶을 살고자 했지만 그는 결국 다시 재범할 수밖에 없는 슬픈 현실을 우리에게 보여주고 있는 것입니다. 우리도 마찬가지일 것입니다.

범죄는 아니라고 해도 끊을 수 없는 악습을 지니고 있을 것입니다. 어떤 사람은 흡연일수 있고, 어떤 사람은 폭력일수 있으며 여성의 경우 과식이나 사치나 과소비 등이 있습니다. 젊은이들은 게임에 몰두해서 시간을 다 소모하기도 합니다. 이런 남용(abuse)과 중독은 영적 존재로 인해서 더욱 헤어날 길이 없게 됩니다.

절제되지 못하는 행위는 그 다음에는 후회와 자기 비하를 이끌어내며, 그런 행위에 계속 매달리는 자신이 한심스럽게 보이고 따라서 자신감이 축소되며 자신을 미워하는 자기 증오에 빠지기도 하며, 이것이 극심해지면 우울증과 같은 질병으로 발전하게 됩니다. 모든 질병의 근원에는 죄와 연관되어 있는 사단의 역사가 있습니다. 평범한 그리스도인들은 모든 질병을 죄와 연관 짓거나 마귀와 상관지어 생각하는 것에 대해 거부감을 갖습니다. 그러나 이것은 사실입니다. 질병과 연관된 그 영향이 어느 정도냐 하는 정도의 차이만 있을 뿐입니다. 다만 자연적으로 노화되어 나타나는 죽음의 진행으로서의 질병은 예외입니다. 해 아래 있는 것은 모두 낡기 마련이며, 육체도 예외일 수 없습니다. 이것은 유전자의 구성에 따라서 자연적으로 오는 현상이지만 이것조차도 큰 의미로 보면 죄로 기인한 불행한 일이지요. 아담의 원죄로 인해서 발생한 생명의 소멸은 인류 모두가 피할 길이 없는 불행한 일이지만 그것을 피하는 유일한 길이 예수 그리스도를 믿음으로 말미암아 다시 회복되는 부활이 있는 것입니다. 따라서 해 아래 모든 일들은 원천적으로 죄와 연관이 있는 것이며, 이 죄의 문제가 우리 스스로 해결할 수 없는 것이라는 점을 성경은 가르치고 있으며, 따라서 이 죄의 문제를 제대로 다루는 것이 바로 생명현상을 다루는 길이며, 삶의 질을 다루는 비결인 것입니다.

삶의 질을 구성하는 경제활동 역시 죄와 연관이 되며, 각 개인이 삶의 현장에서 하나님으로부터 정결해지지 않으면 모든 것이 뒤틀리고 어려워지는 것입니다. 그 배경에는 영의 문제가 도사리고 있는 것입니다. 우리는 아직 이런 영의 원리들에 제대로 충분히 접근하지 못하고 있습니다. 과학적 진보가 제대로 된 것은 불과 100여년 남짓합니다. 과학은 오늘날 가속도를 얻어 눈부시게 발전하고 있지요. 모든 것이 시작은 느려도 속도가 붙으면 걷잡을 수 없을 정도로 속도가 나게 됩니다. 영의 일도 2000여 년 동안 거의 속도를 내지 못했던 것이 최근에 와서 비로소 속도가 나기 시작하고 있지만 아직은 초보수준입니다. 우리가 과학적 지식이 많아지면 질수록 영의 지식도 증가해야 합니다. 우리의 삶은 결코 육신적 삶이 전부가 아니기 때문이며, 사람은 영적 존재이기 때문에 이 부분에 대한 균형 있는 지식이 없으면 인류는 결국 기형으로 발전할 수밖에 없는 것입니다. 인본적 사고만을 향해 치달아가는 세상 사람들을 향해서 영의 진리들을 제시하고 가르칠 의무가 우리들에게 있으며 이것이 이 세대에게 주어야 할 복음의 새로운 형태입니다.

우리는 학교라는 거대한 지식의 전달 장소에 아직 영에 관한 지식은 명함도 내밀지 못하고 있습니다. 기독교 학교라고는 말하지만 그 속에 영의 지식을 전달하는 커리큘럼이 전무한 실정입니다. 수많은 사람들이 고통스런 삶을 살며, 질병에서 자유하지 못하고 있습니다. 새로운 약물을 개발하면 그 보다 더 강한 원인균이 나타나며 듣지도 보지도 못했던 강력한 질병이 새로 등장합니다. 사스니 조류독감이니 광우병이니 슈퍼 박테리아니 하는 모든 것의 출현 배경에는 마귀가 있습니다.

질병을 주관하는 천사가 타락해서 인류의 건강을 끊임없이 괴롭히는 질병을 일으키는 마귀가 판을 치는 한 인류는 끊임없는 질병의 위협으로부터 자유로울 수 없으며, 조세형씨 같은 불행한 삶을 거듭 반복하면서도 그 치유가 제대로 되지 않습니다. 원리를 모르기 때문입니다. 조씨가 구원될 오로지 유일한 길은 철저한 죄의 처리와 그에 따라 들어와 자신을 끊임없이 위협하고 압박하는 마귀의 충동을 차단하는 일을 행하여야 합니다. 그리고 항상 성령 충만을 유지하고 악습이 사라질 때까지 오랫동안 경건한 무리들과 어울려 성령 충만을 유지하려는 본인의 노력이 있어야 합니다.

강력한 마귀는 강력한 죄를 바탕으로 작용합니다. 조씨에게 있는 마귀는 그를 이용하여 사람들의 질서를 파괴하려고 합니다. 그와 같은 사람이 거듭 타락하는 모습을 보면 사람들은 교정에 대해서 회의를 갖게 되며, 신앙의 힘을 의심하게 됩니다. 조씨와 같은 사람의 타락은 사람들에게 많은 영향을 줄 수 있기 때문에 마귀는 그를 쉽게 포기하지 않습니다. 이것이 그를 더욱 힘들게 만드는 배경입니다. 따라서 그를 악습에서 구원하기 위해서는 강력한 축사와 철저한 죄의 회개가 있어야 합니다.

강도 높은 죄의 고백과 회개와 끈질긴 영적 싸움이 전개되는 과정에서 능력 있는 사역자들의 도움이 있어야 합니다. 30년간 혈루병이 든 여인은 의사들로부터 많은 시달림을 받았다고 합니다. 그녀가 주님을 만나자 그 끈질긴 고질병이 고침을 받았습니다. 반복되는 질병으로부터 온전한 구원은 오로지 영의 주인이신 하나님으로부터 오는 영적 절차에 따른 치유를 행해야만 가능합니다.

영적 지식이 거의 없는 세상을 향해서 이 사실을 외쳐야 하는 의무가 그리스도인들에게 있는 것입니다. 이것이 영의 원리로 세상을 다스리시기 원하시는 주님의 뜻을 알리는 복음 전도자의 소명이기도 합니다. 주님은 하나님의 나라는 보이게 임하는 것이 아니라고 분명하게 가르치셨습니다.

육신적 안목은 영의 안목을 얻기 위한 필수적인 과정입니다. 그리고 소중하고 중요한 것이기도 하지요. 그러나 더 중요한 것은 영의 일을 제대로 이해하는 지식을 갖는 것입니다. 이것이 그 어떤 지식보다 더 소중하고 귀한 것임을 성경은 우리에게 가르치고 있습니다. 그렇습니다. 교회 안에만 갇혀 있었던 영의 지식을 세상에 풀어내기 위해서는 가장 효과적인 접근법이 바로 질병과 삶의 문제입니다. 질병의 근원에 죄가 있다는 사실을 밝혀냄으로써 사람들은 누구든지 죄인임을 깨닫게 되고 그 죄를 구원하실 분이 오로지 한 분이신 그리스도 예수임을 가르치는 것입니다. 이것이 주님이 이 땅에 오셔서 우리에게 질병을 고치시면서 귀신을 쫓으시면서 죄의 문제를 바로 이해하게 하셨던 그 방법입니다.

학교에서 죄의 문제를 가르치고 마귀를 가르칠 그 날까지 우리는 쉬지 않고 이 사실을 전해야 하고 구조를 개선하려는 노력을 해야 합니다. 주님이 오신 까닭은 오로지 마귀의 일을 멸하려는 한 가지 뜻이었듯이 그의 제자 된 우리는 마귀의 일을 드러낼 책임이 있습니다. 세상사람들처럼 육신의 눈으로 모든 것을 보려고만 한다면 우리는 그리스도인이 아닙니다. 우리는 그들과는 전혀 다른 눈을 지니고 있습니다. 우리의 눈에는 마귀가 보여야 하고 그들이 꾀하려고 하는 수단이 보여야 합니다. 그래야 세상 사람들에게 그 사실을 가르칠 수 있을 것이 아닙니까?

마귀는 미혹하고 속이는 자입니다. 세상 사람들은 이 속임수에 걸려 꼼짝을 하지 못하고 있습니다. 그리스도인들이 자신이 살아가고 있고 속해 있는 공동체의 구조를 영의 구조로 바꾸어야만 됩니다. 그 최우선이 교회의 틀부터 바꾸는 일입니다. 영의 일이 잘 드러나서 사람들로 하여금 영의 눈을 뜨게 하는 일을 할 수 있는 구조로 개편하는 것입니다.

그리고 다음은 사회구조를 바꾸는 것입니다. 모든 학문의 영역에서 영의 일을 받아들이도록 개편하는 것입니다. 역사를 바꾸고, 사회과학을 바꾸며, 생명공학을 바꾸고, 의학을 바꾸며, 기술을 바꾸어야 합니다. 모든 일에 영의 문제가 관여되어 있다는 사실을 증거해야 합니다. 이것은 결코 쉬운 일이 아니며 단시간에 해결될 문제도 아니지만 그러나 이것을 위해서 주님은 우리에게 능력을 주시는 것입니다. 이것이 바로 주님의 뜻입니다. 세상의 모든 일들의 배경에는 보이지 않으시는 주님이 주관하는 힘이 있기 때문입니다. 이 힘을 증명하여야 할 책임이 우리 그리스도인에게 있으며, 그 방법을 개발하는 것이 우리가 해야 할 일입니다. 이제까지는 육신의 방법으로 싸우려고 했던 도의 초보를 버리고 영의 능력으로 전하는 능력 전도 즉 영의 전도 방법들을 위해서 교회가 고민해야 할 때입니다. 할렐루야!

# 41장 느긋함을 통해 눈이 열리는 영성 개발

하나님은 하나님의 시간표를 가지시고 세상을 통치하고 계십니다. 우리 성도들을 하나님의 시간표에 맞추려고 해야 합니다. 그런데 자신의 생각을 가지고 빨리빨리 합니다. 치유도 빨리 받아야 합니다. 능력도 빨리 받아야 합니다. 영적으로 변화도 빨리 되려고 합니다. 그러다가 마음대로 되지 않으면 자포자기를 하기도 합니다. 절대로 영성은 자신의 생각대로 되지 않습니다. 빨리 하려고 하면 더 늦어지는 것이 영적인 밀입니다. 그래서 이스라엘 사람들과 같이 하나님의 시간표에 맞추려는 자세가 되어야 합니다.

구약 성경은 항상 이스라엘이라는 말을 사용하는데 비해서 신약성경은 자주 유대인이라는 말을 씁니다. 이 유대인들이란 느브갓네살이 예루살렘을 멸망시키고 이스라엘을 포로로 잡아간 후에, 타국 땅에서 이스라엘의 전통을 유지하고 명맥을 이어간 사람들이 대부분 유다지파의 사람들이었고 이후 이스라엘은 이들을 중심으로 움직였기 때문에 붙여진 것입니다. 따라서 유대인이란 말을 사용하는 배경에는 그런 어려운 상황 속에서도 전통을 지킨 자부심이 곁들여져 있는 반면 그들에게는 이방의 새로운 문화적 요인들이 흡입되어 있다는 뜻도 포함합니다.

이스라엘에게는 두 가지 유형의 예언자가 등장합니다. '구원을 선포하는 예언자'와 '재앙을 선포하는 예언자'인데 이들은 서로 갈등을 만들어냈으며, 이스라엘은 이 두 상반된 예언자로 인해서 혼란을 경험하게 됩니다. '구원을 선포하는 예언자'는 이스라엘이 타 민족과는 다를 바가 없음에도 불구하고 선민으로 삼아주신 값없는 은혜를 강조하며, 따라서 하나님은 그런 이스라엘에게 무조건적인 사랑을 부어주시며 그들의 지지자가 되어 항상 보호하시고 승리하시게 할 것으로 기대하도록 만들었습니다. 이들은 구원의 기쁨으로 도취되도록 하였으며, 이스라엘이 은혜를 누리는 것은 결코 행위에 있지 않으며, 오로지 하나님의 무조건적인 사랑에 기인하는 것이라고 주장합니다.

그런 반면에 '재앙을 선포하는 예언자'는 하나님은 살아계시며, 질투하시며, 심판하시는 하나님으로 소개합니다. 하나님은 자신이 선택한 백성을 통해서 정의를 실현하시며, 하나님의 뜻에 어긋날 경우 그들을 저주하고 심판하며 멸망시킬 수도 있음을 강조합니다. 이스라엘은 이런 예언자들의 이야기를 듣기 보다는 같은 예언자인 구원을 선포하는 예언자의 말에 귀를 기울였습니다.

'오직 은혜'라고 하는 말에는 이스라엘의 영속적 구원이 그들의 행위에 있지 않으며 따라서 심판이나 저주는 솜방망이 정도로 여기며 실제적으로는 그런 일이 불가능하다고 믿었습니다. 따라서 그들은 율법보다는 은혜를 더 사모하게 되었는데 어느 날 재앙을 선포하는 예언자의 말이 현실로 다가오고 말았습니다.

다윗의 왕국은 영원할 것이라는 그들의 기대(사 9:7)와는 달리 이스라엘은 남과 북으로 분열되고 맙니다. 그리고 이어서 북왕국이 앗수르에 멸망 당하고 다음에 유다왕국이 바벨론에 의해서 망하게 됩니다. 거룩한 도성 예루살렘의 멸망은 그들이 반기지 않았던 '재앙을 선포하는 예언자'의 말대로 이루어지는 것을 목격함으로써 하나님의 심판이 자신들에게 임한다는 사실을 깨닫게 됩니다. 이것을 엄청난 충격이었고 이들이 포로에서 돌아온 이후 그 이전에는 귀담아두지 않았던 재앙을 선포하는 예언자들의 말씀을 수집하고 전통과 정치와 공사(公私)생활과 종교 의식들을 다시 점검하기 시작합니다. 재앙을 선포하는 예언자들은 이스라엘이 온전하기 위해서는 독립적인 정치 활동에 의해서 가능한 것이 아니라 하나님의 도우심을 잠잠히 기다리는데 있다고 주장합니다.

느헤미야 이후의 세대들은 자신들의 조상들이 심판을 자초한 까닭이 엄격하게 율법을 준수하지 못한 나태한 생활에 기인한다는 사실을 깨닫게 됩니다. 그들은 이스라엘로 귀환 한 즉시 이방여인과 혼인했던 죄를 회개하고 그들을 돌려보냅니다. 그리고 7년마다 땅을 쉬게 하는 안식년을 준수하여 빚도 탕감해 줄 것을 결의합니다. 이런 외부적으로 드러나는 맹세와 준수는 이후 유대 사회에서 오랜 전통으로 지켜지게 되었으며 예수께서 '박하와 회향과 근채의 십일조'라고 지적한 것처럼 외형적인 모습을 유지하려고 엄청난 노력을 하지만 그 보다 더 중요한 영적인 일에는 거의 신경을 쓸 줄 모르게 됩니다. 가장 중요한 문제인 믿음과 정의에 대해서는 별로 중요하게 여기지 않게 되었던 배경이 여기에 있는 것입니다. 느헤미야 이후 이스라엘에서 가장 중요한 제목은 철저한 회개였습니다. 바벨론으로 잡혀간 이스라엘 사람들은 자신들을 '골라'(Gola, 유랑민)이라고 칭하면서 자신들이 이 지경이 된 까닭은 재앙을 선포하는 예언자의 말에 귀를 기울이지 않았기 때문이라고 반성하게 됩니다. 우상 숭배와 함께 안식일을 무시한 죄가 그들을 심판하게 된 배경이라고 반성한 저들은 안식일 준수를 최우선 순위에 두게 됩니다. 즉 회개 운동은 안식일 준수 운동이며, 따라서 이스라엘은 항상 회개와 안식일을 연관지어 생각하게 됩니다. 안식일 준수는 회개한 유랑민과 회개하지 않은 유랑민 사이에 분명한 구분점을 이루는 지표가 되었습니다.

따라서 안식일 준수와 우상숭배의 배척이 회개의 징표로 인정되었습니다. 이 징표는 오늘날까지 여전히 유력한 회개의 증거로 받아들여지고 있다는 점을 알게 된다면 참으로 놀랍지 않습니까? 주님은 이 부분을 교정하려고 우리에게 오셨는데도 말입니다. 포로 생활에서 돌아온 이스라엘은 성전 재건을 시작하게 됩니다. 그 과정에서 여러 가지 어려움을 만나지만 그 모든 것을 극복하고 성전을 재건하는데 성공합니다. 그리고 적국 페르시아는 내부적으로 혼란을 겪으면서 약화되어 가고 있었으므로 표면적으로는 구원의 날이 임하는 것처럼 보였습니다. 학개와 스가랴가 이 당시 예언자로 등장하면서 학개는 세상의 터가 그 근원부터 흔들리기 시작했다고 예언합니다(학 2:6). 그리고 스가랴는 환상을 통해서 '순'(새 가지)이 나타나는 모습을 봅니다(슥 3:8). 하나님인 친히 다스리시는 나라가 임하는 환상을 보며 감격하게 되고, 이런 예언을 듣는 이스라엘은 이제 곧 다가오는 메시야를 고대하게 되었으며 그 당시 스룹바벨은 이런 이스라엘의 기대에 부응하기에 적절한 인물처럼 보였습니다. 그는 다윗 계통의 후손이며, 여호야긴 왕의 손자였습니다. 학개와 스가랴의 예언은 이 사실을 분명히 하는 것처럼 받아들여졌고 예루살렘 성전은 예언대로 515년 4월 1일에 장엄하게 봉헌 되었습니다. 그러나 메시야의 시대는 오지 않았고, 기대했던 스룹바벨도 사라졌습니다. 모든 것이 예전과 다를 바가 없었고 가난은 여전히 백성들을 괴롭게 만들고 있었습니다. 이스라엘은 엄청난 낙망에 휩싸이게 됩니다.

이들은 어쩔 수 없이 메사야의 환상에서 깨어나 스스로 공동체를 이루어낼 정치적인 활동에 기대할 수밖에 없었고 이것이 마카비 전쟁을 일으키는 배경이 됩니다. 전쟁에서 지친 이스라엘은 다시금 메시야에 대한 기대를 품게 되고 예수께서 "회개하라 천국이 가까웠다"라면서 등장할 때 유대인들은 바로 안식일 준수와 우상숭배의 배척을 다시 생각하게 되었습니다. 그리고 그런 관점에서 예수를 바라보게 되었고 사사 건건 예수에게 이 문제를 들이댔습니다. 예수는 회개란 유대인들이 생각하는 그런 안식일 준수와 우상숭배의 배척이라는 외형적인 내용에 있는 것이 아니라 육체적인 시각에서 벗어나 영의 시각으로 돌이키는 것임을 그는 능력을 통해서 일깨우고자 했습니다. 이는 사마리아 여인과의 우물가 대화에서 보여주신 내용으로써 유대인의 회개에 대한 관심과 예수의 태도의 차이를 분명하게 하는 것입니다.

육신의 시각으로 보는 세대는 지나가고 이제 영의 시각으로 모든 것을 보아야 하는 시대가 도래한 것임을 귀신을 쫓는 일에서 분명하게 지적하고 있고, 귀신을 쫓고 병든 자를 치유하는 일련의 행위는 우리의 시각이 영으로 향하게 하기 위함이지 결코 그 능력을 만끽하게 하려는 것이 아니었습니다. 그러나 우리는 여전히 능력을 통해서 얻어지는 세속적 유익에 관심을 더 둡니다. 이는 유대인들이 자신들이 당한 심판의 배경을 외형적인 것에서 찾았던 것과 다를 바가 없는 것입니다. '구원을 선포하는 예언자'의 소리만을 듣던 일에 대해서 반성하려는 태도로 시작한 회개는 '재앙을 선포하는 예언자의 소리'를 오해하게 되었습니다. 우리는 항상 조급함을 떨쳐낼 수 없는 약점을 지니고 있습니다. 주의 제자들도 임박한 종말에 대한 기대로 자신들이 지닌 모든 것을 내어놓고 전적으로 헌신하는 공동체 생활에 들어가지만 머지않아 실망하게 되었습니다. 임박한 기대는 언제나 우리를 실망하게 만듭니다.

신약성경은 이스라엘이란 말 대신 유대인이라는 말을 사용하는 배경은 그들이 지닌 오류를 지적하고자 하는 의도가 있는 것입니다. 주님은 유대인들의 기대하는 바와는 항상 다른 행동을 취함으로써 그들을 진정한 회개로 이끌고자 했습니다. 주님이 바라는 회개는 안식일 준수와 우상숭배의 배척이 아니었습니다. 물론 이 주제도 중요한 것이지만 회개의 진정한 의미는 그것이 아니라 영의 시각을 얻는 것임을 강조하며 따라서 물세례 다음으로 얻게 되는 성령 세례를 소개합니다(요 3:1~21). 이스라엘이 역사적으로 메시야에 대한 기대가 항상 실패하고 낙망한 배경에는 육신적 안목으로 보려고 한 태도와 당장에 이루려고 하는 조급함이 원인으로 작용하고 있는 것입니다. 이 점에 대해서 주님은 "여기 있다 저기 있다"라고 말하지 말 것을 당부하며 영의 눈으로 볼 것을 강조합니다. 이스라엘의 기나긴 역사는 영의 일을 육안으로 해석하고 행동한 실패의 기록입니다. '재앙을 선포하는 예언자'의 소리마저도 육신으로 이해했습니다. 이런 행위는 오늘날까지 여전합니다. 오늘날에는 주일 성수와 이단 배척이라는 주제로 우리 곁에 다가와 있는 것입니다.

주님이 강조한 의와 신의 십일조는 별로 크게 관심을 두지 않습니다. 물론 이야기는 하지만 그것을 위해서 자신의 삶 전체를 희생시키고 목숨을 거는 행위는 하지 않습니다. 우리는 여전히 '구원을 선포하는 예언자'의 소리가 더 매혹적으로 들리며, 그런 집회에 더 많은 사람들이 모입니다. '재앙과 심판을 선포하는 예언자'는 인기를 잃어가며 그들의 교회는 썰렁해지고 있습니다. 유대인들이 주님 앞에서 그토록 안식일 준수 문제에 목을 맨 까닭을 이해했다면 우리는 어떤 태도를 취해야 할까요?

신약성경이 구약에서 거의 거명하지 않은 유대인이라는 말을 그토록 많이 사용하는 이유가 어디에 있는지 이제 알게 되었다면 우리 가운데 이스라엘로 불리지 않고 유대인이라고 불릴 수 있는 요소들이 얼마나 많은지도 알 수 있게 되었을 것입니다. 영의 시각으로 회개할 줄 몰랐던 유대인은 결코 새 시대의 이스라엘은 될 수 없을 것입니다. 유대인도 하나님을 사랑하고 계명을 준수했으며, 십일조와 안식일을 지켰습니다. 그러나 이들이 간과한 것 하나는 그들이 지킨 모든 것과도 비교될 수 없는 중요한 것이었습니다. 그것이 바로 영으로 거듭나서 하나님을 영으로 인식하고 그 깊은 곳에 있는 하나님의 마음을 헤아릴 수 있는 능력을 얻지 못한 것입니다. 바울은 이렇게 말합니다. "하나님의 나라는 말에 있지 않고 능력에 있습니다."라고 말입니다. 정치적으로 문제를 해결하려는 시도는 메시야의 시대에 대한 기대가 무산된 스룹바벨 사건 이후에 등장하게 되는 이스라엘의 아픈 역사가 되었으며, 열심당의 일원인 가룟인 유다가 빠진 오류이기도 합니다.

초대 교회의 파루시아에 대한 절망은 그 후 교회로 하여금 영의 눈을 감게 하는 배경이 됩니다. 임박한 메시야의 도래를 기대한 것에 대한 낙망이 이스라엘로 하여금 묵시를 불신하게 하는 중요한 요인으로 작용하게 되고 스가랴 이후 말라기를 마지막으로 더 이상 묵시는 이스라엘에서 발을 붙일 수 없게 되며, 오로지 정치적 투쟁만이 이스라엘을 구원할 것이라는 기대가 전체를 지배하게 되었고, 요한이 등장하기까지 오랜 세월동안 하나님은 침묵하게 됩니다. 예언자가 떠난 그 자리를 폭력이 대신하게 되고 전쟁은 끊임없이 이스라엘을 괴롭게 하는 결과를 가져옵니다.

영의 일은 조급하게 임해서는 안 됩니다. 그것은 오히려 자신을 그릇된 길로 인도할 수 있는 위험한 함정이 될 수 있습니다. 저 개인의 일만 해도 영적 사역을 준비하는 시간으로 10년이 소모되었고 사역을 준비하기 위한 기도를 7년 이상 하게 됩니다. 조급하면 도무지 감당할 수 없는 일입니다. 국가적이고 교회적인 일에도 마찬가지입니다. 임박한 결과를 생각하고 서두르는 것은 낙망을 가져오고 그 후에 결과는 처음보다 더 심각하게 나빠지는 것을 역사를 통해서 배웁니다.

이제 새로운 영의 시대가 열려지고 있으며 이 운동의 결실은 어쩌면 한 세대를 지나야 가시적으로 나타날 수 있는 것일지도 모릅니다. 저는 이 운동을 위해서 초석을 놓도록 부르심을 받았고 젊은 세대들을 영적으로 무장하고 눈을 뜨게 하는 역할을 할 것입니다. 영의 일은 절대로 조급한 사람은 할 수 없는 일입니다. 달려갈 길을 다가고 난 후 주님께서 주실 면류관만이 그 보상입니다. 우리는 이 사실을 이스라엘의 역사에서 배우며 주님의 교훈에서 확인합니다.

# 42장 영적 결벽증을 극복하는 영성을 개발하는 법

하나님은 성도들이 성령의 인도를 받기를 원하십니다. 우리 나라 교회는 은연중에 선조들로부터 샤머니즘의 신앙이 대물림 되어 있는 것이 사실입니다. 샤머니즘의 영향으로 영적인 결벽 증이 심합니다. 영적인 결벽증이 심하여 한번이라도 예배를 빠 지면 죽는 줄로 압니다. 새벽기도를 한번 빠지면 숨이 막혀서 죽을 지경입니다. 자신만 그렇게 하는 것이 아니고 주변 사람들 에게도 강요합니다. 교회의 지도자가 자신과 같지 않으면 상처 를 받기도 합니다. 심지어 교회를 옮기기도 합니다. 영적인 결 벽증은 한마디로 병입니다. 빨리 고치지 않으면 인간관계에 많 은 문제가 생길 수도 있습니다. 질병이 생길 수도 있습니다. 의 학적으로 결벽증이 있는 사람이 심혈관질환이나, 암과 같은 질 병과 화병에 잘 걸린다고 합니다. 행위로 만족을 얻으려고 하기 때문에 신앙생활에 만족을 찾지 못합니다. 영적인 만족은 성령 으로 영의 만족을 누려야 가능하기 때문입니다. 하나님은 영적 인 결벽증을 극복하기를 원하십니다.

하나님을 잘 섬기기 위해서 우리는 여러 가지 방법들을 찾아 내려고 하고 더욱더 주님에게 가까이 가기 위해서 죄에서 떠난 삶을 살려고 노력합니다. 이런 과정에서 우리는 뜻하지 않은 상 태로 빠져 들어가게 되는 데 그 중에 "영적 결벽증"이라는 것이 있습니다. 극도로 자신을 정결하게 하려는 생각에 너무 사로잡힌 나머지 일체의 죄에 대해서 용납하지 못하는 극단에 사로잡히게 되는 것입니다. 그러면서도 자신은 그 사실을 알지 못하고 더욱더 정결해지려고 노력할 뿐만 아니라 다른 신앙인들의 이중적이고 죄를 반복하는 삶을 이해하지 못하고 정죄하게 됩니다.

모든 면에서 완벽해지려고 더욱 노력하게 되고 철저하고 완전해지기 위해서 많은 노력을 합니다. 주일 예배에 한 번이라도 빠지면 큰 일이 난 것처럼 여기고, 주일에는 여행도 가지 않고 아무 일도 하지 않습니다. 여행을 갔다가도 주일에는 반드시 돌아와 본 교회에서 예배를 드립니다. 그렇지 않으면 큰 죄를 지은 것처럼 어쩔 줄 몰라 하며 괴로워합니다. 완고할 정도로 정도만 생각하고 편법이나 부당한 일은 용납하려고 하지 않습니다.

철저하게 삶을 정직하게 살려고 노력할 뿐만 아니라 원리 원칙에 벗어난 것은 용납하려 하지 않습니다. 철저한 원리주의가 삶의 전부인 것이지요. 이렇게 살아가는 사람은 참으로 답답하고 융통성이 없어서 가까이 하기에 무척 힘이 듭니다.

이런 원칙주의는 너무 극단적이어서 사람들을 피곤하게 할 뿐만 아니라, 그렇게 살지 못하는 대부분의 사람들을 정죄에 빠지게 합니다. "너무 의롭게 살지도 말고 너무 슬기롭게 살지도 말아라. 왜 스스로를 망치려 하는가? 너무 악하게 살지도 말고 너무 어리석게 살지도 말아라. 왜 제 명도 다 못 채우고 죽으려고 하는가? 하나를 붙잡되 다른 것도 놓치지 않는 것이 좋다.

하나님을 두려워하는 사람은 극단을 피한다."(전 7: 16~18).
우리의 삶은 천칭과 같고 시이소오와 같은 면을 지니고 있어서
어느 한 쪽으로 기울기 시작하면 정신을 차리지 않으면 기울어
진 쪽으로 한 없이 쏠리게 됩니다. 자신의 삶이 어느 한 쪽으로
기울어 균형을 잃고 있다는 사실을 눈치 채지 못한 채로 더욱
쏠리게 되는 것입니다.

전도서에서 언급한 것은 우리의 삶이 너무 모가 나면 사람들
과 적응하는데 문제가 생기게 되고 그로 인해서 자신의 삶이 고
단해질 뿐만 아니라 다른 사람들에게도 아픔을 줄 수 있기 때문
에 극단을 피할 것을 우리에게 지시하시는 말씀입니다. 그러나
우리는 여기서 자칫 범하기 쉬운 오류가 있는데 모든 일을 적당
히 타협해서 하려는 혼합주의가 그것입니다. 이것도 좋고 저것
도 좋은 양시론적(兩是論) 삶을 살아도 된다는 것은 아닙니다.
혼합주의는 하나님이 매우 싫어하는 것임에는 분명합니다. 뜨
겁든지 차갑든지 분명한 것을 좋아하시지만 너무 극단적으로
한 쪽만을 절대적으로 옳다고 여기고 다른 쪽을 배격하는 것은
심각한 오류에 빠진 것입니다.

유대인들은 율법의 한 점도 범하지 않으려고 율법의 경계선
을 만들었습니다. 안식일이 시작되는 시점에서 적어도 두어 시
간 전에 모든 일을 마치고 안식일을 준비하도록 정한 것은 자칫
일에 몰두하다가 그만 그 시작 시점을 잊고 안식일을 범할 수
있기 때문에 미리 경계선을 그어 지킴으로써 그런 오류에 빠지

지 않게 하려는 생각이었습니다. 그런 생각들은 모든 율법에 적용되었고 따라서 율법 보다 이런 규례가 더욱더 복잡하고 그것을 지키기 위한 법들을 배우는데 더 많은 시간이 들었습니다. 무엇 때문에 율법을 지켜야 하는지는 알 필요도 없을 뿐만 아니라 알 시간도 없었습니다. 극단에 치우치면 목적을 상실하게 됩니다. 목적보다도 수단이 더욱 중요한 자리를 차지하게 되는 것입니다.

우리는 죄를 미워하고 죄에서 떠난 삶을 살아야 합니다. 그러나 그런 삶은 삶 전체에서 자연적으로 우러나오는 것이어야 합니다. 정신을 오로지 죄를 범하지 않으려는 생각으로만 가득하고 그 생각에 옥죄어 사는 것은 바람직할 수 없으며, 하나님이 원하시는 삶이 결코 아닙니다. 우리는 하나님이 죄를 미워하시는 본뜻을 알고 그런 삶을 살도록 노력할 때 우리 안에 역사하시는 성령의 인도에 따라서 선악을 구분할 수 있게 되는 것입니다. 절대 선은 우리 가운데 존재하지 않습니다. 모든 것은 상대적이고 상황적이므로 의식적으로 기준을 설정해놓고 그것을 무조건 따르려고 하는 것은 극단적이며 사람과 사람을 갈라놓는 장벽이 될 뿐입니다.

어떤 상황에서도 지켜야 하는 절대적 가치는 이 세상에 존재하지 않음에도 불구하고 그것이 존재하는 것처럼 가르치고 따르게 한 것이 유대인 지도자들의 실수였고 그 잘못을 고치고 바로잡으려고 주님이 직접 율법을 깨는 일을 하신 것이 아닙니까?

그러나 의식과 경계심을 풀고 세상 사람들이 하는 그대로 행동하는 것이 올바른 것이 절대로 아닙니다. 우리는 지켜야 할 것이 있지만 그것에 메이는 일은 없어야 합니다. 그러므로 여기에는 지혜가 필요하고 성령의 자유하게 하시는 경험이 있어야 하는 것입니다. 우리는 세상 사람들보다 조금 더 의로우며 조금 덜 악한 존재입니다. 극단적으로 의를 추구하고 그런 삶을 살려고 할수록 우리의 삶은 더욱 황폐해지고 모가 납니다.

은혜가 충만할수록 세상 사람들과 거리를 두는 것이 아니라 세상 사람들과 어울리지만 결코 그들과 하나같이 되지 않는 "화이부동(和而不同)"의 상태가 되는 것입니다. 우리 가운데는 너무 거룩함 만을 추구하는 나머지 위선적 삶을 사는 사람들이 없지 않습니다. 한 가지 목적을 위해서 다양한 것들을 포기하거나 소홀히 함으로써 세상을 구원하실 주님의 뜻을 잊지는 않았는지요. 너무 완벽함만을 추구한 나머지 다소 어설프고 부족한 것을 용납하지 못하는 실수를 행하고 있는 것은 아닌지요. 우리는 생명이 다하는 그 순간까지 그리스도의 은혜로 채워야만 하는 부족한 존재이며, 늘 실수를 행하는 어리석은 존재입니다. 그럼에도 불구하고 의롭다 여김을 받는 구속 받은 존재이기도 하지요. 그래서 우리는 은혜로 살아가는 것입니다.

의로운 삶은 의식하고 그것이 몸에 익숙할 때까지 신경을 쓰고 행동해야 하는 시간이 필요합니다. 이것은 성숙을 위한 숙성 시간이라고 불러야 할 것입니다. 이 기간이라도 우리는 한 쪽으로 치우치는 절대적 극단을 피해야 합니다. 몸에 익혀지면 자연스런 행동이 됩니다. 그래야만 사람들에게 거부감이 들지 않게 될 뿐만 아니라 자신의 삶이 고달파지지 않게 됩니다. 의식해서 행동하는 것과 몸에 익어서 자연스럽게 들어나는 것과는 차이가 많습니다. 원숙함은 다른 사람들에게 존경과 부러움을 끌어내지만 매이는 것은 거북하게 보기고 다른 사람들 눈에 어색하게 느껴지게 됩니다. 이런 행동은 사람들에게 영향을 주기 보다는 비난을 일으키게 됩니다.

깨끗한 것은 사람들에게 즐거움을 주지만 극단적 결벽은 불편을 주는 것처럼 영적 결벽증에 빠져 다른 사람들의 실수나 허물을 용납하려 하지 못하며 그렇게 살도록 강요하는 것은 서로에게 상처가 될 뿐입니다. 순결한 삶을 살기 위해서 우리는 때로는 극단적인 방법을 취하기도 합니다.

그러나 그것은 결코 일상이 아닙니다. 때로는 한 순간 그렇게 결단함으로써 성결한 삶을 살고자 하는 동기를 만들어내고 새로운 각오를 하게 할 수는 있지만, 그러나 우리의 일상의 삶은 서서히 몸에 익혀야만 하는 절대적인 숙성의 시간이 필요한 것입니다. 너무 서둘러서도 안 되고 너무 게을러서도 안 되지요. 너무 의롭지도 말고 너무 악하지도 말아야 한다는 전도자의 소리에 귀를 기울일 필요가 있습니다.

# 43장 그리스도 안에서 영적으로 성숙해지는 비결

하나님은 성도들이 말씀과 성령으로 성숙되기를 소원하십니다. 필자는 항상 이렇게 말합니다. 정상적인 생명의 말씀을 듣고 성령의 인도를 받으면서 믿음생활하면은 당연하게 영적으로 성숙해진다는 것입니다. 초자연적인 성령의 역사가 자신을 장악하면 영적으로 성숙되지 말라고 해도 성숙이 되는 것입니다. 자신이 믿음 생활을 수년간 했는데 인격적으로 신앙적으로 성숙되지 않고 있다면 원인을 찾아서 치유해야 합니다. 환경적으로도 마찬가지입니다. 반드시 원인이 있을 것입니다. 원인을 찾아서 치유해야 하나님께서 원하시는 성도가 될 수가 있습니다. 하나님의 뜻은 모든 성도들이 영적으로 성숙하여 지금 이 땅에서 심령의 천국을 이루고 삶에서 아브라함의 복을 받아 누리면서 하나님의 나라 확장에 군사로 쓰임을 받다가 천국에 가는 것입니다. 그렇기 때문에 영적으로 성숙해야 합니다.

사람들은 '유아기' '유아동기' '아동기' '청소년기' '청장년기' '장년기' '노년기'등의 단계를 거치면서 성장과 쇄락을 이어갑니다. 대부분은 이런 과정을 정상적으로 거치지만 불행하게도 일부는 이 과정을 다 거치지 못하고 삶을 마감하는 경우도 있거나 성장이 어느 단계에서 멈추고 마는 경우도 있습니다. 그러나 이는 극소수이며, 모든 사람들은 이 단계를 정상적으로 거칩니다. 그러나 영의 성장에는 육체적 성장과는 사뭇 다른 면이 있습니다.

어떤 사람들은 영적 성장도 육체적 성장과 같은 것으로 취급하기도 하는데, 이는 분명히 적절치 못한 적용이기 때문에 문제가 일어날 수 있습니다. 물론 영적 성장에는 단계가 있어서 점차로 성장하게 되고 더 깊은 단계로 들어갑니다. 그런데 이 영적 성장의 단계가 완만한 곡선이 아니라 계단과 같은 단계적 성장을 이룬다는 점에서 육체적인 점진적 성장과 다르며, 모든 사람이 순차적으로 거치는 육체적 심리적 성장과는 다르게 하나님의 특별한 뜻에 따라서 성장하기도 하고 멈추기도 합니다.

영적 성장도 육체적 성장처럼 '유아기' '아동기' '청소년기' 등으로 구분할 수 있으며, 어떤 사람은 '이집트 단계' '광야단계' 등으로 출애굽의 진전 단계에 비유해서 설명하기도 합니다. 각 단계를 또 여럿으로 나누어서 1, 2, 3 단계 등으로 구분하여 설명하는데, 이런 단계적 변화가 순차적으로 발생하거나 점진적으로 진보할 것이라는 생각을 하게 합니다. 그러나 사람에 따라서 이런 발전 과정이 순차적으로 일어나지 않을 수 있을 뿐만 아니라 가장 중요한 것은 이 변화를 상대적으로 비교해서 평가할 수 없는 점이 있다는 것입니다.

육체적 변화는 상대적 비교에 의해서 판단되는 것이지만 영적 변화는 꼭 그럴 수 있는 것이 아니라는 점이 특징입니다. 육체적 변화는 단순하지만 영적 변화는 심리적 변화처럼 결코 간단하지 않습니다. 영적 변화와 성장은 다양한 부분이 있기 때문에 사람에 따라서 각각 독특할 뿐만 아니라 성장의 차이가 복잡하게 일어나는 것입니다. 예를 들어 설명하자면, 공부의 경우, 사람에 따라서 잘 하는 과목과 잘 못 하는 과목이 있을 것입니다. 여러 과목을 종합해서 성적을 매기게 되지만 영의 일은 그렇게 할 수 있는 것이 아닙니다.

어떤 학생은 이공계의 과목을 잘 하는 경우가 있고, 어떤 학생은 인문계 과목을 잘 하는 경우가 있습니다. 국어는 잘 하지만 수학은 잘 하지 못하는 사람의 경우, 그 차이는 심각할 수 있습니다. 이 경우 국어만 보면 공부를 잘 하는 사람이지만 수학만 보면 공부를 못하는 쪽에 속하게 되듯이 영의 일 역시 어떤 부분은 잘 성장하지만 어떤 부분은 그렇지 못합니다. 영의 일에서 '능력을 행하는 부분'과 '성령의 음성을 듣는 부분'과 '환상을 보거나 감각으로 느끼는 부분'등이 있습니다. 이런 부분들은 원칙적으로는 긴밀한 관계가 있지만 실제로는 서로 개별적인 역할을 하는 경우가 많습니다.

즉 능력 있는 사역을 하면서도 성령의 음성을 전혀 알아듣지 못하는 경우가 있습니다. 그 반대의 경우도 있는 것입니다. 예언적으로 능력 사역을 하는 것이 바람직하지만 그렇지 못한 사역자들도 많은 것입니다. 지식의 말씀을 전혀 받지 못해도 사역을 얼마든지 잘 할 수 있는 것입니다. 이와 같이 영의 일은 개별적이기 때문에 어떤 공통적인 구분점을 두어서 판단하려는 것은 문제가 있는 것입니다. 그래서 영적 발달의 단계는 독자적으로 판단할 수밖에 없다고 봅니다.

모든 사람이 유아기로부터 시작해서 노년기에 이르는 것이 정상이며, 이변이 없는 한 이 과정을 거치게 됩니다. 그러나 영적 발달은 개인에 따라서 그 정점이 다르기 때문에 모두가 같은 과정을 거친다고 볼 수 없는 것입니다. 어떤 사람은 유아기의 수준으로 끝나는 경우가 있는가 하면 어떤 사람은 깊은 관계에까지 이르게 됩니다. 이는 오로지 하나님의 주권적인 뜻에 달려 있기 때문에 누가 무어라고 할 수 없습니다. 그러나 자신에게 주어진 소임을 다하기 위해서 우리는 한계 안에서 최선을 다해야 합니다.

영적 성장은 영적 지식 안에서 더 발전하고 강해질 수 있기 때문에 아는 것이 힘이 될 수 있습니다. 그러나 이 모든 것은 자신의 한계 안에서 벗어날 수 없다는 점을 인정해야 합니다. 각 사람은 주어진 능력에 한계가 분명히 있습니다. 그 안에서 최선을 다하기 위해서는 지식이 필요합니다. 작은 능력으로도 크게 쓰임을 받을 수 있지만 반대로 큰 능력으로도 적게 쓰임을 받을 수 있습니다. 이 모든 것이 주어진 환경 안에서 자신이 하기 나름이라고 봅니다. 영적 성장과 그 범위는 우리로서는 알 수 없는 하나님의 주권적 영역에 속한다고 할 것입니다. 이는 각 사람에게 하나님의 뜻에 따라서 성령께서 나누어주시는 은사와 맞물려 있습니다. 그러므로 영적 성장은 주어진 은사와 보조를 함께 하면서 자라나는 것이 바람직할 것입니다. 은사의 확대가 없이 단순히 영적 지식만 채워 넣는 것은 균형을 잃는 것이 되어, 바람직하지 못합니다. 아는 것은 많은데 할 수 있는 것은 거의 없는 입만 가진 사람이 되는 것은 올바르지 못할 것입니다.

특히 지도자의 경우에 그러하다면 문제가 심각할 수 있습니다. 아는 것과 행하는 것이 일치되지 않을 때 그 아는 것은 한갓 이상으로 머물 수밖에 없을 것입니다. 영국에서 자유로운 노동자의 세상과 학교 없는 사회를 꿈꾸면서 사회운동을 했던 윌리엄 모리스(William Morris; 1834~1896)는 민중의 미적 취향을 향상시켜 그들을 교육하고 노동자들에게는 노동조건을 향상시키고 그들을 교육시켜 스스로 삶의 질을 높이는 것을 이상으로 하여 모리스 회사를 설립했습니다.

그러나 그의 이상과는 달리 현실적으로는 그는 기계로 대량 생산하는 제품보다 가격이 높아 자연적으로 부유한 사람들이 구매고객이 되었으며, 노동자들도 임금을 비롯해서 노동 조건이 양호하지 못했으며, 기계적인 반복노동을 한다는 점에서 다른 기업의 노동자와 다를 바가 없었습니다("윌리엄 모리스 평전" 박홍규 개미고원 2007 p 102). 그는 "지상낙원"이라는 시집을 내기도 했고, 사회주의 운동을 비롯해서 여러 가지 개혁운동을 했지만 실상 대부분은 이상에 그쳤으며, 자신이 운영하는 회사를 통해서 그는 많은 부를 얻을 수 있었습니다.

이처럼 자신이 주장하는 사상이 현실과는 전혀 맞지 않은 공리공담이 되는 경우를 우리는 모리스에게서 발견합니다. 그는 말년에 사회개혁이 결코 쉽지 않음을 고백하였습니다. 모리스처럼 우리는 머리로만 쌓아가는 철학적 사변은 때로는 현실에서 전혀 불가능한 일이 될 수도 있는 것입니다. 영의 일은 특히 그러한 경향이 강합니다. 영적 변화와 경험이 없이 단순히 성경만 연구하여 얻은 지식은 현실과 전혀 어울릴 수 없는 공론이 될 수 있습니다. 이는 바리세인들이 대표적인 것입니다.

"너희가 성경에서 영생을 얻는 줄 생각하고 성경을 상고하거니와 이 성경이 곧 내게 대하여 증거하는 것이로다."(요 5:39).

우리는 이처럼 영적 성장이 성경을 아는 지식으로 얻어질 수 있을 것이라는 주장을 하는 사람들이 있습니다. 그러나 이는 완전한 답이 아닐 수 있습니다. 영적 성장과 발전은 각 사람에게 주어진 은사와 영적 지식이 서로 조화를 이룰 때 보다 더 깊어지고 성숙하게 될 수 있습니다. 인격적으로 점잖은 것과 영적 성숙은 같을 수도 있지만 다를 수도 있습니다. 사회적으로 인덕이 높은 사람의 경우 우리는 그런 사람을 성숙한 사람으로 존경할 수 있습니다. 그러나 그런 사람이 영적 능력이나 은사가 있는 것이 아닐 때 그 고상한 인격을 두고 영적으로 성숙했다고 말할 수 없습니다. 신앙생활을 하는 사람들 가운데에 이와 같은 고상한 인격을 갖춘 사람이 있을 수 있습니다. 그 고상함이 영적인 발전으로 인해서 온 것이 아니며, 사회적 교육에 의해서 온 것이라면 그것은 영적 성숙으로 인한 그리스도의 인격을 닮은 것과는 분명히 다를 것입니다. 우리가 영적으로 성숙하기 위해서는 반드시 성령의 도우심과 역사하심을 경험함으로써 가능할 것입니다. 그 과정을 통해서 영으로 우리는 그리스도를 닮아가게 되며, 하나님의 마음을 깨달아 알아가게 될 것입니다. 이런 사람은 어떠한 위기가 다가와도 그리스도를 닮은 모습을 잃지 않을 것입니다. 불행한 일을 만나도 양을 버리지 않는 선한 목자(요 10:11)처럼 그런 모습을 보여줄 것입니다.

근래에 존경 받아오던 대형교회의 목회자들이 그 아들에게 교회를 대물림하는 모습을 보여주어 안타까운 마음이 있습니다. 이런 목회자들은 윌리엄 모리스와 다를 바가 없는 듯합니다. 평생 공평하고 균등한 사회를 만들자고 주장하면서 강연도 많이 했던 그가 당대에 엄청난 부를 취득했습니다. 성도들에게 그리스도를 닮아가자고 평생 강단에서 외치던 목회자가 그 말년에 그리스도와는 전혀 닮지 않은 모습을 한국교회에 보여주는 불행한 일을 보면 결코 그들이 올바르게 영적 성장을 이루었다 할 수 없을 것 같습니다. 그래서 영적 성장은 개별적이며, 비교해서 판단할 수 있는 것도 아님을 알게 됩니다. 심판대 앞에서 선한 판결을 받게 될 영적 성장은 그리스도 안에서 이루어지는 것이며, 그 안에서 열매로 나타나게 됩니다. 그렇기에 우리는 이런 바울의 가르침에 귀를 기우려야 할 것입니다.

"그런즉 선줄로 아는 자는 넘어질까 조심하라."(고 10:12)

# 44장 영적 자극을 통해 영적으로 성숙해지는 비결

하나님은 성도들의 영성이 깊어지게 하기 위하여 성령으로 인도하시면서 훈련하십니다. 필자는 항상 강조하는 것이 기독교는 체험의 종교라는 것입니다. 말씀을 삶에 적용하여 체험해야 영이 깨어나 영성이 자란다는 말입니다. 성도가 영적으로 변하는 것은 말씀을 삶에 적용함으로 영안도 열리고 말씀의 비밀도 깨달아 집니다. 그래서 교인이 성도되는 것은 성령의 역사 없이는 불가능합니다. 번드시 성령으로 세례를 받아야 성령의 인도를 받으면서 영적으로 성숙해지는 것입니다.

운동을 하지 않고 살아가면 평생 운동을 하지 않아도 별로 불편함을 느끼지 못하지만 규칙적으로 운동을 한 사람은 며칠 운동을 하지 않으면 몸이 개운치 않아서 견디기 어렵습니다. 영적인 일도 그렇습니다. 영적으로 아무런 자극을 받지 않고 그냥 살아가면 아쉬울 것도 없고 갈등도 없습니다. 그럭저럭 세월이 흘러가는 대로 살아도 누가 무어라 할 사람이 없지요. 그래서 더욱 더 일상의 무의미한 영적 삶을 살아가는 것이 일반적인 성도들의 삶입니다. 조금 극성스러울 정도로 열심을 내는 사람이 못마땅하고 굳이 그럴 필요가 있나 싶습니다. 능력을 받아 그 일을 하는 사람을 보면 측은한 마음까지 들지요.

자극을 받지 못하는 삶이 과연 온전한 삶일지 한번 깊이 생각해 보아야 합니다. 자극이 없으면 우리는 반응하지 않는 게으름이 본성적으로 내재되어 있지요. 이 게으름은 우리의 삶의 풍성함을 방해하고 우리를 무기력하게 만들어 하나님이 쓰지 못하게 하는 영적 딜레마입니다. 이 게으름(slothfulness)을 뛰어 넘어 부지런함으로 나아가려면 그만한 자극이 필요합니다. 이 자극도 역시 거듭난 직후 주어지는 것이며, 한 두 차례 거듭되는 자극에 적절한 반응을 보일 때 영적으로 성장하고 그에 따른 능력이 주어지게 되지요. 이 게으름은 육체적인 것과 긴밀한 관련이 있습니다. 육체적으로 게으른 사람은 영적으로도 게으를 가능성이 높지요. 기도하는 것도 일관성이 없고 헌신도 감정의 변화에 따라 달라집니다. 이런 게으름은 육체의 게으름을 바탕으로 우리 영적 삶에까지 영향을 끼치는 것입니다.

　이 게으름을 떨쳐내기 위해서 주어지는 것이 자극이지요. 이 자극은 긍정적인 것과 부정적인 것이 있습니다. 전자는 기쁨과 즐거움으로 나타나며 저는 이를 "기쁨의 자극"이라고 부릅니다. 거듭날 경우 이런 긍정적인 자극이 주어집니다. 뛸 듯이 기쁘고 모든 일이 즐겁기만 하고 사는 것이 참으로 행복합니다. 그래서 힘든 일도 감당하고 자신이 가진 것도 아낌없이 드려 헌신하게 되지요. 기도하는 것도 자발적이고 기도를 통해서 많은 즐거움을 맛보기 때문에 더욱 기도에 빠져 들어가지요. 이전의 삶과 비교하면 지금의 삶은 천국입니다. 이것이 거듭나면서 주어지는 긍정적 자극입니다. 이 자극은 날마다 계속되는 것이 아니라 우리의 체질이 변하고 게으름의 늪을 벗어날 수 있을 정도의 수준에서 서서히 거두어지게 되면서 일상의 삶의 모습으로 돌아오게 됩니다.

이런 긍정적 자극을 통해서 우리 자신이 열심을 몸에 익히고 습관이 되어 주의 일을 이제는 감정이나 자극에 이끌려 하는 것이 아니라 신앙고백으로 해야 하는 시기에 접어드는 것입니다. 무엇 때문에 주의 일을 해야 하고 무엇 때문에 주의 능력이 필요한지를 분명하게 깨닫고 의지로 그 일을 감당할 뿐만 아니라 더욱 열심을 내고 부지런히 주를 섬겨야 하는 것입니다. 이 것이 성숙한 영성인이 취할 태도이기 때문이지요. 그런데 이런 상황에서 다시 뒷걸음쳐서 물러나면 그때 주어지는 자극은 부정적인 것입니다. 우리가 원하지 않는 형태이며, 사람들로부터 비난과 멸시를 당하는 고통스런 고난의 자극입니다. 저는 이것을 "빼앗김의 자극"이라고 부릅니다. 이 자극을 통해서 우리는 건강을 빼앗기고, 재물을 빼앗깁니다.

이 자극을 통해서 우리는 고난의 의미도 알게 되고 하나님의 일의 가치를 깨닫게 되지요. 그럼에도 불구하고 영적 게으름에서 벗어나지 못하는 경우를 많이 봅니다. 자극이 주어질 때는 움직이고 거두어지면 다시 게을러지는 일을 반복하는 경우 하나님의 관심으로부터 서서히 멀어지게 됩니다. 특별히 어떤 일에 쓰여지기로 작정되어 있는 사람의 경우는 예외이지만 그런 사람은 정말로 소수이고 대부분은 몇 차례의 자극에도 불구하고 올바른 반응을 보이지 않으면 하나님의 관심은 그 사람에게서 서서히 멀어지게 되는 것입니다.

성도로는 살아가지만 하나님의 일의 중심에서는 벗어나 있는 주변인(boundary man)이 되는 것입니다. 그럼에도 불구하고 영적 갈등이나 갈망조차 느끼지 못하고 다시 도전하여 중심에 서려는 움직임을 보이지 않는 것은 게으름이 몸에 익혀졌기 때문입니다.

게으름을 떨치기 위해서는 우선 부지런한 사람들과 접촉해야 합니다. 이것이 가장 손쉽고 정확한 방법입니다. 운동을 시작하는 사람이 얼마 못가서 중단하는 경우가 많은데 이웃에 운동에 익숙한 사람이 있어서 그와 함께 운동을 하면 그 고비를 넘길 수 있는 것입니다. 처음에는 날씨가 좋지 않으면 하기 싫고 감정이 갈아 앉으면 하기 싫어집니다.

그래서 게을러지게 되지요. 그런 경우 운동에 익숙한 이웃이 있으면 싫어도 하게 되니까 그 고비를 넘기게 되는 것입니다. 이와 같이 영적으로 게을러지고 싶을 때 그 고비를 넘기기 위해서는 영적으로 성숙한 선배가 있어야 합니다. 영적으로 근면한 사람들과 어울려 선한 자극을 받고 그 무리로부터 계속 도전을 받아야 합니다.

영적인 일이 몸에 베일 때까지 그 일은 중단 없이 행하여야 합니다. 그래서 처음 은혜를 받았을 때 함께 영성훈련을 할 수 있는 소그룹에 들어가 서로 힘이 되어주는 것이 중요합니다. 그러나 우리 교회는 일반적으로 이런 구조를 갖추고 있지 않기 때문에 개인으로서 이 고비를 넘기기가 쉬운 일이 아님이 현실입니다.

참으로 안타까운 일이지만 그렇다고 해서 교회만 탓할 것이 아닙니다. 조금만 관심을 가지고 주변을 살펴보면 경건한 모임을 이루고 있고 영성훈련을 조직적으로 행하는 교회들이 많이 있습니다. 스스로 극복하여 성장할 수 있다면 모르겠지만 그렇지 못하다면 그런 무리 속에 속해야 합니다.

20여 년 전에 제가 속한 교회에서 철야예배를 인도하였을 때 처음에는 별로 관심도 없던 분들이 은혜를 받은 분들의 권유로 호기심이 생겨 출석했습니다. 그들은 즉시 경건한 무리의 흐름에 휩싸여 가슴이 뜨거워지고 예언도 하고 환상도 보게 되었습니다. 이런 즐거운 자극을 받자 누구보다도 더 일찍 교회에 나와 기도하며 은혜를 사모했습니다.

이런 흐름은 점점 확산되어 냉랭하던 교회가 뜨거워지고 자발적인 헌신은 물론이고 금요일 예배가 그리워지며 일주일을 황홀한 가운데 지내게 되었다고 고백합니다. 이 긍정적 자극을 통해서 경건의 일이 몸에 베이고 교회의 일들이 즐겁고 긍정적으로 변하게 되었습니다. 이런 자극을 통해서 우리의 본성인 게으름이 제거되고 적극적이고 긍정적인 자세로 바뀌게 되지만 그것이 계속 되어지는 것이 아니라 영적 성숙이 어느 정도 이루어져 스스로 자발적인 헌신을 해야 할 단계에 이르면 점점 시들해진다는 것이 문제인 것입니다.

이 시기는 이제 스스로 신앙고백을 통해서 자원하는 마음으로 열심을 내고 어떤 어려움이 있더라도 주를 위해서 더욱 열심을 낼 수 있는 성숙한 믿음으로 한 단계 오르기 위한 것이지요. 긍정적인 자극과 부정적인 자극(우리의 입장에서 이런 표현이 가능합니다.)이 교차하면서 우리는 서서히 강한 주의 군대가 되어 가는 것입니다.

자극(stimulation)을 통해서 우리의 영은 성숙하게 되며, 거친 영적 환경에서 이길 힘을 얻게 되는 것입니다. 이 즐겁고 때로는 고통스런 자극을 얻음으로써 성숙한 영적 삶을 살 수 있을 뿐만 아니라 하나님이 주시는 능력을 사용할 수 있는 지혜도 생기는 것이지요. 그러므로 자극을 통해서 우리는 예외 없이 능력을 소유하게 되는 것입니다.

그 능력은 신령한 것으로부터 육체적인 것까지를 포함합니다. 하나님이 주시는 소임에 따라 필요한 기능과 요소들을 제공 받게 됩니다. 이 요소들을 충만히 얻음으로써 하나님의 전사로 세상에 드러나게 되며, 영적 싸움을 시작하게 되는 것입니다.

저 개인적인 경우에 하나님은 많은 능력과 재능들을 주셨으나 가장 중요한 한 가지를 허락하지 않고 있습니다. 그것은 돈인데 이것을 얻지 못함으로써 저는 날지를 못하고 있는 것입니다. 아마 이것이 허락되었다면 저는 온 천지를 날아다니고 있을 것입니다. 이것이 저를 훈련시키는 족쇄와 같은 역할을 하였습니다.

재정적인 문제를 넉넉하게 하시지 않음으로써 발이 묶여 있는 것입니다. 늘 어렵고 가난한 사람들에게 나아가 그들의 질고를 치유하시게 하였습니다. 이런 고달픈 과정이 연속되었으나 그럴 때마다 더욱 믿음을 굳게 세울 수밖에 없었습니다. 영적 풍요함이 넘치나 육신으로는 곤고했던 바울처럼 하나님은 저에게도 그렇게 다루었습니다.

이것은 저만의 경우가 아니며 여러분들도 그럴 것입니다. 자신에게 가장 필요한 어느 한 부분을 오래도록 허락하시지 않음으로써 우리를 그 속에 가두어두는 것입니다. 그리고 우리의 믿음을 시험하시며 단련시키시는 것입니다. 이것이 또 다른 자극입니다. 믿음에 섰다고 생각되는 보다 성숙한 사람에게 주어지는 이 자극을 저는 "결핍의 자극"이라고 부릅니다.

원하는 것을 얻지 못하게 하심으로써 그를 묶어둡니다. 이것은 영적 탈진에 빠졌던 엘리야가 경험한 것입니다. 갈멜산에서 승리하여 바알의 제사장들을 죽일 수는 있었지만 자신의 생명을 위협하는 이세벨은 어쩔 수 없었습니다. 그녀는 여전히 존재하고 자신의 생명을 위협하고 있습니다. 그녀를 제거할 수 없는 무력함은 그를 지치게 만들었고 힘이 빠져 더 이상의 사역에 대해 회의감을 품게 합니다.

엘리야가 얻기를 원하는 바는 이세벨의 제거이지만 그 소망은 이루어질 가능성이 없습니다. 홀로 남았다는 처절한 심정을 위로하는 것은 주님이 남겨둔 7,000의 보이지 않는 용사이며, 주의 천사의 도움이었습니다. 이 보이지 않는 자극을 통해서 엘리야는 다시 힘을 얻게 되고 엘리사를 만나 다음의 세대를 준비하는 일을 하게 됩니다. 하나님이 우리에게 베푸시는 자극은 때로는 우리의 마음을 더욱 상하게 할 수도 있습니다. 그래서 하나님께로 나가는 것을 포기하고 게으름의 늪에 빠져 들어가는 것입니다. 한 때 하나님의 능력을 받아 부분적이고 일시적이긴 했지만 능력의 사역을 행하였던 분들이 탈진해서 그 이상의 의미를 찾지 못하고 오히려 능력은 별로 의미가 없고 오로지 말씀만이 최고라고 주장하는 분들이 있습니다.

이런 분들은 스스로 영적 탈진과 자극에 대해서 제대로 반응하지 못해서 스스로 게으름 속에 빠져 들어간 사실을 부인하고 있는 것입니다. 하나님의 나라는 증대되는 것이지 퇴보되고 소멸되는 것이 아닙니다. 어딘가에서 그 뜨거움을 상실하는 중대한 오류를 범한 것이 분명합니다.

그런데 자신은 그 사실을 알지 못하는 것일 뿐입니다. 하나님은 우리의 영적 성숙을 위해서 때로는 삭막함으로 때로는 거친 광야로 때로는 부정적 자극으로 때로는 결핍으로 우리를 몰아갑니다. 그럴 때 우리는 한결같은 소망으로 자신에게 주어진 능력이 갑절이 되기를 원해야 합니다.

엘리사가 스승을 따라가면서 끊임없이 고백한 그 순수한 열정이 마침내 스승보다 갑절의 능력을 얻게 된 이유이지요. 스승의 권유대로 포기하고 돌아섰다면 엘리사는 없을 것입니다. 스승의 권유가 무엇을 의미합니까? 이것은 엘리야의 시험이며 하나님의 시험입니다. 엘리사는 믿음과 소망과 능력의 소중함을 인식한 그 열정으로 이런 시험을 이겼습니다.

엘리사가 그의 스승의 입을 통해서 나온 말씀을 시험으로 받아들일 수 있었던 것은 그의 열정입니다. 이 열정에 있어서는 그 누구보다도 특별했던 스승 엘리야를 능가하는 것입니다. 엘리사는 스승으로부터 하나님에게 향한 열정을 보았을 것이며, 배웠을 것입니다. 그래서 그도 세 차례의 스승의 명령을 거부하고 끝까지 따라갑니다. 우리에게 오는 시험은 이렇게 정당하고 합당한 절차를 통해서 오는 것이 많습니다.

그렇기 때문에 시험에 무너지는 것이지요. 그리고 그 결과에 대해서 타당한 이유를 가지게 됩니다. 엘리사가 그곳에서 떠났다면 그는 아마도 이렇게 말했을 것입니다."엘리야님이 여기 머물라고 했습니다."라고 말입니다. 이것은 아담이 하나님 앞에서 한 변명과 같은 맥을 이룹니다. "이 여자가 먹으라고 했습니다."라고 말입니다.

시험을 이길 수 있는 영의 눈이 열리는 영성을 개발하시기를 바랍니다. 영의 눈이 열리는 영성은 체험함으로 성숙되어 집니다. 말씀을 삶에 적용하여 체험해야 열립니다.

# 45장 전인격이 영적인 몸으로 성숙해지는 비결

하나님은 우리가 전인적인 수단으로 하나님을 느끼기를 원하십니다. 이렇게 발전하기 위하여 말씀과 성령으로 심령을 정화하는 시간을 많이 가져야 합니다. 심령이 말씀과 성령으로 정화되어야 하나님을 느낄 수가 있기 때문입니다. 이렇게 되기 위하여 성령으로 세례를 받아야 합니다. 성령으로 세례를 받고 심령을 치유해야 영적인 민감성이 개발되어 하나님을 느낄 수가 있는 것입니다. 하나님을 느낄 수 있는 심령이 되기 위하여 성령의 인도를 받아야 합니다. 성령은 성도들을 하나님을 느낄 수 있는 민감한 사람으로 만들어 가십니다. 물론 자신의 의지도 있어야 합니다. 그러나 성령의 인도를 받아야 가능한 일입니다. 말씀을 묵상하고 성령으로 기도할 때 점점 영이 민감한 영적인 사람으로 변화할 것입니다.

우리가 하나님의 음성을 듣는 수단으로 크게 '말씀'(logos)과 '느낌'(feeling)으로 나누어 생각할 수 있을 것입니다. 말씀은 우리의 이성적 지각에 의해서 받아들여지게 되고, 느낌은 감성적 지각에 의해서 이해되는 것입니다. 이 두 가지 차원 모두는 몸의 작용을 통해서 전달되는 것입니다. 따라서 몸의 기능이 어느 한 쪽이 더 우세할 경우에는 그 방향으로 나갈 수밖에 없습니다. 이성적 지각이 강한 사람은 현실 교회 제도 안에서 별로 문제가 없겠지만 감성적 지각이 강한 사람은 불이익을 당하고 있습니다. 고대의 영성가들은 우리 몸을 작은 우주로 생각했고, 그런 몸을 일컬어 '영적 몸'이라고 불렀습니다. 이를 영어로 표현하면 'The physical Etheric body'라고 할 수 있습니다.

바울은 고린도전서 15:44에서 "육의 몸"에 대한 것으로 "영의 몸"을 설명했습니다. 전통적으로 가톨릭은 그리스도인들은 '영성체'(Holy Communion; Eucharist)를 통해서 영적인 몸이 된다고 보았습니다. 고대 헬라 세계에서는 영적인 몸이 되면 다양한 능력을 얻게 되는데, 그 능력 가운데는 하늘을 나는 능력도 포함되어 있습니다.

인도의 수도사들은 영적 몸을 얻게 되면 18가지 능력을 얻게 된다고 설명합니다. 그 능력 가운데는 '하늘을 나는 능력'이 6번째로 소개되고 있습니다. 이 능력을 힌두교에서는 '시디'(siddhi)라고 부르며, 유럽의 오컬트 신화에서는 공중을 날 수 있는 몸을 일컬어 '아스트랄 체'(astral body)라고 부릅니다. 공중을 난다는 것은 은유적인 표현이며, 육체의 속박에서 풀려나 영혼이 자유를 얻는 것을 의미합니다.

하늘을 나는 것은 고대부터 인류가 꿈꾸어온 것입니다. 이를 라이트 형제가 물리적으로 실현했고 오늘날 우리는 비행기를 타고 날고 우주선을 타고 외계로 나갑니다. 그러나 하늘에 이르고자 하는 욕망은 바벨탑 사건 이후 인류의 풀리지 않는 욕망으로 남아있으며, 이를 가능하게 하는 것이 영적인 몸을 통해서입니다. 공중을 날기 위해서는 반드시 영적인 몸이 있어야 하는데, 이를 신지학에서는 '아스트랄 체'라고 부르는 것입니다. 위키페디아(Wikipedia)의 설명에 의하면 이는 사람과 동물의 중층적(重層的)인 몸의 하나로서 혼체라고도 하고 유성체라고도 번역할 수 있는 것입니다.

루돌프 슈타이너의 설명에 의하면 에테르체는 감각을 통해서 색과 모양, 냄새, 맛, 촉각 등을 전달하며, 이런 세계는 혼에 속한 세계이므로 혼 내부의 정동(情動)에 따라서 '즐거움' '불쾌함' '공감' '반감' 등과 연결되어 경험되는 것입니다. 즉 내적 경험은 아스트랄체에 의해서 가능한 것이라고 설명했습니다. 크리스토퍼 힐은 감성적인 몸은 여러 가지 형태의 '차크라'(chakras)를 띠는데, 그 형태는 무지개 같다고 설명합니다. '차크라'라는 말은 산스크리트어로써 구체적 형태를 가진 기관이 아니며, 물질적 혹은 정신의학적 견지에서는 정확하게 규명할 수 없는, 영적 에너지와 신체적 기능들이 통합되는 영역을 말합니다. 한의학에서 '혈자리'라고 설명하는 것과 비슷하다고 볼 수 있습니다.

물리학자 브라이트 클레인은 '인간의 물리적인 육체 이면에 영적인 신체가 있는데, 영적 실체는 빛의 진동에 의해 구성되고, 7단계의 다른 구심점을 형성하고 있다.'고 말했습니다. 눈에 보이는 몸의 구조 외에 눈에 보이지 않는 미세한 에너지의 흐름으로 구성된 에너지체(Energy body)가 존재하며, 에너지체는 7개의 차크라를 중심으로 구성되어 있다고 설명합니다.

기독교에서는 하나님의 임재가 이루어지는 모습을 밝은 광체가 두로 비치는 것으로 묘사합니다. 이를 '쉐키나'(Shekinah)라고 부르는 이 말은 '거주'라는 뜻의 히브리말로써 하나님의 임재를 의미합니다. 하나님의 영이 임하는 쉐키나가 되면 우리 몸은 거룩한 영의 몸이 되는 것입니다. '쉐키나'는 유대교 신학의 개념이며, 신약 개념은 '양자됨'입니다. '양자됨'(Adoption)의 교리는 죄인이 예수 그리스도를 믿는 순간, 죽었던 영이 하나님의 자녀로 다시 태어나서 하나님의 가족의 일원이 되는 것입니다. 이것은 상징적인 것이 아니라 실제적인 것으로써 예수 그리스도를 믿으면 그냥 하나님의 자녀로 여겨준다는 것이 아니라 죽었던 영이 실제로 다시 태어나는 것입니다.

양자됨은 단순한 관계의 변화를 의미하는 것이 아니라 실제적인 위치가 바뀌었음을 의미합니다. 이 교리는 믿는 자가 어떻게 하나님의 가족이 되었는가를 말하는 것이 아니라 거듭남으로 말미암아 이미 실제적으로 하나님의 가족의 일원이 되었음을 나타냅니다. 하나님께서는 믿는 자를 성숙한 아들의 위치에 두셨고 성숙한 아들로서 입양된 자는 정당한 상속자로서의 권리를 온전히 누리게 되는 것입니다(요일 3:2).

우리 몸은 썩어질 것과 썩지 않을 것이 함께 공존하는 말로 설명할 수 없는 신비체가 되어있습니다. 신지학(theosophy)에서는 육체적인 몸(physical body)과 영적인 몸(spiritual body)과 천상체(celestial body)가 있다고 설명합니다. 그러나 기독교에서는 육신 하나만 있을 뿐입니다. 그 육신이 그리스도와 연합할 때 영적인 몸이 되며, 부활하면 천상체가 되는 것입니다. 이 세 가지 차원은 각각 다른 몸이 아니라, 우리가 지금 가지고 있는 바로 이 몸이며, 이 몸을 통해서 우리는 육신적인 것과 영적인 것과 천상적인 것을 함께 공유하게 되고 경험하게 되는 것입니다.

바울은 자신이 셋째 하늘에 올라간 경험을 몸 안에서 한 것인지 몸 밖에서 경험한 것인지에 관해서 설명을 유보했습니다. 바울이 전도하는 세계는 헬라의 이원론이 지배하는 지역이었고 영지주의 개념이 강한 곳이었습니다. 영지주의와 헬라 이원론이 지배적인 사고체계를 이루고 있는 그 지역에서 바울은 이원론적으로 이를 설명할 수도 있었을 것이지만, 그것은 진실이 될 수 없기 때문에 유보한 것이라고 볼 수 있습니다. 몸 안과 밖의 개념은 기독교 안에서는 없는 것입니다.

기독교를 제외한 타 종교에서는 육체와 영을 분리하려고 합니다. 이런 시도는 기독교 안에서도 일부 나타나는 것입니다. 영과 육을 분리하고자 하는 어떤 시도도 의미가 없을 뿐만 아니라, 그런 작업을 해서도 안 될 것입니다. 분명하게 이성(혼)과 육체가 성령의 지배를 받아야 합니다. 그래야 전인적인 구원에 이를 수가 있는 것입니다. 하나님의 임재 속에서 이미 양자되어 그리스도의 거룩한 영체가 된 우리로서는 성령과 동행하는 다양한 영적 경험을 할 수 있는 몸이 되었기 때문에 특별히 다른 차원의 몸으로 바뀌게 하려는 시도는 의미가 없습니다. 반드시 이성(혼)과 육이 성령의 지배를 받고 성령을 따라야 합니다.

그리스도인인 우리는 하나님의 말씀인 로고스와 연합함으로써 영적 몸이 되었습니다. 즉 말씀으로 새롭게 되고 거듭나게 된 것입니다. 이를 육신적으로 자각하는 수단은 지성과 감성이며, 거룩한 신부로서 신랑이신 예수와 한 몸이 되는 것입니다. 이를 아빌라의 테레사는 '영혼의 궁방'이라는 은유적인 말로 설명하고 있습니다. 영지주의에서는 하나님과의 연합을 '시지기의 신비'(Mystery of Syzygies) 또는 '플레로마의 합일'(Pleromic Union)이라고 부릅니다. '시지기'(syzygy)라는 말은 라틴어 syzygia에서 파생한 단어로써 '연합'이라는 뜻입니다. 이 단어의 헬라어는 '멍에를 함께 맨 자' 즉 '동역자'라는 의미를 가진 '쉬쥐고스'(suzugos)입니다.

영지주의에서 영적 합일은 신방(神房)을 통해서 합일이 되는 것으로 설명합니다. '플레로마'는 헬라어로써 '충만'이라는 의미를 가지고 있습니다. 골로새서 2:9에서 바울이 사용한 단어이지만 영지주의에서는 바울과는 전혀 다른 개념으로 이 단어를 설명하고 있습니다. 즉 예수 그리스도를 하나님과의 연합의 합일을 이룬 이상적인 양성(兩性) 구유자로 설명하고 그런 예수를 가장 이상적인 본보기로 인식하는 것입니다.

그러나 우리는 예수를 이상적인 본보기가 아니라, 하나님의 본체로서 세례를 통해서 우리가 그 분과 연합함으로써 하나님과 합일을 우리가 얻는 것입니다. 칼 융의 심층심리학은 영지주의의 영향을 강하게 받은 학문인데, 남성은 여성적 자아와 합일하여야 하고, 여성은 남성적 자아와 합일해야 함으로써 온전한 자아가 성취될 수 있다는 것입니다. 이를 내면에 있는 이성과의 성스러운 결혼인 '히에로스 가모스'(hieros gamos)가 된다는 것입니다. 영지주의자 스티븐 횔러는 '이 신방은 온전한 상태의 플레로마의 원형적 상징이며, 개성화 과정에 대한 인격적 유비'라고 설명합니다.(스티븐 횔러. '이것이 영지주의다'산티. 2003. p 120)

우리가 확실하게 알아야 할 것은 기독교의 연합은 '예수를 믿는 믿음'에 의해서 '양자됨'으로 성취되는 것입니다. 이를 상징하기 위해서 '세례'와 '성례전'으로 나타내는 것이며, 이는 우리가 육신으로 경험하는 것입니다. 기독교의 연합은 더 높은 차원의 '천상체'(celestial body)가 되거나 '영체'가 되기 위해서 인위적인 작위나 높은 영적 지식을 추구할 필요가 없는 것입니다.

기독교는 영적 지식(靈智)을 얻어서 더 높은 영적 사람이 되는 것이 아니라, 믿음으로 하나님의 자녀가 되어 성령으로 하나님의 음성을 듣고 따르게 되는 것입니다. 성령의 인도를 받는 것입니다. 성령께서 성도를 인도하시면서 하나님의 사람으로 태어나게 하십니다. 하나님의 음성은 지성과 감성이라는 두 가지 육신적 기능을 통해서 우리들에게 전달되며, 그 과정에는 다양한 이미지와 은유가 있는 것입니다. 우리는 믿음으로 이미 얻은 하나님과의 연합을 더 견고하게 하고, 주님의 제자로서의 삶을 살기 위해서 육신을 통해서 영의 일을 하는 것입니다. 쉽게 설명하면 이성과 육체가 성령의 지배와 인도를 따르는 것입니다. 그렇기 때문에 우리 몸을 중요하고 귀하게 생각해야 합니다. 육체도 성령의 지배를 받아 구원을 받아야 하는 것입니다. 이 육신이 주님이 거하는 성전임은 물론이거니와 주님과 연합한 영체이기 때문입니다.

우리는 육신을 떠나서 어떤 특별한 영적 경험을 구하는 어리석은 일을 하지 말아야 할 것입니다. 요즘 자주 등장하는 천국 경험에 대해서도 이와 같은 관점에서 볼 때 그것을 경험한 사람과 경험하지 못한 사람의 차별을 두려는 의도가 있는데 이는 기독교 신앙에서 어긋나는 것입니다. 우리는 이미 몸을 통해서 그리고 이성적 분별과 사고를 통해서 천국을 날마다 경험하고 있는 것입니다. 즉 말씀을 통해서 이미 충만하게 경험하고 있지 않습니까? 그 곳이 어떠한 곳인지를 모르는 그리스도인이 있다면 성경책을 펴고 요한계시록을 읽어보십시오.

신약성경 곳곳에서 천국을 보여주고 있습니다. 지성과 감성의 경험은 동등한 것이며, 어느 쪽이 더 우월할 수 없습니다. 이를 구분하려고 한다면 이는 영지주의 또는 우월주의가 될 위험이 있습니다. 이성과 감성을 통해서 말씀을 이해하고 경험합니다. 이 두 가지 차원은 결국 육신의 작용을 통해서 얻어지는 것입니다. 우리 몸을 사랑합시다, 하나님이 주신 귀한 몸이며, 이를 통해서 주님과 연합하고 주의 일을 하는 것입니다.

이 책을 통해 예수님이 땅끝까지 전파 되기를 소원합니다.
(출판으로 인한 이익금은 문서선교와 개척교회 선교에 사용합니다.)

# 영의 눈이 열리는 영성개발

발 행 일 l 2016.01.05초판 1쇄 발행

지 은 이 l 강요셉

펴 낸 이 l 강무신

편집담당 l 강무신

디 자 인 l 강은영

교정담당 l 원영자

펴 낸 곳 l 도서출판 성령

신고번호 l 제22-3134호(2007.5.25)

등록번호 l 114-90-70539

주    소 l 서울 서초구 방배천로 4안길 20(방배동)

전    화 l 02)3474-0675/ 3472-0191

E-mail l kangms113@hanmail.net

유    통 l 하늘유통. 031)947-7777

ISBN l 978-89-97999-39-2 부가기호 l 03230

가    격 l 18,000원